中国古代名相

陈娇 编著

中国商业出版社

图书在版编目（CIP）数据

中国古代名相／陈娇编著．－－北京：中国商业出版社，2014.12（2022.1 重印）

ISBN 978-7-5044-8552-6

Ⅰ．①中… Ⅱ．①陈… Ⅲ．①宰相-列传-中国-古代 Ⅳ．①K827=2

中国版本图书馆 CIP 数据核字（2014）第 299290 号

责任编辑：常　松

中国商业出版社出版发行
010-63180647　www.c-cbook.com
（100053 北京广安门内报国寺 1 号）
新华书店经销
三河市吉祥印务有限公司印刷
＊
710 毫米×1000 毫米　16 开　12.5 印张　200 千字
2014 年 12 月第 1 版　2022 年 1 月第 2 次印刷
定价：25.00 元
＊　＊　＊
（如有印装质量问题可更换）

《中国传统民俗文化》编委会

主　编　　傅璇琮　著名学者，国务院古籍整理出版规划小组原秘书长，清华大学古典文献研究中心主任，中华书局原总编辑

顾　问　　蔡尚思　历史学家，中国思想史研究专家
　　　　　卢燕新　南开大学文学院教授
　　　　　于　娇　泰国辅仁大学教育学博士
　　　　　张骁飞　郑州师范学院文学院副教授
　　　　　鞠　岩　中国海洋大学新闻与传播学院副教授，中国传统文化研究中心副主任
　　　　　王永波　四川省社会科学院文学研究所研究员
　　　　　叶　舟　清华大学、北京大学特聘教授
　　　　　于春芳　北京第二外国语学院副教授
　　　　　杨玲玲　西班牙文化大学文化与教育学博士

编　委　　陈鑫海　首都师范大学中文系博士
　　　　　李　敏　北京语言大学古汉语古代文学博士
　　　　　韩　霞　山东教育基金会理事，作家
　　　　　陈　娇　山东大学哲学系讲师
　　　　　吴军辉　河北大学历史系讲师

策划及副主编　王　俊

序　言

　　中国是举世闻名的文明古国,在漫长的历史发展过程中,勤劳智慧的中国人创造了丰富多彩、绚丽多姿的文化。这些经过锤炼和沉淀的古代传统文化,凝聚着华夏各族人民的性格、精神和智慧,是中华民族相互认同的标志和纽带,在人类文化的百花园中摇曳生姿,展现着自己独特的风采,对人类文化的多样性发展做出了巨大贡献。中国传统民俗文化内容广博,风格独特,深深地吸引着世界人民的眼光。

　　正因如此,我们必须按照中央的要求,加强文化建设。2006年5月,时任浙江省委书记的习近平同志就已提出:"文化通过传承为社会进步发挥基础作用,文化会促进或制约经济乃至整个社会的发展。"又说,"文化的力量最终可以转化为物质的力量,文化的软实力最终可以转化为经济的硬实力。"(《浙江文化研究工程成果文库总序》)2013年他去山东考察时,再次强调:中华民族伟大复兴,需要以中华文化发展繁荣为条件。

　　正因如此,我们应该对中华民族文化进行广阔、全面的检视。我们应该唤醒我们民族的集体记忆,复兴我们民族的伟大精神,发展和繁荣中华民族的优秀文化,为我们民族在强国之路上阔步前行创设先决条件。实现民族文化的复兴,必须传承中华文化的优秀传统。现代的中国人,特别是年轻人,对传统文化十分感兴趣,蕴含感情。但当下也有人对具体典籍、历史事实不甚了解。比如,中国是书法大国,谈起书法,有些人或许只知道些书法大家如王羲之、柳公权等的名字,知道《兰亭集序》

是千古书法珍品,仅此而已。

　　再如,我们都知道中国是闻名于世的瓷器大国,中国的瓷器令西方人叹为观止,中国也因此获得了"瓷器之国"(英语 china 的另一义即为瓷器)的美誉。然而关于瓷器的由来、形制的演变、纹饰的演化、烧制等瓷器文化的内涵,就知之甚少了。中国还是武术大国,然而国人的武术知识,或许更多来源于一部部精彩的武侠影视作品,对于真正的武术文化,我们也难以窥其堂奥。我国还是崇尚玉文化的国度,我们的祖先发现了这种"温润而有光泽的美石",并赋予了这种冰冷的自然物鲜活的生命力和文化性格,如"君子当温润如玉",女子应"冰清玉洁""守身如玉";"玉有五德",即"仁""义""智""勇""洁";等等。今天,熟悉这些玉文化内涵的国人也为数不多了。

　　也许正有鉴于此,有忧于此,近年来,已有不少有志之士开始了复兴中国传统文化的努力之路,读经热开始风靡海峡两岸,不少孩童以至成人开始重拾经典,在故纸旧书中品味古人的智慧,发现古文化历久弥新的魅力。电视讲坛里一拨又一拨对古文化的讲述,也吸引着数以万计的人,重新审视古文化的价值。现在放在读者面前的这套"中国传统民俗文化"丛书,也是这一努力的又一体现。我们现在确实应注重研究成果的学术价值和应用价值,充分发挥其认识世界、传承文化、创新理论、资政育人的重要作用。

　　中国的传统文化内容博大,体系庞杂,该如何下手,如何呈现?这套丛书处理得可谓系统性强,别具匠心。编者分别按物质文化、制度文化、精神文化等方面来分门别类地进行组织编写,例如,在物质文化的层面,就有纺织与印染、中国古代酒具、中国古代农具、中国古代青铜器、中国古代钱币、中国古代木雕、中国古代建筑、中国古代砖瓦、中国古代玉器、中国古代陶器、中国古代漆器、中国古代桥梁等;在精神文化的层面,就有中国古代书法、中国古代绘画、中国古代音乐、中国古代艺术、中国古代篆刻、中国古代家训、中国古代戏曲、中国古代版画等;在制度文化的层面,就有中国古代科举、中国古代官制、中国古代教育、中国古代军队、中国古代法律等。

此外,在历史的发展长河中,中国各行各业还涌现出一大批杰出人物,至今闪耀着夺目的光辉,以启迪后人,示范来者。对此,这套丛书也给予了应有的重视,中国古代名将、中国古代名相、中国古代名帝、中国古代文人、中国古代高僧等,就是这方面的体现。

生活在21世纪的我们,或许对古人的生活颇感兴趣,他们的吃穿住用如何,如何过节,如何安排婚丧嫁娶,如何交通出行,孩子如何玩耍等,这些饶有兴趣的内容,这套"中国传统民俗文化"丛书都有所涉猎。如中国古代婚姻、中国古代丧葬、中国古代节日、中国古代民俗、中国古代礼仪、中国古代饮食、中国古代交通、中国古代家具、中国古代玩具等,这些书籍介绍的都是人们颇感兴趣、平时却无从知晓的内容。

在经济生活的层面,这套丛书安排了中国古代农业、中国古代经济、中国古代贸易、中国古代水利、中国古代赋税等内容,足以勾勒出古代人经济生活的主要内容,让今人得以窥见自己祖先的经济生活情状。

在物质遗存方面,这套丛书则选择了中国古镇、中国古代楼阁、中国古代寺庙、中国古代陵墓、中国古塔、中国古代战场、中国古村落、中国古代宫殿、中国古代城墙等内容。相信读罢这些书,喜欢中国古代物质遗存的读者,已经能掌握这一领域的大多数知识了。

除了上述内容外,其实还有很多难以归类却饶有兴趣的内容,如中国古代乞丐这样的社会史内容,也许有助于我们深入了解这些古代社会底层民众的真实生活情状,走出武侠小说家加诸他们身上的虚幻的丐帮色彩,还原他们的本来面目,加深我们对历史真实性的了解。继承和发扬中华民族几千年创造的优秀文化和民族精神是我们责无旁贷的历史责任。

不难看出,单就内容所涵盖的范围广度来说,有物质遗产,有非物质遗产,还有国粹。这套丛书无疑当得起"中国传统文化的百科全书"的美誉。这套丛书还邀约大批相关的专家、教授参与并指导了稿件的编写工作。应当指出的是，这套丛书在写作过程中，既钩稽、爬梳大量古代文化文献典籍，又参照近人与今人的研究成果，将宏观把握与微观考察相结合。在论述、阐释中，既注意重点突出，又着重于论证层次清晰，从多角度、多层面对文化现象与发展加以考察。这套丛书的出版，有助于我们走进古人的世界，了解他们的生活，去回望我们来时的路。学史使人明智，历史的回眸，有助于我们汲取古人的智慧，借历史的明灯，照亮未来的路，为我们中华民族的伟大崛起添砖加瓦。

是为序。

2014 年 2 月 8 日

前　言

宰相一职最早出现于夏、商、周三代时期。自宰相产生之日起，他们基本上都是总揽政务，在波涛汹涌的政治舞台上扮演着一人之下、万人之上的角色。他们几乎系天下之安危于一身，其权力的大小，往往直接影响到政治局势能否稳定、天下能否长治久安。

在几千年的中国历史长河中，曾经产生了无数的宰相。而每当在大治大乱中，都会涌现出一大批叱咤风云、扭转乾坤的名相贤相。在他们的心里，高尚的品德和情操高于一切，忠君为国的思想深扎心里，他们的拳拳报国之心，日月可鉴。纵使身犯险境，他们也能依靠自己的才智，化险为夷。他们的功德名垂青史，万古流芳，为世人所称道、所景仰、所效法。

姜尚、伊尹、周公旦、管仲等人，他们是中国历史上较早的一批杰出宰相，凭借他们的聪明才智，或稳定新朝政权，或使国家成为当时的霸主。而后的秦国，更是名相辈出，像商鞅、范雎、张仪等著名宰相也相继登上历史舞台；继他们之后的李斯，更是能力非凡，为秦国统一六国立下了汗马功劳。

此后，封建统治下的华夏大地上相继诞生了无数的杰出宰相，西汉的萧何、曹参，东汉的邓禹；三国时期的诸葛亮；东晋的王导、谢安；盛世大唐更是涌现了一大批贤相，像有"房谋杜断"之称的房玄龄、杜如晦，一代诤臣魏征，备受争议的长孙无忌，惩恶扬善的狄仁杰，五朝元老姚崇，中唐时期的张九龄等；而宋代也不乏杰出代表，像靠半部论语治天下的赵普，越老越倔强的寇准，官场楷模王安石等；大明王朝亦是相星璀璨，这其中以铁腕改革重振大明的张居正最为杰出。中国最后一个封建王朝清朝同样也出现了陈廷玉、曾国藩、李鸿章等名相。

当然，事物总是对立发展的，在封建社会的宰相之中，有贤相存在，就同样也有奸相登场。这些臭名昭著、为天下人所唾弃的宰相，对待君主阿谀逢迎，对待人民横征暴敛；在任期间贪赃枉法，榨取民脂民膏；为达目的阳奉阴违，结党营私、不择手段。

这其中最有代表性的人物就是秦二世时期的宰相赵高了，他的所作所为在一定程度上导致了秦国的灭亡。而口蜜腹剑的李林甫、擅权误国的贾似道、以青词换得大权的严嵩、贫贱中发家的美男子和珅等，其恶劣行径无不让人深恶痛绝。可以说，他们是我们民族的败类，将永远被钉在历史的耻辱柱上。

《旧唐书·魏征传》云："夫以铜为镜，可以正衣冠；以古为镜，可以知兴替；以人为镜，可以明得失。"每一个宰相都有他的传奇人生，在他们官场沉浮的道路上，在他们忙忙碌碌的身影中，总能折射出一个时代的荣辱兴衰。

为了让读者能够对中国的历代名相都有所了解，我们精选了中国历史上从夏、商、周三代到晚清之间的数十位宰相，他们虽然不能代表全部，但窥一斑而见全豹，我们完全可以从中透视出中国历史的治乱兴衰。

我们无意于对这些历史人物妄加评论，只是将这些超重量级的官场大佬的智慧、权谋、手腕乃至其趣味生活展现给读者，让读者能够近距离地接触他们，从中体味历史，感悟生活，收获智慧，提升境界。

目录

第一章 宰相制度的产生与演变

第一节 宰相制度的雏形 ………………………………… 2
宰相名称的由来与含义 ……………………………… 2
三代时期宰相的职能 ………………………………… 3
先秦时期的宰相制度 ………………………………… 4

第二节 宰相制度的正式确立与发展 ………………… 7
秦汉时期的宰相制度 ………………………………… 7
魏晋时期的宰相制度 ………………………………… 10
隋唐时期的宰相制度 ………………………………… 10

第三节 宰相制度的衰落与消亡 ……………………… 13
宋元时期的宰相制度 ………………………………… 13
明朝宰相制度 ………………………………………… 14
清代宰相制度 ………………………………………… 15

第二章 三代与先秦时期的宰相

第一节 夏、商、周时期的名相 ……………………… 20
出身奴隶的贤相：伊挚 ……………………………… 20
佐周剪商的老臣：姜尚 ……………………………… 22

周公吐哺天下归心：姬旦 …………………………………… 25
🌸 第二节　春秋战国时期各国的名相 ………………………… 28
佐齐成就霸业的名相：管仲 …………………………………… 28
变法先驱：李悝 ………………………………………………… 31
智勇双全：蔺相如 ……………………………………………… 35
眼光毒辣的商人宰相：吕不韦 ………………………………… 38

第三章　秦汉时期的宰相

🌸 第一节　秦代的名相 ………………………………………… 44
下场悲惨的丞相：李斯 ………………………………………… 44
谋害扶苏的奸相：赵高 ………………………………………… 46
🌸 第二节　西汉的名相 ………………………………………… 50
论功第一的治国贤相：萧何 …………………………………… 50
萧规曹随的无为宰相：曹参 …………………………………… 52
武帝托孤的无学宰相：霍光 …………………………………… 54
🌸 第三节　东汉的宰相 ………………………………………… 59
光武中兴的功臣：邓禹 ………………………………………… 59
清廉直谏：杨震 ………………………………………………… 63
残忍无道的权臣：董卓 ………………………………………… 66

第四章　魏晋南北朝时期的名相

🌸 第一节　三国的名相 ………………………………………… 70
鞠躬尽瘁死而后已：诸葛亮 …………………………………… 70
文韬武略的儒帅：陆逊 ………………………………………… 75

第二节　两晋的名相 ······ 79

拥晋灭魏：贾充 ······ 79

关中贤相：王猛 ······ 81

第三节　南北朝时期的名相 ······ 84

自负才高的南朝萧梁宰相：沈约 ······ 84

元魏宗室，北魏宰相：元澄 ······ 86

位极人臣的北周宰相：宇文护 ······ 90

第五章　隋唐时期的名相

第一节　隋朝的名相 ······ 94

隋朝股肱：高颎 ······ 94

终失晚节的宰相：苏威 ······ 97

不易驾驭的枭雄：杨素 ······ 100

第二节　唐朝时期的名相 ······ 103

房谋杜断：房玄龄、杜如晦 ······ 103

直言敢谏的忠臣：魏征 ······ 107

两朝辅政，结局悲惨：长孙无忌 ······ 112

明察秋毫的判官宰相：狄仁杰 ······ 116

开元盛世的奠基人：姚崇 ······ 118

一代名相，大公无私：宋璟 ······ 121

第六章　宋元时期的名相

第一节　北宋的宰相 ······ 126

半部《论语》治天下：赵普 ······ 126

胆识超群：寇准 ······ 130

先天下之忧而忧：范仲淹 …………………………………… 134
变法失败，悔恨终生：王安石 ………………………………… 137
撰成《通鉴》的保守派宰相：司马光 ………………………… 142

第二节　南宋的奸相与名相 …………………………………… 145

遗臭万年的奸相：秦桧 ………………………………………… 145
葬送南宋江山的权相：贾似道 ………………………………… 149
留取丹心照汗青：文天祥 ……………………………………… 152

第三节　元朝的名相 ……………………………………………… 156

助元建立制度的异族宰相：耶律楚材 ………………………… 156
平定南宋的宰相：伯颜 ………………………………………… 158
器宏识远的末代宰相：脱脱 …………………………………… 161

第七章　明清时期的名相

第一节　明朝的"宰相" ………………………………………… 166

裁决入流，功高骄败：李善长 ………………………………… 166
暗酿连谋，咎由自取：胡惟庸 ………………………………… 167
秉权二十年的奸臣：严嵩 ……………………………………… 169
改革变法，身死家破：张居正 ………………………………… 171
坚贞不屈的忠良：史可法 ……………………………………… 174

第二节　清朝的名相 ……………………………………………… 178

周敏勤慎，侍奉三帝：张廷玉 ………………………………… 178
贪赃枉法，机关算尽：和珅 …………………………………… 181

参考书目 …………………………………………………………… 184

第一章

宰相制度的产生与演变

宰相制度是我国政治制度的重要组成部分，我国不同的社会、历史背景决定了它产生与演变的特点，而宰相制度的变化也在一定程度上反映了我国历史的发展轨迹。熟悉了宰相制度的产生与演变，有助于我们了解中国古代社会的历史路程。

第一节
宰相制度的雏形

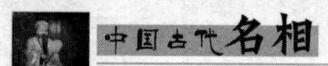

宰相名称的由来与含义

中国古代是一个集权式国家体制，帝王要想有效地行使权力，必然要有一大批下属官吏供他使唤，为他服务。而下属中又分为三六九等，担任不同的官职，执行不同的任务。其中为首的那个人或几个人，地位很高，权势很大，称作宰相。自古以来，宰相就有"一人之下，万人之上"之说，任务是辅佐帝王，统领百官，总揽政务。他们是帝王的直接助手，帮助帝王发号施令，其思想、品质、才学和执政方法，对于国家的盛衰兴亡，都有着很大的关系。因此，学习中国历史，就不能不研究宰相，因为从他们身上，不仅可以看到帝王的功过得失，也可以看到中国历史发展过程中的某些特异现象。

中国的官制始于夏朝，经历商朝到西周，大体趋于完备。夏代在中央设有三老、五更、四辅、四岳之官，辅佐国王，以备顾问咨询。担任这些职务的都是当时最有学识经验和享有很高社会声望的人。所以国王"父事三老，兄事五更"，国家遇有大事，或委派大臣，都要首先去请教四辅、四岳等人。

夏代设有六卿政务官，下设司空以总领百官，为六卿之首，后稷掌管农业，司徒主管教化，士或大理主刑狱，共工管百工营建，虞人掌管山泽畜牧。

"宰"，是主持的意思；"相"，是辅佐的意思。其实，古代的官职中并没有"宰相"一职，它只是个统称，专指那些辅佐帝王、治理国家的最高行政长官。

"宰"的本义是指奴隶主家中掌管家务的总管，后移作官名。奴隶社会的国家性质是"家天下"，辅助管理这个"家天下"的官员称"宰"，十分贴切。"相"的含义很多，其中之一是星名。据《星经》记载："相星在北极斗南，总领百司。"帝王被称作"天子"，以此对应天上的星官，处于北极的中枢位置，其他各星呈屏藩状。于是，"相"也被用作官名。春秋时齐国置左相和右相。后来的典籍明确地说："相，百官之长也。"（《吕氏春秋·举难》）最早把"宰"和"相"组合成"宰相"一词的，是战国末期的韩非。《韩非子·显学》中载："故明主之吏，宰相必起于州部，猛将必起于卒伍。"这里的"宰相"只是泛指那些高级大臣。后来，人们便自觉不自觉地把那些"百官之长"称作宰相了。

三代时期宰相的职能

据陈梦家《殷墟卜辞综述》所载，在商代，已出现"宰"的官职名，但当时的"宰"官，实际上是商王的家臣，负责管理内廷事务，负责管理外廷事务的最高政务官称作"尹"，"尹"大致类似于后世的宰相，所以《史记·殷本纪》索引说："尹，正也，谓汤使之正天下。"《史记·殷本纪》正义引《帝王世纪》又说："伊尹名挚，为汤相。"伊尹的儿子伊陟在帝太戊时期，也继续为相，即"帝太戊立伊陟为相"。不过，在《史记·殷本纪》中也曾记载：帝武丁即位后，"思复兴殷，而未得其佐。三年不言，政事决定于冢宰"。可见，"宰"或"冢宰"在商代后期已演变为"相"，或者说代行"相"的职权。

周初武王即位后，任命姜尚为"师"，当时的"师""保""宰"（"太师""太保""太宰"）统领百官，成为事实上的相。春秋战国时期，随着周王室的衰微和各诸侯国的崛起，各诸侯国纷行变革，官制逐步趋于规整，

宰相府

"相"这一具有"辅佐""辅助"之意的动词,演变为名词,成为百官之长的官职名,同时,"相邦""相国""宰相""丞相"也渐成为相的通称。

周王以下,设有师保辅弼之官太师、太傅和太保。武王时,太公望为师,召公奭为保。成王时,周公为太傅,召公为太保。他们是帮助周王统治天下的辅佐,是周王的最高顾问,所谓"论道经邦,燮理阴阳"。周朝初年,师保的地位很高。成王年幼,"周公摄政,一年救乱,二年克殷,三年践奄,四年建侯卫,五年营成周,六年制礼、作乐,七年致政成王"。这时与周公一起辅佐成王的还有召公,据记载,"自陕以西,召公主之;自陕以东,周公主之"。可见师、保拥有很大的权力。司马迁说召公巡行乡邑,决狱政事,自侯伯至庶人各得其所,无失职者。按周公、召公所处地位和职掌,可知周代师、保之官与商代的阿、保及尹的职能相当,与后世的相职大抵相同。所谓"相成王为左右","相王室以尹天下","尹三事四方,受卿事寮"皆可为佐证。

师保之官的地位虽然很高,但在制度上并非固定设置的官职,经常是因人而设,如殷商之制,官"不必备,唯其人"。

西周朝廷办事官的主体是"六太":太宰、太宗、太士、太史、太祝、太卜。"六太"又称卿事,或卿士,因其经常在王左右,协助周王处理朝廷事务,故有左右卿士之称。

"六太"之中太宰居长,他可以代表周王发号施令,处于冢宰地位,是周王最亲信和最得力的助手,经常由师保兼任,周公和召公都曾兼任过太宰。太宰与内宰职掌内外,内宰为宫廷总管,太宰乃外廷百官之长。东周列国铜器铭文中多见"太宰"。

先秦时期的宰相制度

春秋战国是中国历史上一个重大变革时期。奴隶制的东周王朝日趋没落,各诸侯国为谋取霸主地位,纷纷招纳具有新兴封建地主阶级思想的贤士,委以重任,并确定封建国家的统治秩序,建立分工明确的官僚机构。官僚机构是以"相"和"将"为首脑的国家机器体系。

春秋战国时期的"相"与秦汉以后的宰相官职不太一致。此时封建专制国家尚未完善,封建集权制处于萌芽期,宰相的权力相对较大,诸侯只有,依靠"相"的辅佐,才能成就大业,"相"的才能因此得以充分施展。例如

第一章 宰相制度的产生与演变

管仲相齐时，把处于东海之滨的小小齐国治理得井井有条，以至通货积财，国富兵强。齐桓公在其辅佐下，九次会盟诸侯，成就霸业。战国初期，魏相李悝通过变法的新政策，使魏国经济得到了长足发展，成为当时一个强盛的封建国家。当时，西方的秦国的社会经济落后于东方六国，它以商鞅为相实行改革，并借鉴各国变法经验，制定了有力的变法措施，使秦国后来居上，到秦王嬴政时，国富民强，从而一举兼并六国，统一了中原大地。到战国中后期，兼并与反兼并的斗争上升为主要矛盾，宰相的功绩主要是外交上的成功。例如，赵国名相蔺相如以不辱于强秦"完璧归赵"而著名；挂六国相印的苏秦，运用外交手段，使六国能够按照他的"合纵"思想和战略联合起来，共同抵御秦国的兼并；秦相张仪则利用外交谋略，在六国间施展"连横"策略，有效地瓦解了六国联盟，为秦灭六国奠定了基础。

春秋战国时期的宰相一般源于"士"。"士"是在奴隶制瓦解、封建制兴起的社会变革中形成的。其间，一部分贵族及其子弟因世袭制的覆灭而成为"士"。同时，出身庶民的人，也有跻身于"士"的可能。从"士"的行列中脱颖而出的宰相，正是适应了地主阶级的变法革新和谋求统一的历史潮流，成为地主阶级的政治家、思想家。

春秋战国时期各国在宰相官职的设置上极不统一，其含义与秦汉以后相比也比较空泛。宰相是"宰"和"相"的合称，前者为主持之意、后者为辅佐之意。春秋时，某些国家已有总领百官的冢宰、太宰或相，但这些官职只由某些卿大夫世袭。作为国家最高行政长官的相，其设立当萌芽于春秋的齐景公所设之左右相。战国时期最早设相的国家是魏国，之后是韩、赵两国，秦国置相较晚。秦孝公时，商鞅由魏入秦，始为左庶长，后升大良造，时未称相，其地位相当于三晋的相邦，史称"商鞅相秦"。赵国除丞相外，还有假相、假相国和守相。"假"意为兼理，"守"意指试用。战国时期的宋、卫、中山、东周等小国皆未设相。南方的楚国在官职设置上自成一体，令尹为最高级的官称，相当于中原官制的相。尽管各国宰相设置的名称各异，其职权仍十分相似，即国君的助手、参谋、顾问，其权力不像秦汉以后那样受到皇权及内外朝官员的分割。

战国时期的宰相文武分离。相职一般由文人担任，只负责国家的政务；在军事上则由擅长兵法的最高军事长官即将（其职位仅次于相）负责，以适应各封建国家统辖区域的扩大和连绵不断的兼并战争。

战国时期有些宰相是著名的政治家，也有个别宰相原本是投机者，借七国纷争之乱，四处游说，使某个国君接受自己的主张，以求高官厚禄，如秦相张仪和挂六国相印的苏秦。更有甚者如秦相吕不韦，他初与他国人质王子往来，只是因为王子"奇货可居"，想从中取得更大的财富而已。尽管如此，这一时期的宰相在当时社会发展中仍产生了不同程度的积极作用。

春秋时期，诸侯列国政府中执政官职，多称卿、上卿或正卿。楚国称为"令尹"；秦国称上卿、亚卿或庶长、大庶长。齐国的上卿，鲁国的宗卿、正卿或上卿，晋国、郑国和秦国的上卿，其地位和职掌都相当于后来的"相"。

秦穆公以百里奚为上卿，又以蹇叔为上大夫，辅佐国君，治理国政，平时的职责类似于相，战时又可率兵作战而为将。秦国还设置一种特有的较高官职"庶长"。至秦宪公时，庶长既率兵，又兼统地方，成为除国君以外权力最大的官，有的庶长竟能废立国君，在秦国政治生活中有举足轻重的地位。齐国的执政长官后来逐渐发展为"相"。《左传·僖公二十四年》："齐侯置射钩而使管仲相。"又《左传·襄公二十五年》："崔杼立景公而相之，庆封为左相。"齐桓公命管仲为"相"，为执政的辅弼长官已确定无疑。至崔杼，庆封相齐，则是以"相"名官了。但春秋时的"相"与战国时的"相"还有所不同，虽然在有的国家某个时期内出现了所谓"布衣卿相"，但更多的是由强大的世卿兼任"相"职，如晋国、鲁国、郑国、楚国皆是如此，直到战国时期，"相制"才在各国普遍建立起来。

知识链接

尹的职能

尹的职能与后世的"相"相近，地位比较显赫。《史记·殷本纪·正义》引《帝王世纪》说伊尹"为汤相，号阿衡"。与伊尹同时的仲虺也曾被汤任为"左相"。伊尹的儿子伊陟，被商王太戊任命为相。伊是姓，尹为官名。"尹"者，正也，王委之以正天下。商汤举伊尹"任以国政"，起而灭夏，建立了商朝。汤以后，伊尹辅政三代，为王师保，受到历代商王尊崇，甲骨文中有祭祀伊尹的记载。商后期的国王武丁，选拔了一个奴隶出身的傅说："举以为相，殷国大治。"武丁在位59年，成为盘庚迁殷以后最有作为的一个国王。

第二节 宰相制度的正式确立与发展

秦汉时期的宰相制度

秦于公元前221年统一了六国，结束了群雄争霸、征战不已的分裂局面，确立了中央集权制，秦王嬴政自称"始皇帝"，从此，中国历史上便有了"皇帝"的称号。秦在全国实行郡县制，并通过改革建立了一整套严密的职官制度，以维护至高无上的皇权。为了有效地行使皇权，秦始皇确立了以丞相为首的中央政府组织。

丞相之名起于秦。《国策·秦策》："卫鞅亡魏入秦，孝公以为相，封之于商，号曰商君。"秦武王二年（前309年），"初置丞相，樗里疾、甘茂为左右丞相"。自武王以后，秦多行左右丞相之制。秦丞相职"掌丞天子，助理万机"，协助皇帝处理军国政务。《史记·李斯传》说："臣为丞相，治民三十余年矣。"秦代丞相助天子，理万机的职责是很广泛的，关乎军国政务，无不可以过问。

丞相的职权十分明确，即上承天子之命，协助处理和执行政务，督率百官，掌管全国的政治和军事。秦始皇封丞相李斯为通侯，秦二世封丞相赵高为安武侯。丞相之下，有御史大夫负责监察百官，位为上卿，掌副丞相。李斯死后，秦二世拜赵高为中丞相，"事无大小，辄决于高"。秦代丞相具体职权大致有：总领百官；主持朝议并归纳议论结果上奏皇帝裁决；综理中央与郡县上计与考课；政府官员的荐举、委任和赏罚；封驳和谏诤，等等。这些职责均是受命于皇帝。所以，在秦始皇时代，皇帝实行极权专制，既是国家元首，又是政府首脑，丞相不过是皇帝的幕僚长。

刘邦建立西汉王朝后，一方面吸取秦亡的教训，在加强中央集权方面，注意拉拢贵族官僚和大地主、大商贾，使之成为维护中央集权的社会基础；另一方面采用分封同姓王的方式扩大他的统治，同姓王封国的官制除太傅和丞相由朝廷委派外，其他官职与朝廷大致相同。

汉承秦制，初置丞相，后改置相国或左、右丞相，不久又复旧。汉代宰相的职掌，为"掌丞天子，助理万机"。陈平说："宰相者，上佐天子理阴阳，顺四时，下遂万物之宜，外镇抚四夷诸侯，内亲附百姓，使卿大夫各得任其职焉。"这是对宰相职权的总概括。具体说来，主要有：协助皇帝以决定国家大政方针，对大臣有先斩后奏的权力，丞相在事急不允许奏请的关键时刻，可以专杀。武帝时，戾太子反，丞相刘屈氂秘之，未敢发兵。武帝大怒曰："事籍籍如此，何谓秘也。丞相无周公之风矣，周公不诛管蔡乎?"后太子军败，夜间司直又坐令其逃出城外，丞相欲斩司直，御史大夫又阻止，理由是"司直为二千石吏，当先奏"。武帝闻之大怒，下吏责问御史大夫曰："司直纵反者，丞相斩之，法也，大夫何以擅止之?"

据汉典记载，丞相所请，靡有不听。相反，天子所议，丞相若不同意，天子只得作罢。这样的事例在汉初是很多的。如窦太后欲封皇后兄王信为侯，皇帝说："请得与丞相计之。"丞相周亚夫说："高帝约：非刘氏

秦始皇

不得王，非有功不得侯，不如约，天下共击之。今信虽皇后兄，无功，侯之，非约也。"丞相不同意，皇帝也只好默然作罢。丞相既为百官之长，因此有总领百官奏事的权力。汉制，一般情况下臣民百官奏事均须经由丞相转奏天子，先于相府议决，然后领衔奏请。如在太尉周勃和朱虚侯刘章除诸吕之后，立代王刘恒为孝文帝，右丞相"陈平本谋也"。自代王入京，又是丞相陈平领衔拜请："臣谨请阴安侯，顷王后，琅邪王、列侯、吏二千石议，大王高皇帝子，宜为嗣。愿大王即天子位。"西汉丞相多有任免官吏的权力，还有总领郡国上计、考课百官与奏行赏罚的职权。

汉武帝

汉武帝时，颁布"推恩令"，规定诸侯王除嫡长子继承王位外，其他子弟可在王国中封侯，也就是从王国中再分出几个侯国，自此王国的直属领地大大缩小，王国的实力日益削弱。汉武帝为了加强皇权，选用一批精明强干的官吏，参与朝政，称为"内朝官"，他们直接对皇帝负责。皇帝通过他们裁决政事，丞相之权随之削弱，只在名义上领衔上奏，主持廷议。但奏章的拆读与审议，转归尚书。丞相若有过失，反由尚书弹劾。此后，只有加"领尚书事"衔者，才能掌握大权，否则，即使三公也无实权。

到哀帝时，丞相更名为大司徒。西汉官制不断变革，表明西汉政府通过努力调整统治阶级内部的关系来不断巩固皇权。

东汉初年，刘秀鉴于西汉时期权臣当政、外戚篡权的历史教训，采取加强皇权的政策，将专制主义中央集权制度推向一个新阶段。刘秀将多数功臣封为列侯，只享受优厚的待遇，而不参与政治。对于朝中大臣，督责甚严，以致大臣难居相任。东汉以太尉、司徒、司空为宰相，刘秀一方面削弱三公权力，一切政务不再由三公处理；另一方面则扩大尚书台的权力，使之成为皇帝发号施令的执行机构。尚书之权日重，至东汉后期，尚书令已成为事实上的宰相。

魏晋时期的宰相制度

东汉后期，外戚和宦官争权的斗争愈演愈烈，统治集团分裂，军阀割据一方，在镇压黄巾军起义的过程中，为扩大势力，彼此征战不休，造成了魏、蜀、吴三国鼎立局面。这三国都力求通过调整统治结构，以加强中央集权统治，恢复和发展农业生产，增强国力，完成统一大业。

在官制方面，曹魏多有改革。曹丕即位后，改"相国"为"司徒"，再设中书监、中书令掌管机要，起草和发布诏令，逐渐形成了事实上的宰相，从而削弱了东汉以来所确立的尚书台的权力。魏仍以太尉、司徒、司空为三公，但都无实权，不参与朝政。

蜀汉三公的名号，也基本上是功臣的虚衔。丞相掌握真正实权，如诸葛亮任丞相时，事无巨细，一切由他裁决。

孙吴则从设置丞相到分置左右丞相，后又复置一丞相，不分左右。大将军在中枢机构中占有相当重要的地位，如陆逊、诸葛瑾在处理朝政中不仅仅局限于军事方面，他们的地位也在丞相之上。

由于魏晋王朝都是掌握军队的权臣废去前朝皇帝而取得政权的，因此，在官僚体制上就形成了军事与政治合一的局面。晋初不设置丞相。晋惠帝时，改司徒为丞相，后又罢丞相，复置司徒。此后或有相国，或有丞相，废置无常。中书监令掌管机要，多为宰相之任。从东汉到魏晋南北朝，宰相皆无定员、无定名，也无定职，只因人而设。但总揽大权之人，必须加上录尚书事的称号。

隋唐时期的宰相制度

隋文帝杨坚建立隋朝，结束了南北朝时期的分裂局面。隋朝仅存37年，在加强中央集权、巩固国家统一以及确立一整套职官制度方面，对隋唐以后各王朝都有深远的影响。

隋文帝在建国之初，对官制进行了一些改革，更加突出皇权的主宰地位。辅佐皇帝处理全国军政机要的机构，主要是尚书省、内史省、门下省，三省长官都是宰相。尚书省的长官为尚书令，此职不轻易授人，只有权臣杨素因拥戴隋炀帝有功才升为尚书令。尚书省掌管全国政务，地位很高。门下省在

第一章　宰相制度的产生与演变

隋初是谏议机关，掌管审查政令等事务，后因隋炀帝不喜欢纳谏，就将谏官全部罢废。内史省为中枢制令机关，负责起草皇帝诏令。隋文帝在宰相制度上确立了三省长官为相，改变了东汉以来宰相名号与宰相职官相分离的状况。

唐朝的宰相制度沿袭隋朝，但是后来有较大的变化。唐初，以中书省长官中书令、门下省长官门下侍中、尚书省长官尚书令共议朝政，均为宰相。李世民即位前任尚书令，为避讳，就以仆射为尚书省长官。

唐代皇帝认为宰相品位尊崇，不应轻易授人，常以他官居宰相职，并假借他官之称。例如，唐太宗时杜淹以吏部尚书参议朝政，魏徵以秘书监参与朝政。其后，或称"参议得失"，或称"参知政事"，名称虽然不同，但都是宰相之职。唐太宗曾下优抚诏，特准李靖在家养病，只需两三日一至中书门下平章事。太宗还以李勣为太子詹事（东宫百官之长）特加"同中书门下三品"之衔，使其与侍中中书令共同参预宰相职事，从此就有了"平章事"与"同三品"的衔号。无论品位多高，不加此衔，就不能行使宰相职权，只有三公三师及中书令例外。以后，又以"同平章事"为宰相衔号。因仆射按例不加"同平章事"，故不能行使宰相的权力，被排挤出宰相之列。

安史之乱后，宰相名号又发生了变化。因中书令和门下侍中升为正二品，所以就废除了"同中书门下三品"的宰相名衔。唐后期宰相的名号基本上就是"同平章事"。

唐代宰相一般由多人担任，其中有首席宰相，称为"执政事笔"。唐玄宗时，以李林甫、杨国忠为相，即为"执政事笔"，所以他们能专权用事。安史之乱后，唐肃宗鉴于相权集中而造成个人专断的弊端，就确定宰相十日一秉笔的制度，后改成每日一人轮流秉笔，其用意就是防止宰相专权。

在隋初中央机构中，最重要的是尚书、门下、内史三省。尚书省"事无不总"，故隋初尚书令及左右仆射，均为"国之宰辅"。南朝时政多出于中书省，而北朝之政又多出于门下省。隋初"多依前代之法"，内史纳言，也为宰相。内史即中书令，纳言即门下侍中。由此看来，隋初开皇年间，尚书、门下、内史三省长官并为宰相，共理国政，其职权划分不很明确。所以《历代职官表》说："隋代虽置三公，以官高不除。其秉国钧者惟内史纳言，而尚书令事无不统，即不预机事，亦称政本之地。故唐沿其制，以三省长官为宰相之职也。"

唐代宰相名称之多，为历代所少有。唐初，三省机关为相府，"以三省之长中书令、侍中、尚书令共议国政，此宰相职也"。其后则屡经变易，名称繁

多，几不可识。

（1）中书省

高祖武德初为内史省，三年（620年）改为中书省。高宗龙朔二年（662年）改为西台，咸亨元年（670年）复旧。武后光宅元年又改中书为凤阁。中宗神龙初复称中书省。

（2）门下省

武德初，因隋旧制，为门下省。龙朔二年二月，改为东台，咸亨元年改为门下省。光宅元年又改为鸾台。神龙初复旧。开元元年（713年）改为黄门监，五年仍复旧，迄于唐末。

（3）尚书省

武德初为尚书省。龙朔二年改为中台，咸亨元年复旧。光宅元年改为文昌台，垂拱元年改为都台，长安三年（703年）又改为中台。神龙元年（705年）改为尚书省。

相府名称屡变，宰相的官名也随之不断变易。玄宗以后，诏诰之任逐渐转归于翰林学士。至肃宗至德年间，天下用兵，翰林学士因在天子左右，谋划参决多出于翰林，翰林学士遂有"内相"之称。中唐以后宦官之祸日烈，宰相多须仰承宦官的鼻息，形同傀儡。由宦官专权，而有枢密使之设。代宗永泰中"置内枢密使，始以宦者为之"。枢密使入则参预军国机要，出则控制兵权，权倾天下，内外瞩目，相权被侵夺殆尽。

知识链接

政事堂的创立时间

关于政事堂创立的时间，历来说法不一。具有代表性的记载有四个

（1）唐代人李华写的《中书政事堂记》，认为政事堂始于唐高祖武德年间。

（2）元代马端临的《文献通考》，含含糊糊地说是"其后又置政事堂"，

据推断当是太宗贞观年间事。

（3）《通考》说："其后又置政事堂，盖以中书出诏令，门下掌封驳，日有争论，纷纭不决，故使两省先于政事堂议定，然后奏闻。"

（4）《贞观政要》和《资治通鉴·唐纪》则说是创于唐太宗贞观元年。

但《通典》与《旧唐书》均载有："旧制，宰相常于门下省议事，谓之政事堂。"这个"旧制"，很可能是北朝或隋以来已有的制度。《旧唐书》多以国史实录编写成书，"旧制"是唐初人对北朝以来旧制的习惯用法。

所以政事堂议政制度至迟始于唐高祖武德年间，很可能在北朝隋代即有此制，而不可能始创于唐太宗贞观年间。

第三节 宰相制度的衰落与消亡

宋元时期的宰相制度

宋初之制，三省长官名虽存而实际"不与政事"，所以宰相不是三省长官。中央执掌军政实权的最高机关，是中书门下政事堂和枢密院"对掌大政"。在唐代，中书门下政事堂是由三省长官或带"同三品"衔宰相集体议决军国大政的机构。经过唐末五代至宋初，宋代政事堂虽是脱离三省的独立机构，却不能行使独立的大权，宰相大权已被一分为三。

宋代中书门下的长官"同平章事"，才是真宰相，一般设二三人，多以中书门下两省侍郎为之，无定员。此外并设"参知政事"为副宰相，协助宰相管理政务，同时也起着牵制和分割宰相权力的作用。如按制度规定，参知政事低于同平章事，朝参时不押班，不登政事堂。但有时皇帝有意识地提高参知政事的地位，使其与同平章事同列。

宋制，中书门下的职权，在形式上是所谓"佐天子，总百官，平庶政，事无不统"。但是，宰相所握有的实际权力已较过去大大削弱，事无大小均须奏请皇帝，然后再起草诏旨，予以施行。一切政令决定权全归皇帝，宰相失去了固有职权。

忽必烈建立元朝，沿袭宋代的职官制度，建立了一套比较完善的官僚机构。元代废除门下省、尚书省、中书省为政务中枢，丞相、平章政事为宰相。皇太子为中书令、枢密使，领宰相之虚衔，实权则归左右丞相。蒙古人尚右，以右丞相为尊，丞相之职也仅限于蒙古人担任。左右丞相之下，有平章政事四人，从一品掌管机要，为丞相副职，凡军国大事，悉由他们裁定。

明朝宰相制度

中国封建时代的中央政府，自秦至明初，一直是实行宰相制度的。皇帝是封建国家的元首，是统治阶级的总代表，宰相则是中央政府的首脑，是国家最高行政长官。

到了明朝，皇帝朱元璋要实行集权专制，因此对前代相权，当然忌讳。明初沿用元制，管理全国政事的中枢机关是中书省。中书省长官丞相综理政务，职权很重。左相国、左丞相李善长外宽和，内多忮刻，"贵富极，意稍骄，帝始微厌之"。丞相胡惟庸是李善长推荐，也是他的亲戚和同乡，他"宠遇日盛，独相数岁，生杀黜陟，或不奏径行。内外诸司上封事，必先取阅，害己者，辄匿不以闻"。朱元璋是个权欲极强的皇帝，凡事都要自己做主。李善长、胡惟庸权尊势隆，如此骄横，竟敢"生杀黜陟，不奏径行"，这当然是朱元璋所不能容忍的。

于是在洪武十三年（1380年），朱元璋以擅权枉法的罪名杀了胡惟庸，胡案诛杀3万余人，可以说这是废相的主要步骤，朱元璋趁机裁撤中书省，废除宰相，由他亲自接管六部，直接管理国家政事。他还下令，以后不许再设丞相这一官职,"臣下敢奏请设立者,文武群臣即时劾奏,处以重刑"。朱元璋罢中书省,废除宰相,实现了大权独揽,这样,皇帝就在事实上兼任了相,皇权和相权合二为一,从制度上集君权与相权于一身,保证了皇帝的专制独断。

权力是空前地集中了,但政府的一切政务都要皇帝去亲自处理,是很难办到的。这是废宰相,集权于皇帝之一弊。为了革除此弊,乃有内阁的设立,作为皇帝的秘书处、协助皇帝处理大量的公文章奏。在制度上内阁不能领导六部,但后来内阁大学士却是事实上的宰相,入阁就是拜相。明中期以后,皇帝多不见大臣,也不去内阁,万历皇帝24年不上朝,从宪宗到熹宗前后竟有160余年没有召见大臣,这就使太监的权力越来越大。明代废宰相的最大弊病,就是使太监头目司礼太监成了事实上的宰相,甚至是事实上的皇帝。明中期以后的太监乱政,比历史上任何朝代都更加严重,其因在于废宰相,过分集权于皇帝。

清代宰相制度

在清入关后,仍沿明制,以内阁总理政务。内阁大学士官至一品,位尊权重。于是,到雍正时,又在内阁之外另设一个军机处,内阁大权渐为所夺。

清代内阁办公的地方是宫内的文华殿和武英殿。雍正七年(1729年)六

文华殿

月，因用兵青海，乃于保和殿西北角之隆宗门内，设立军机房，命怡亲王允祥、大学士张廷玉等密办军需事宜，赞襄机务。十年（1732年）三月，用兵西北，又改军机房为"办理军机处"。军机处的工作，其初只限于军事范围，后来渐渐发展成为参预机事，商决大政的国家决策机构。军机处设军机大臣，无定员，均由满汉大学士、尚书、侍郎特旨召入。军机大臣以下设军机章京若干人，协助军机大臣处理政务。军机章京分为二班，每班满、汉各八人，设领班、帮领班各一人。为了防止泄露军事机密，军机处一律不许使用书吏办事，这在当时各级机关中是比较特殊的。虽然终清之世，在法律制度上正名定义，但军机处一直不是正式的国家机构，也没有独立的衙门。军机处在清朝国家机关体系中的特殊地位和权势，恰恰说明了它是皇权高度发展的产物。军机处的建立，不仅侵夺了内阁对重大政务票拟批签的职权，而且远远凌驾于内阁之上，有权修改内阁的票拟。以致清朝内阁大学士只是做一些例行公事，成为徒拥有衔的"伴食丞相"。尤其是执掌封驳奏章谕旨的通政使司，完全变成有名无实的机构。

鸦片战争后，清政府为了适应外国侵略者的需要，设立了"五日通商大臣"，先后由两广总监和两江总督兼任，办理对外交涉事务。《天津条约》签订后，外国侵略者派公使驻北京，他们为了控制清政府，拒绝按照旧的礼仪以"外夷"身份同理藩院打交道，强迫清政府不得不在中央设立专门的外事机构，于是咸丰十一年（1861年）一月，在北京设立了"总理各国事务衙门"，取代理藩院和五日通商大臣地位，直接与外国侵略者的驻京使臣交涉和办理一切对外事务。

总理各国事务衙门，简称"总理衙门"。它的组织机构多仿军机处，设总理大臣，以军机大臣兼任。总理大臣上行走，由内阁部院满汉京堂官中选派兼任。光绪二十七年（1901年），改总理各国事务衙门为外务部。举凡条约的签订和履行，派遣和管理驻外使节，保护外商、外侨和教士，办理各种贸易、关税、国债、铁路、邮政、工矿、海防、边界，以及留学、招工等一切对外事务，外务部无不包揽，从总理衙门到外务部职掌外交事务的半个世纪，是外国资本主义侵略者和中国封建势力相勾结，不断扩大对中国的侵略，加速了中国半殖民地化的过程。它的设立，是清朝政府机构半殖民地化的重要标志。

第一章 宰相制度的产生与演变

知识链接

从督办政务处到新内阁

1901年初，八国联军打进北京，慈禧太后逃到西安，为了欺骗人民，急忙发布"变法"上谕，表示要实行"新政"，并设立了专门从事"新政"事务的"督办政务处"。

督办政务处由军机大臣和内阁大学士任督办政务大臣，各部尚书任参与政务大臣。其属官初置调两人，章京八人到十人，分掌官制吏治、财政商务、司法与邦交事务。《辛丑条约》签订之后，清政府完全暴露了投降卖国和镇压革命的真面目，更加激起了广大人民的义愤。于是，在光绪三十一年（1905年），清政府不得不挂出"预备立宪"的招牌，继续欺骗人民。第二年（1906年）9月更宣布要"厘定官制"，开始酝酿由军机处和内阁合并成立新内阁。改组后的内阁，设内阁总理大臣，改政务处为内阁会议政务处。大臣之下设左右副大臣各一人，各部尚书为内阁政务大臣。设立十一个部，即外务部、度支部、礼部、陆军部、法部、邮传部、理藩部、民政部、农工商部、学部、吏部。宣统二年（1910年）又增设海军部。此外，改大理寺为大理院。但原来的军机处机构并未变更，内阁大臣的权力仍很有限，国民热望立宪者均感失望。

宣统三年（1911年）4月，正当辛亥革命的前夕，为了挽救清政府的覆灭，颁布了新的《内阁官制》，决定取消军机处和旧内阁，把大权集中于新内阁，在议会监督下，作为君主立宪政体的国家最高行政管理机关。

新内阁设内阁总理大臣一人，协理大臣二人，下设外务、民政、度支、陆军、海军、农工商、邮传、理藩、法部、学部等十部。废除各部长官的尚书、侍郎称号，改称大臣、副大臣。新内阁的总理大臣为奕劻，大学士那桐、徐世昌任协理大臣，梁敦彦任外务大臣，善耆任民政大臣，载泽任度支大臣，荫昌任陆军大臣，载洵任海军大臣，溥伦任农工商大臣，盛宣怀任邮传大臣，寿耆任理藩大臣，绍昌任司法大臣，唐景崇任学务大臣。内

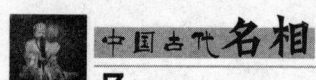

阁总理、协理和各部大臣十三人中，满人贵族占九名，汉人官僚只占四名，其中皇族又占六名，因之这个内阁又被称为"皇族内阁"。

　　"皇族内阁"不仅遭到全国人民的愤怒谴责，就是立宪派也表示强烈不满，他们发动请愿，认为"以皇族组织内阁，不合君主立宪公例"，要求改组。而清政府则以"黜陟百司，系君上大权，议员不得妄行干涉"，断然加以拒绝。1911年10月10日，武昌起义爆发，各省纷纷响应，处于土崩瓦解之中的清政府，梦想凭借军事镇压和政治欺骗挽救其灭亡，一面调兵镇压，一面宣布取消"皇族内阁"，同意召开国会。但是，革命形势的飞速发展，使清政府的任何欺骗都挽救不了它覆灭的命运。

第二章

三代与先秦时期的宰相

夏、商、周是我国国家形成的初创时期，各种国家制度都在孕育之中；春秋战国则是我国第一个大动荡时期，各种政治学说相继登上历史舞台，冲击着旧有的体系。而在相对和平的三代，出现了为后人敬仰的贤相——伊尹、周公旦；在百家争鸣的春秋战国，如管仲、李悝等人则在各国的相位上纷纷施展自己的才华，或佐诸侯成就霸业，或厉行变法富国强兵。

第一节
夏、商、周时期的名相

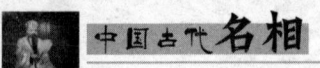

出身奴隶的贤相：伊挚

公元前16世纪，中国奴隶社会发生一件大事：商汤消灭夏桀，改朝换代，建立了商朝，定都亳邑（今河南商丘北）。辅佐商汤实现这一伟业的相，叫伊挚。伊挚因此被誉为中国历史上的第一位贤相。

夏朝最后一个国君姓姒名桀，史称夏桀。夏桀荒淫无道，嬖爱美女妹喜，宠信佞臣，杀害忠良，敲诈勒索百姓，激起天怒人怨。这时候东方的方国迅速崛起，出了一位杰出首领叫子汤，也就是商汤。商汤娶有莘氏之女为妻，有莘氏之女带来一名家奴，作为陪嫁。这名家奴姓伊名挚，后来被商汤重用，才叫伊尹，一叫保衡。"尹"和"保衡"都是官号，相当于后世的宰相。

伊挚是个有头脑、有谋略的奴隶。他随女主人到了商国后，任务是司厨，负责给商汤做饭。他的奴隶身份，决定了他不能直接面见商汤陈说自己的政治见解，因此故意在饭菜的滋味上做文章，有时做咸，有时做淡，以便引起商汤的注意。果然，商汤发现了饭菜味道的变化，接见伊挚，询问原因。

伊挚抓住这个机会，从饭菜的滋味说起，引申至修身、齐家、治国的大道理，说得头头是道。他特别说到"九主之事"，即分析三皇五帝和夏禹治理天下的经验，独具真知灼见。商汤大喜，觉得伊挚是个人才，解除了他的奴隶身份，"举任以国政"，即任用他为国相。伊挚为相，竭诚辅佐商汤，使之成为开明的国君。一次，商国宫廷里长出一株楮树，数日内长得非常粗壮。商汤觉得奇怪，说："这是什么东西？"伊挚说："楮树。"商汤说："它为何长到宫廷来呢？"伊挚说："楮树习惯长在潮湿的洼地里，属于野生植物，现在长在宫廷里，可能是不祥之兆。"商汤说："那可怎么办？"伊挚说："臣以为，妖象是灾祸的预兆，吉祥是幸福的先声。见到妖象赶快做好事，灾祸就可以避免；见到吉祥却做坏事，幸福也不会到来。"商汤从伊挚的话中得到启示，斋戒沐浴，清除杂念，夙兴夜寐，吊唁死者，问候病人，赦免罪犯，赈济贫苦。说来也怪，没过多久，楮树就消失了，妖象不攻自破，国家更加兴旺。

商汤当时还是忠诚于夏朝的，特将伊挚推荐给朝廷，辅佐夏桀。夏桀恣意追求享乐，醉生梦死，致使许多官员投奔商国。他们唱道："江水泛滥，汹涌澎湃；大小船只，均遭破坏。我们的国君快要灭亡，赶快到亳邑去，那里是个很大的地方！"他们走在路上，继续唱道："快乐呀！快乐呀！坐骑矫健，马匹肥壮，离开这鬼地方，去到那好地方，为什么不快乐呢？"伊挚给夏桀进言，说："主上不听臣言，大命将至，亡无日矣！"夏桀溘然而笑，说："你说的是昏话！吾有天下，犹天之有日也。日有亡乎？日亡吾亦亡也！"伊挚看到夏桀执迷不悟，不可救药，重新回到亳邑，鼓动商汤实行政德，收揽人心，夺取夏朝的天下。

夏桀意识到商汤是一大威胁，将其囚禁于夏台（今河南禹县境）。伊挚积极活动，给夏桀送去许多礼物，夏桀遂将商汤释放。这一释放，等于是放虎归山，夏朝的灭亡指日可待。商汤在伊挚的谋划下，首先剪除夏朝东方的羽翼，攻灭韦（今河南滑县东）、顾（今河南范县东）、昆吾（今河南济水畔）等方国；其次停止对朝廷的进贡，试探夏桀的反应。夏桀大怒，命九夷族进攻商汤。这说明，夏桀还有一定的实力。伊挚审时度势，劝说商汤恢复进贡，上表请罪，以换取积攒力量的时间。

一年后，九夷族愤恨夏桀的残暴统治，纷纷叛乱。商汤和伊挚认为灭夏的时机成熟，发兵进攻夏桀。商军与夏军大战于鸣条（今山西安邑西），商军得胜，夏桀带着妹喜逃亡后饿死，夏朝灭亡。商汤回师亳邑，正式建立了商王朝。

商汤建立商朝七年后病死。太子太丁早卒，伊挚拥立商汤第二个儿子为国君，是为帝外丙。帝外丙在位三年病死，伊挚拥立商汤第三子为国君，是为帝中壬。帝中壬在位四年病死，伊挚拥立商汤的嫡长孙（太丁之子）为国君，是为帝太甲。

伊挚作为四朝元老，写了《伊训》《肆命》《徂后》等文章，教导帝太甲应遵循商汤时的政策和法制，努力做一位仁德国君。帝太甲开始两年还算规矩，但从第三年起就变得荒淫了，"不明，暴虐，不遵（商）汤法，乱德"。伊挚多次规劝，帝太甲依然自行其是，置若罔闻。伊挚为商朝的江山着想，只好把国君送至商汤墓地附近的桐宫（今河南偃师东南）居住，让他进行反省。这一事件，史称"伊尹放太甲"。

帝太甲被"放"期间，伊挚以相的身份，"摄行政当国，以朝诸侯"。帝太甲在桐宫住了三年，想到祖父商汤创业的艰辛，对照自己乱德的行径，百般感慨，"悔过自责"，表示要痛改前非，重新做人。伊挚看到帝太甲反省有了成效，亲自到桐宫迎接他回到国都，还政于他，自己仍居相位，忠心地辅佐国君。帝太甲吸取了教训，勤于政事，修德爱民，诸侯咸朝，百姓以宁。伊挚深感欣慰，专门写了《太甲训》三篇，称颂国君的功德。帝太甲在位二十三年病死。伊挚又拥立其子为国君，是为帝沃丁。

不久，伊挚病死，终年一百岁。他死时，大雾三日，天地不辨。帝沃丁为表达对这位功臣的敬意，特以天子之礼予以安葬。伊挚从奴隶而为相，一生辅佐商朝五位国君，特别在摄政期间，没有趁机篡位，而是改造了帝太甲，继又归政于国君，表现了忠臣贤相应有的品质。正因为如此，他与后来的姬旦、管仲等人一起，成为中国历史上著名的贤相。

佐周剪商的老臣：姜尚

姜尚（约前1118—前998年），西周著名军事家、政治家，字子牙，东海（现江苏、山东一带沿海）人。

姜尚踏上历史舞台时正值商朝末年。商朝最后一个君主名叫商纣，是历史上有名的昏君、暴君。商纣王生活极其奢侈腐化，为了满足自己奢侈的生活，命成千上万的劳工不分日夜地为他修建了一座高台，称为"鹿台"。高台长三里，高千尺，上面饰满奇珍异宝。他还在院内挖出方池，在池中灌入美酒，称为"酒池"；在池边树林中挂上肉块，称为"肉林"。另外，纣王还有一个美艳绝伦的妃子名妲己。他非常宠幸妲己，为了讨她的欢心，整日不理朝政，沉湎于宴饮荒淫之中。

不仅如此，纣王残暴成性。为了修建鹿台，无数劳工死在沉重的劳役中。他命人打造一根铜柱，内置炭火，待铜柱烧红之后，将人衣服剥光，绑在铜

第二章 三代与先秦时期的宰相

柱上烫烙，称为"炮烙"之刑，专门用来惩处那些直言上谏、不按自己意愿办事的大臣。

姜尚就生活在这样的一个时代。他早年贫困，曾在棘津司厨卖过饭，在朝歌屠过牛、卖过肉，还做过小官，但深感纣王的无道而抑郁不得志，最后辞官而去。妻子马氏也离开了他。于是，无牵无挂的姜尚决定周游列国，寻一贤明君主佐之。后来，他听说西伯姬昌有雄心大志，于是不远千里跋涉到西岐。姬昌久闻姜尚之名，便封他为宰辅，即宰相之位。

西伯侯任人唯贤，姜尚也急于施展才华，以报"伯乐"识才。第二天，姜尚就上书奏道："鸷鸟将要捕击时，必先弯曲其身子，收敛翅膀；猛兽将要捕斗时，必先垂下耳朵，趴在地上。大王要行动之时，必先装出愚钝的样子。"并提出了"修德以安内，施奇以谋商"的方针。

姬昌非常信任姜尚，也采用了他提出的方针，对内实行农人助公田纳九分之一租税，八家各分私田百亩，大小官吏都有分地，子孙承袭的政策。君臣的默契配合，使得西周迅速兴盛起来。

西周兴盛之后，姜尚开始了他的扩张计划。首先，调节了芮、虞之间的矛盾，使之成为自己的盟国。接着，征犬戎、伐密须、渡黄河、征邘灭崇，逐步剪除了商的羽翼，最后达到了"天下三分，二分归周"的局面，为一举灭纣创造了有利条件。

此时周的版图已经非常大，为了方便治理，姜尚建议文王迁都丰京。不久，文王死，武王姬发即位，尊姜尚为"尚父"。姜尚又助武王推行善政，并教导之慎于行赏，使西周的政治愈加清明。公元前1046年，武王与姜尚一同率领周师沿渭水循黄河向孟津进发。为了显示其不夺胜利誓不罢休的决心，率军渡过黄河之后，姜尚命令将船只全部烧毁，桥梁尽数拆除，以示此次出征已无退路。行军途中，忽然一阵狂风将军中大旗折断，接着又出乎意料地下了一场大雨。武王命

姜太公钓鱼雕像

人占卜，卦象显示不利。有人建议姜尚退兵，姜尚非常生气，说："今纣王将比干挖心、将箕子囚禁、重用飞廉之流的贪官污吏，伐之有何不当？用枯草占卜，能指望有什么结果？"仍令进兵。

两个月后，武王的部队在商朝都城朝歌外的牧野与商纣王的军队对峙。商朝的军队虽然人数众多，但大多数都是临时凑集的奴隶，他们早已恨透了商纣王的残暴统治，盼望有人早日推翻纣王，使他们获得解放。所以战事一开始，他们不仅没有抵抗周军的进攻，而且反戈一击，商纣王的几十万大军瞬间就溃不成军，土崩瓦解了。

纣王率领残兵败将逃回城内，感到穷途末路，气数已尽，于是穿上锦锈衣服，聚集起搜刮来的珠宝，登上鹿台，命令手下架起干柴，一声长叹，自焚而死。商朝的江山也随之化为灰烬。

武王和姜尚率军杀入朝歌，发现纣王已死，于是宣布商朝灭亡，周朝建立。安抚好朝歌的百姓之后，武王和姜尚凯旋还师。不久，武王建都于镐，周朝正式建立，史称西周。武王姬发论功行赏，共封了七十一个诸侯。因姜尚功高，且为东海人，所以把东临大海、西至黄河，土地肥沃的齐地封给他。

姜尚到齐之后，进行了一系列的整顿与改革。他首先废除了商纣留下的许多繁文缛节，整顿了吏治，了解礼仪风俗，制定各项规章制度。姜尚深知经济的重要性，所以非常重视工商业的发展。他利用地理优势，大力发展渔业、盐业。他又任人唯能，使人才多归于齐，使得齐国成了盛极一时的大国。

姜子牙和钓鱼台

两年后，武王姬发病逝，其子姬诵即位，号成王。成王年幼，由武王弟弟姬旦（周公）辅佐，代为执行政务。武王的另外两个弟弟管叔姬鲜和蔡叔姬度非常不服，令下属四处散布谣言，说周公旦名曰摄政，实际想篡位。流言传到周公那里，使他惴惴不安，连忙写信给远在齐国的姜尚，对此事作出解释。姜尚非常理解和支持周公，并给予了其有力的帮助，最终消除了流言。

管叔和蔡叔见流言破灭，却仍不罢休，并且勾结商纣之子武庚叛乱。叛乱先由武庚的封地开始，逐渐蔓延到东至大海的广阔区域，刚刚平定的周室江山又硝烟四起。在这紧要关头，周公决定平乱，并请求姜尚出兵协助，同时，授权姜尚及齐国可以征讨任何一个不服从周朝的诸侯。这使齐国多了一个特权，地位也明显高于其他诸侯国。姜尚欣然应允，经过三年的征战，终于平定了叛乱，纣王之子武庚被斩首，主谋管叔也被周公大义灭亲处死，蔡叔被流放。从此，齐国巩固了诸侯大国地位，成了周朝的东方屏障、擎天之柱。

姜尚的一生富有传奇色彩，前半生一直不得意，直到渭水边垂钓遇到文王拜相，此时他已年过花甲。其一生辅佐西周三代君王，无论文治还是武功都业绩非凡，几千年来一直受到人们的推崇与爱戴。

周公吐哺天下归心：姬旦

姬旦，因其采邑在周（今陕西岐山北），故称周公。他是周文王姬昌的儿子，周武王姬发的弟弟，周成王姬诵的叔父。

周文王时，姬旦"为子孝，笃仁，异于群子"。周武王即位后，姬旦为"辅翼"，"用事居多"。周武王兵伐商纣王，姬旦手持大钺，不离左右。那篇著名的《牧誓》，就是出自姬旦的笔下。周武王灭商建周，大封功臣宿将，姬旦受封于曲阜，国号为鲁。因此，姬旦也被称为"鲁周公"。周武王初定天下，需要弟弟的辅佐。姬旦遂让长子姬伯禽前去封国，自己则留在国都丰镐（今陕西西安西），充当周武王的左膀右臂，职位相当于宰相。

周武王开国后，身体不好，一直患病，经常不能举行朝会。姬旦万分焦急，暗暗拜祭祖先，虔诚地希望他们保佑周武王，恢复健康，甚至情愿代死。周武王在位仅仅三年便驾崩，其子姬诵继位，就是周成王。周成王时年十三岁，姬旦任太师兼太宰，摄政决断国事。摄政期间，他日夜辛劳，明德慎罚，不敢有丝毫懈怠。尽管如此，他的兄弟管叔、蔡叔等，仍心怀妒忌，散布流言蜚语，

说姬旦企图篡夺王位。谣言传遍国都,就连周成王、太公姜尚、召公姬奭也起了疑心。姬旦襟怀坦荡,告诉姜尚和姬奭说:"我之所以不避嫌疑而摄行政者,是恐天下叛周。先王辛辛苦苦创建的基业,必须巩固和发展。当今主上年幼,难以承担这样的重任。本人摄政,实属迫不得已的权宜之计。"他的坦荡,获得了姜尚、姬奭的理解和支持。

管叔、蔡叔、霍叔,原是率兵住于朝歌(今河南淇县)周围,监视商纣王之子武庚的,号称"三监"。而这时,管叔、蔡叔因妒忌姬旦,和武庚勾结起来,联合东方的淮夷,公然发动叛乱,企图用武力夺取政权。当时的形势相当严峻。姬旦及时做好安定内部的事项,然后和姜尚一起率兵东征。他们先集中兵力,诛灭了武庚,继又打败管叔和蔡叔,把管叔杀死,把蔡叔流放,消灭了叛乱的中心势力。再经三年苦战,平定了东方诸国。经过这场战争,西周王朝灭商事业才算真正完成。

姬旦具有战略眼光,为了牢牢控制黄河中下游地区,亲自前往瀍水东岸营建了洛邑(今河南洛阳东),并在瀍水西岸修筑了王城(今河南洛阳),以军队八师驻守,作为天子朝会东方诸侯的东都。这样,西部的关中平原,以国都丰镐为中心,称"宗周";东都的河洛地带,以东都王城为中心,称"成周"。东西连成一片,长达千里以上,政治、经济、军事力量大大增强,成为统治全国的基地。他继续实行周武王开始的分封政策,共分封了七十一国,其中姬姓之国有五十三个,占绝大部分。各封国普遍推行井田制,统一规划土地,役使奴隶耕作,巩固和加强了王朝的经济基础。七年后,周成王二十岁,能够独立听政和决事了。姬旦毫不犹豫地"还政成王,北面就臣位,夔夔如畏然"。他仍忠心不贰地辅佐周成王,精心创建了各项礼乐典章制度,从思想、文化方面,巩固王朝的统治。他担心周成王治国会"有所淫佚",特作《多士》《毋逸》两篇文章,指出:"为人父母,为业至长久,子孙骄奢忘之,以亡其家,为人子可不慎乎!"

姬旦死于周成王亲政的后期,葬于毕原(今陕西咸阳北坂,一说今陕西岐山周原)。春秋时期,孔子给予姬旦很高的评价:"昔者周公事文王,行无专制,事无由己,身若不胜衣,言若不出口,奉持于前,洞洞焉若将失之,可谓能子矣。武王崩,成王幼,周公承文武之业,履天子之位,听天下之政,征夷狄之乱,诛管蔡之罪,抱成王而朝诸侯,诛赏制断,无所顾问。威动天地,振恐海内,可谓能武矣。成王壮,周公致政,北面而事之,请然后行,无伐矜之色,可谓能臣矣。故一人之身,能三变者,所以应时也。""能子""能武""能臣",概括了姬旦三个时期不同的角色和功绩。后世因此尊姬旦为中国古代为数不多的"圣人"之一。东汉末年,曹操在《短歌行》诗中,称颂姬旦的胸怀和品质,说:"山不厌高,海不厌深。周公吐哺,天下归心。"统治阶级若有姬旦那样的胸怀和品质,那么必然会"天下归心",世界安宁。

知识链接

姜子牙垂钓渭滨

姜尚在纣王手下郁郁不得志,听说西伯姬昌礼贤下士,便只身前往西岐,希望西伯能够重用他,一展才华。为了早日得到重用,他不用鱼饵,且直钩离水面三尺而钓。他还编歌教与渔、樵、耕、猎,让他们广泛传唱以期得到文王的注意。歌词中表达了自己怀才不遇,渴望遇到明主重用的心情。

果然,一天西伯侯姬昌来到渭水之滨,听到了渔夫、樵夫的歌唱,并借此找到了直钩垂钓的姜尚。他见姜尚仙风道骨,更多一份敬佩,便上前打躬询问:"您的鱼钩是直的,怎么能钓到鱼呢?"姜尚头也不回,朗声回答:"这钩不钓鱼虾,专钓龙子龙孙,愿者上钩。"姬昌猛然醒悟,知道遇到了贤人,肃然起敬,上前与之交谈,十分默契。姜尚目光远大,学识渊博,令姬昌十分钦佩,便邀姜尚一同上车回城,立即拜他为宰相。

第二节
春秋战国时期各国的名相

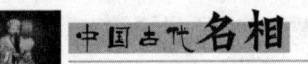

佐齐成就霸业的名相：管仲

管仲（？—前645年），名夷吾，颍上（今安徽颍上）人。管仲有位好朋友鲍叔牙，他深知管仲之才，对他非常敬重。"贫贱之中见真情。"在管仲生活最困苦的时候，好友鲍叔牙向他伸出了援助之手，诚心诚意地帮助他渡过难关。他们俩曾经一起经商，赚了钱，管仲总是多分给自己，少分给鲍叔牙。然而，鲍叔牙却从来不和管仲斤斤计较。对此人们背地里议论说管仲贪财，不讲友谊。鲍叔牙知道后便替管仲解释，说管仲不是不讲友谊，他这样做，是由于他家境贫寒，多分给他钱，是自己情愿的。

管仲曾三次参加战斗，但三次都从战场逃跑回来。因此人们讥笑他，说管仲贪生怕死，没有牺牲精神。鲍叔牙面对这种讥笑，深知这不符合管仲的作为，就向人们解释说：管仲不怕死，因为他年迈的母亲全靠他供养，所以他不得不这样做。

管仲知道鲍叔牙这样对待自己，非常感激地说："生我者父母，知我者鲍子也。"两人至此结下了金兰之好。

管仲纪念馆

第二章 三代与先秦时期的宰相

管仲和鲍叔牙都有远大的政治抱负。他们弃商从政后，分别去辅佐齐襄公的两个弟弟。管仲看好公子纠，鲍叔牙却看好公子小白。不久，齐国发生内乱，公子纠与管仲逃往鲁国，公子小白与鲍叔牙逃往莒国。又过不久，齐襄公的堂弟公孙无知杀死襄公自立为国君。没过几天，他又被民众杀死，齐国出现了国无君主的局面。

公子小白之母是卫国之女，受宠于齐僖公。齐国于是就派人前往莒国迎小白回国为君。鲁庄公则想立公子纠为齐君，他得到消息后，立即派管仲率领一部分兵马去拦截公子小白，以消灭公子纠的竞争对手。

管仲带着三十辆兵车，日夜兼程，赶到了莒国通往齐国的必经之路即墨（今山东平度东南），在那里埋伏守候。当公子小白的车队一出现，管仲对准公子小白一箭射去，正好射中了小白的铜衣带钩。小白立即倒在车中，假装被射死。

管仲见公子小白已被射死，便赶快派人报告鲁庄公小白已死。这一来，护送公子纠的队伍放了心，也就放慢了行路的速度，结果一直走了6天才到达齐国。而这时候，公子小白早已赶到了齐国，被立为国君，是为齐桓公。

齐桓公即位后，鲍叔牙向齐桓公推荐了管仲。齐桓公十分恼怒地说道："管仲用箭射我，企图致我于死地，我难道还能重用他吗？"

鲍叔牙劝齐桓公道："做臣子的理应各为其主，他拿箭射你，正是他对公子纠的忠心，可见此人的忠心耿耿。常言道，一臣不侍二君。管仲的忠心天地可知，神灵可明。论本领，管仲比我强百倍。主公如果想干一番大事业，非用管仲不可。"齐桓公本来就是个宽宏大量的人，听了鲍叔牙的话后，原谅了管仲的过错，并任命他为相，让他协理朝政。

管仲任相后，深受齐桓公重用，得以大展其才。一天，齐桓公向管仲请教治国之策。管仲答道：要使国家强盛，首先要发展经济，只有生产发展，才能富民足食，"仓廪实而知礼节，衣食足而知荣辱"。礼、义、廉、耻是维护国家的根本原则，这些原则若被破坏了，国家就要灭亡。只有发展经济，弘扬这些基本原则，国家的法纪制度才能建立起来，国家的力量才会强大。齐桓公听了点头称允，放手让他在国内大刀阔斧地进行经济改革。

改革伊始，管仲首先打破井田制的限制，采取"相地而衰征"的进步措施，即按土地的好坏分等征税，让百姓安居乐业。他还积极提倡开发富源。由于齐国东临大海，他鼓励百姓大规模地下海捕鱼，用海水煮盐，对渔、盐出口皆不纳税，以鼓励渔盐贸易。同时，他下令齐国各地大开铁矿，多制农具，提高耕种技术。为进一步加强对盐、铁的管理，管仲还设置盐官、铁官，利用官府力量发展盐、铁业。当时离海较远的诸侯国不得不依靠齐国供应食盐和海产，别的东西可以不买，而盐非吃不可。因此，齐国收入渐渐增多，日积月累，逐渐富裕强大起来。

在对外政策上，管仲积极促使齐桓公采取"尊王攘夷"的方针。因为在当时如公开夺取天子的权力，必然会招致诸侯们的联合反对，而"尊王"（周天子）则可从道义上得到诸侯国的支持，"攘夷"是一方面致力于抵御严重威胁中原各国安全的北方少数部族山戎和狄人，另一方面则是暗中遏制从江汉极力向北扩张的楚国（楚国非西周初年分封之国，当时被视为蛮夷之邦），这是中原诸国的共同心愿。

晋献公十五年（前662年），鲁国发生内乱，鲁闵公被庆父杀死，鲁僖公即位，庆父畏罪自杀。这正是"庆父不死，鲁难未已"的典故所在。僖公为了巩固君主地位，与齐国会盟于落姑，有齐国的保护，鲁国得以安定下来。至此，齐桓公德名远播诸侯，威望散布天下。

管仲还辅佐齐桓公领导同盟国共同打击夷狄。管仲认为齐国如果能够治服北方戎狄，就消除了中原大患，齐国的威望将在诸侯中得到极大提高。当时位于东周最北方的燕国，经常受戎、狄族的侵扰。于是，在燕军的密切配合下，齐桓公亲率大军北征，将山戎打败。山戎的残兵败将向东北方向逃窜，齐桓公率军穷追不舍，将山戎的同盟国令支和孤竹击败之后才回师燕国。齐军的胜利极大地提高了齐桓公的号召力，使得渤海沿岸一些部族小国纷纷归顺了齐国。

将山戎打败之后，齐桓公听取管仲的意见再次领导同盟国打击北狄。北狄人灭了卫国，还杀了卫懿公，拆掉了卫国的城墙，到处烧杀抢掠。由于北狄人的洗劫，卫国国都只剩下730人，加上从别处逃来的，也只有5000多人。卫国国都一片废墟，齐桓公率兵赶往卫国，狄人纷纷溃退。第二年，为了帮助卫国重建家园，齐桓公牵头联合宋、曹两国帮助卫国在楚丘（今河南滑县东）建立新城作为国都。齐桓公大义救卫，慷慨扶助，使得他在中原诸侯国中的威望更高了。

周惠王二十一年（前656年），齐桓公率领齐、宋、陈、卫、郑、许、曹、鲁八国军队打败靠近楚国的蔡国；接着以楚国不向周天子进贡祭祀的包茅和周昭王被淹死于汉水为理由,进军楚国;最后迫使楚国在召陵(今河南郾城东)与之结盟修好,挡住了楚国北进的势头,楚国接着也派使臣向周天子进贡包茅,表示尊王。

齐桓公北阻戎、狄,南遏楚国获得成功后,得悉周惠王想废太子郑,另立太子,便出面力保太子郑的地位,反对周惠王废长立幼。他在从召陵回来的第二年(前655年),又以拜见太子为名,邀集诸侯在首止(今河南睢县东南)集会,周惠王只好让太子郑去首止同诸侯见面,等于公开肯定太子郑的地位。

齐桓公雕塑

周惠王二十五年(前652年),周惠王死,齐桓公在洮(今山东鄄城西南)召集八国诸侯相会,拥立太子郑为王,这就是周襄王。襄王感激桓公,准备派人送给祭肉、弓箭和车子。齐桓公乘机以招待周王使者为名,在周襄王元年(前651年),于葵丘(今河南兰考)会盟诸侯。周襄王便派宰孔为代表参加,并特许齐桓公免去下拜谢恩的礼仪。齐桓公本想答应,但管仲说"不可"。齐桓公这才下拜接受周襄王的赐物。管仲之所以这样,就是想让齐桓公给人以处处维护周天子的印象。

齐桓公四十一年(前645年),管仲病重,他看到已届古稀之年的齐桓公骄横专断、贪恋美色、喜欢阿谀奉承,一批佞人则受到宠信,而他的6个儿子又都想继位,管仲担心国家将发生大乱。为此,他劝齐桓公务必立公子昭为太子,并疏远奸佞小人。当齐桓公向他问起易牙、竖刁、开方等人可否为相时,管仲指出:竖刁自宫来伺侯国君、易牙杀了自己的儿子煮给国君吃、开方背弃喜爱自己的父亲来讨好国君,都是不合人情的,他们决不会爱别人,不会忠于齐桓公,对这些人绝不能任用。但齐桓公听不进管仲的这些逆耳忠言。管仲去世后,桓公就重用这三人,从此,齐国的政局更加混乱。

变法先驱:李悝

李悝,又名李克,出身于贫寒之家,自幼聪明好学,志向远大。成年后,他拜孔子嫡传弟子子夏为师，学习儒学。学习期间，李悝虚心好问，尊敬老师，很得子夏喜爱。子夏曾当众说："在我的众多学生中，今后最有出息的恐怕就是李悝了。"尽管如此，李悝并没有放松对自己的严格要求，几年中就尽得师传，成了远近闻名的才子。

不过，李悝并不满足。在潜心钻研儒学后，他感到儒学也有许多不足之处。他认为，儒学重仁义教化而忽视法制建设是其最大弱点，难以治世。有鉴于此，李悝便通过各种渠道找来一些法律书籍，刻苦自学。他发现，法律不仅是约束人们行善弃恶的最好武器，还是保持和完善社会秩序的最佳办法。一个国家要繁荣强大，仁义教化不可少，但最为重要的是建立一套完备的法律体系并不折不扣地予以实施。在学习知识的过程中，李悝不知不觉完成了从儒家到法家的转变，成了著名的法家代表人物，为今后进行改革打下了坚实基础。

一天，一位在魏国宫中任职的老朋友来看李悝，见他还是一介平民，并未做官，就想帮他一把。告辞后，这位朋友去拜见了魏文侯最信任的谋士、素有"伯乐"之称的翟璜，向他诉说了李悝的种种优点。翟璜一听非常高兴，立即向魏文侯推荐李悝。魏文侯听说李悝是大学问家子夏最宠爱的学生，恨不得马上见到李悝，立即派翟璜去请李悝。

翟璜来到李悝住处后，李悝也闻翟璜大名，见其来请，急忙出来迎接。并随之进宫。自此，他迈入了一生中最辉煌的时期。

李悝一到宫中，魏文侯就亲自出迎，与之交谈，发现李悝确实是一个了不起人才，就留在身边，帮自己出谋划策。不久，魏国攻下中山国（在今河北正定东北），为了加强管理，魏文侯封太子击（后来的魏武侯）为中山君。在翟璜推荐下，魏文侯也非常满意地命李悝出任中山国相国。到任后，李悝尽心尽力地辅佐太子，他走乡串户，了解民情，减轻徭役赋税，发展经济，健全法制，在较短时期内，中山国就走上了百姓安居乐业、社会稳定的正轨。太子击见李悝把国家治理得井井有条，非常高兴，便把李悝作为老师和朋友看待，经常向他请教治国之道。李悝也不推辞，倾其所学帮助太子。不久，太子击在向父王汇报中山情况的报告中，着实把李悝大大夸奖了一番。

魏文侯任命李悝为相国后，准备对魏国进行全面改革。一天，他问李悝："我一心想使国家很快富强起来，也采取了一些措施，总觉得收效不大，您认为到底该怎么办才好呢？"李悝回答道："国家富强的路有千万条，但最根本的首先要做的还是发展生产。民以食为天,要让百姓吃饱、国家有余粮,就必须想法多生产粮食。"魏文侯又问道:"我正为这事焦急。如今人口增加了不少,可土地却没有增加,如何满足人们的衣食,如何提高产量,这些都是难以解决的问题,请问您有什么好的办法吗?"

李悝没有立即回答这些问题,而是谈起了自己微服私访的事:"自从国君您任命我当相国以来,我尽忠职守。为了了解民情,找到国家富强之法,我常常到民间私访,和百姓一起耕田,听到不少议论。有的说徭役太重太急,弄得老百姓没有时间生产,有的说赋税太多,丰年都难维持温饱,更不用说荒年了。他们要求适当减轻徭役赋税,以便让他们有时间生产,能勉强维持生活。国君您看,我们的百姓多好啊!他们要求不多,可我们却很少为他们着想。"停顿了一会儿,李悝转入正题,他为魏文侯算了笔账,"魏国的土地除山河、湖泊、荒原以外,可耕种的土地有 600 多万亩。如果给种田人以适当的鼓励,让他们乐于耕种,把时间和精力投到土地上,精耕细作。每亩地至少可以增收 3 斗粮食,全国一季就可增产 180 万石。相反,如果挫伤了农民的积极性,每亩就不止减产 3 斗。就是以这个数字计算,全国每季就要少收 180 万石。一正一反,相差 360 万石,更不用说徭役太重违误农时导致的减产了。"魏文侯听了连连点头。

李悝最后说道:"要使土地多产粮食,使国家富裕也并非难事,办法就是尽地力之效。这包括两个方面。其一,鼓励农民勤劳耕作,适当减轻徭役和赋税,给他们合适的利益,鼓励他们在原有土地上精耕细作,提高产量。再让他们开垦荒地,田间道旁的土地也利用起来,这样,土地的耕种面积还会扩大,增产粮食自然不在话下。其二,综合利用。鉴于我国粮食作物比较单一和歉收、缺粮的形势,我认为,一方面应引导农民根据不同的地势和土壤,选择不同的作物,将麦子、豆子、谷子等兼种、套种,充分利用地力;另外,能种瓜的种瓜,会栽桑的种桑,善植麻的种麻,真正做到人尽其才、地尽其力。"

魏文侯越听越觉得有理,深表嘉许,果断决定让李悝全权负责国内的农业经济改革。李悝不负重托,立即着手起草文告,颁布国内各地,实行农业改革。为了增强改革实效,他经常亲率官员驱车奔行于各地农村基层,进行督导、检查。几年下来,国内粮食产量逐年递增,农民过上了比较安定的生活,国库的收入也大大提高。

在改革过程中，李悝又发现了一个问题，即粮食价格对农民生产积极性有很大影响。粮食多了，粮价太低，使农民的积极性逐渐消失。用粮的也不爱惜粮食，粮食产量又下降了。遇到荒年、饥年，粮价昂贵，一般百姓买不起，没有粮食吃，只得四处流浪。于是，李悝又奏请魏文侯，实行"平籴法"，即把丰年和饥年各分三等：丰年分大熟、中熟、小熟；饥年分大饥、中饥、小饥。按照年成好坏，确定应纳税额和农民自留粮的数额，然后由国家平价收购。到荒年饥年时，再由国家平价卖出。这样，好年景粮食大丰收，也不会再出现粮贱伤农的情况；遇到水旱灾荒的年头，也不致粮价昂贵，百姓买不起粮食。由于国家平价收购卖出，市场上粮价一直稳定，百姓不饥不寒，生活安定，国家赋税收入也有了相应保证。

在实行经济改革的同时，李悝为了招徕四方人才，又大刀阔斧地进行政治改革。针对世袭禄位制度的种种弊端，李悝干脆废除了这种制度，推行"食有劳，禄有力，使有能，赏必行，罪必当"等一系列措施，按功劳大小，对国家贡献多少授予职位和爵禄。具体规定：不论贵族还是平民，只要有治国安邦的才能，都可以在朝廷做官，领到应得的俸禄；不论什么人，一律按照功劳大小安排职务；官员各司其职，有功者赏，有罪者罚，不准徇私；凡无功而又作威作福者，即使是贵族也必须取消其爵位和俸禄。由于执行了公允、平等和奖惩分明的原则，李悝的政治改革获得了巨大成功，不仅提高了国家机构的办事效率和人员素质，还极大地吸纳了各方人才，调动了举国上下励精图治的积极性。

李悝并不就此止步，为了保证改革的顺利进行和维护改革成果，又在法律领域大展拳脚。他根据魏国的具体情况，参照以往的律令，吸收了各国法令中可取的部分，制定了一部新法典，即《法经》。这是我国第一部比较完整的成文法典。其内容分《盗法》《贼法》《囚法》《捕法》《杂法》《具法》六部分。头两篇是《盗法》和《贼法》，分别对"盗""贼"的含义作了具体规定；《囚法》和《捕法》具体规定了惩治"盗""贼"的各种办法；《杂法》是关于盗取兵符、官印以及贪污等违法行为的惩治规定；《具法》是对量刑轻重的诸项规定。这部法典颁布实施后，对维护国家秩序起了重要作用。后来，这部《法经》被李悝的学生商鞅带到秦国，对秦国变法产生了重大影响。由于这部法典充分反映和代表了统治阶级的意志，从而成为后来历代封建统治者奉行的法典蓝本。

李悝深知，一个国家要富强，在各国中生存发展甚至称霸，仅发展经济、改良政治是不够的，还必须建立一支强大的军队。眼见魏国军力不强、将士素质不高，李悝心急如焚，想进行改革，但自己在这方面并不在行，怎么办呢？李悝忽然眼睛一亮，何不请吴起帮忙呢？

这位卫国出生的年轻人吴起有雄才大略，尤其擅长打仗。当年他来魏国时，李悝还曾助他一臂之力。当时，魏文侯问李悝吴起如何，李悝极力推荐道："吴起这个人虽然贪名好色，但在用兵方面，即使大军事家司马穰苴也比不上他。"魏文侯遂用他为大将，派他攻打秦国。吴起不负重望，很快就攻下了5座城市。由于战功卓著，吴起后来又经翟璜推荐担任了西河太守。想到这些，李悝不禁笑了。于是，他派人找来吴起，共商军事改革的大事。

在吴起的帮助下，李悝的军事改革又在魏国拉开了帷幕。李悝的军事改革，除注重改善官兵关系外，其目的就是建立一支能征善战的常备军。为此，李悝对军士制定了严格的挑选标准：身穿三甲，肩负12石之弓，带50支箭，扛长矛，头戴盔甲，佩剑，备3天的粮食，半天行走100里。一旦选中，待遇也非常优厚，免除全家徭役，奖给田宅。这对于调动将士的战斗积极性起了重大作用。短短几年内，魏军战斗力大大增强，各国一时不敢与之争锋。

公元前396年，魏文侯病逝。太子击即位，是为魏武侯，继续以李悝为相国。59岁的李悝不顾年迈，继续辅佐魏武侯，由于操劳过度，于公元前395年病逝，终年60岁。

智勇双全：蔺相如

蔺相如（约前330—前270年），战国后期赵国人。赵国后期七雄并立，以秦国和赵国最为强大。秦国自商鞅变法后，厉行耕战政策，以并吞山东六国为战略目标。

公元前283年，赵惠文王得到无价之宝和氏璧。玉璧玲珑剔透，晶莹明澈，放到暗处，熠熠生辉。赵王爱不释手。秦昭襄王得知此事后即派使者与书赵王，愿以15座城池交换和氏璧。与大臣们商量对策的赵王担心同意秦国的条件后秦国不履行诺言，如不同意则又害怕秦国借此入侵。赵国君臣束手无策，惶恐不安。

这时，宦官缪贤向赵王推荐自己的门客蔺相如，说他胆大心细，能不辱

蔺相如雕像

使命。并说以前自己曾犯罪,考虑到陪过赵王和燕王会晤于边境,燕王握着自己的手,要与自己交朋友这一点,企图逃往燕国。蔺相如阻止说,先生怎知道燕王会收留您呢?赵强燕弱,先生又得赵王宠信,所以燕国想与先生结交。如今您逃到燕国,燕王恐得罪赵王,定会把您送交赵王治罪,现在您不如主动向赵王请罪,以求豁免。缪贤采纳了蔺相如的建议,遂得以赦免。赵王听后即召见蔺相如询问对策。蔺相如认为秦强赵弱,不能不答应秦王的请求。赵王道出上述担心。蔺相如说,秦国用15座城池换一块玉璧,赵国如不答应,便有理亏;如秦王纳玉璧而不交城,则理亏在秦国。权衡利弊,让对方理亏为上策。赵王于是拜蔺相如为大夫,捧璧出使秦国。

秦昭襄王听说赵国使者带玉璧而来,非常高兴,立即召见蔺相如。蔺相如恭敬地献上玉璧,秦王赞不绝口,还传给大臣及后宫美人观看,但只字不提城池之事。蔺相如见秦王无意给予城池,就急中生智称玉璧上有斑点,请求指给他们看,秦王信以为真。蔺相如持玉璧后退几步倚柱怒称:"和氏璧乃天下至宝,赵国之臣都称大王情愿用15座城池来换乃是谎言。我却反驳说,百姓尚且能讲信义,何况大国的君主?这样,赵王斋戒5日后,才令我送来。可是大王对此却不恭不敬,让手下人传看此宝,我看大王并无诚意交换,为此我收回玉璧。如果大王以武力相逼,我宁可以头与玉璧一同碎于此柱。"秦王害怕,连忙赔礼,令人拿来地图,指出要给赵国的15座城池。蔺相如考虑到秦王不可信,便假称秦王也要斋戒5日,再举行收璧仪式,方可献上玉璧。秦王只好答应。蔺相如令手下人扮成商人,偷偷从小路将玉璧送回了赵国。

5天后,秦王召集群臣,邀请各国使臣参加接收玉璧的仪式。蔺相如却空手而至,他镇静地说:"秦国自穆公以来,前后有20余位君主,没有一个讲信义的,我担心再受欺骗而对不起赵王,所以令手下人将玉璧送回赵国。现在请求大王治罪。"秦王大怒,欲将相如斩首。蔺相如从容地说:"秦强赵弱,天下只有强国欺负弱国之事,绝无弱国欺负强国之理。大王若真想得到玉璧,不妨先割让城池，然后派使者取回玉璧，赵国决不敢辜负大王。我欺骗大王，罪该斩首，各国知道秦国为得一块玉璧而杀了赵国使者，必能分辨是非曲直。"一席话令秦王哑口无言，便以礼相待，送走了蔺相如。蔺相如能够"完璧归赵"，充分显示了他临危不惧、胆略过人的才能。

  此后，秦王对赵国一直耿耿于怀，总想伺机报复。公元前279年，秦王邀请赵王到渑池（今河南渑池）相会。赵王惧之，不敢擅往。上大夫蔺相如与大将廉颇一致认为，赵王如果不去，则示弱于秦。蔺相如愿随赵王左右以为保护。廉颇则愿辅佐太子，倘若赵王逾期不归，就立太子为王，以绝秦国挟赵王之心。

  约会期至，酒宴中秦王对赵王说："闻赵王喜乐，请弹奏一曲以赏我耳。"赵王不敢推辞，勉强弹奏一曲。秦国的御史当场记下此事，称某年某月某日，秦王和赵王在渑池相会，赵王为秦王鼓瑟。赵王气得脸色发紫，却无法抗辩。这时，蔺相如手持瓦盆，跪在秦王面前说："赵王听说秦王能演奏秦国的音乐，请秦王敲个曲子！"秦王脸色骤变，蔺相如举起瓦盆厉声说："大王不要

蔺相如府

以强凌弱，五步之内，我能把我的血溅到大王身上！"秦王左右武士欲杀蔺相如，蔺相如怒吼一声，吓退武士。秦王无奈，只好勉强地敲了几下瓦盆。蔺相如吩咐赵国的史官记下，某年某月某日，赵王同秦王相会于渑池，秦王为赵王敲盆。秦国大臣不服气，让赵国割15座城池为秦王祝寿。蔺相如马上反驳说，请秦王割让咸阳为赵王祝寿。秦王见不敌赵国君臣，欲发兵赵国，却又惧已在边境严阵以待的赵国大军和蔺相如、廉颇这样的人才，便同赵王结为兄弟。为取信于赵国，还将己孙异人送到赵国做人质。

渑池之会后，蔺相如以功高被拜为上卿，位在廉颇之上。廉颇不服气，扬言要羞辱蔺相如。蔺相如听说后，始终避免与他相会。每次上朝，蔺相如都称病，不与廉颇争高低。一次，蔺相如出门，望见廉颇，便回车上躲避。蔺相如的舍人们抱怨说："我们离开亲人来侍奉先生，只因仰慕您的高尚节操。如今先生与廉颇同列，受他恶语中伤，反而惧怕，这种屈辱我们无法忍受，请求辞别。"蔺相如说："诸位以为廉将军与秦王相比如何？"舍人们回答："不如秦王。"蔺相如又说："秦王有这样的威势，我尚且在朝堂上怒叱于他，侮辱其群臣。我虽不中用，难道还怕廉将军吗？只是我认为强秦之所以不敢冒犯赵国，是因为赵国有我们二人。二虎相争，势不两立，必会两败俱伤。我只是视国家危难为至重而已。"廉颇耳闻蔺相如的这番话，深受感动，便负荆请罪，二人从此结成生死之交。

蔺相如是战国时期出色的外交家，他的机智勇敢使自己的国家不辱于强国。他以国家利益为重，不以一己荣辱为念的高尚品德，赢得了传世美名。

眼光毒辣的商人宰相：吕不韦

吕不韦（？—前235年），战国后期卫国濮阳（今河南濮阳西南）人，出身于商人家庭，成年后奔走于各国经商。后来，他成为韩国阳翟（今河南禹县）"家累千金"的巨富。

公元前265年，他经商至赵国都城邯郸，邂逅秦国王孙异人。异人是秦太子安国君的儿子、秦昭襄王的孙子。由于异人不是长子，生母夏姬也不受太子安国君的宠爱，他在父亲、祖父心目中无足轻重，因而被抵押在赵国当人质。赵王因为秦国屡次发兵入侵，早想把异人杀了，幸亏平原君劝解，异人才保住了性命。

第二章　三代与先秦时期的宰相

吕不韦根据"人弃我取"的生意经，发现了异人的潜在价值，认为他"奇货可居"，可以作为自己政治投机的对象。于是，吕不韦主动拜访异人。他对异人说："你是秦国的王孙，可现在你的处境窘迫，我有一个使你光耀门庭的办法。"异人苦笑着说："先生是不是在取笑我？"吕不韦回答："你祖父年老力衰已立你父安国君为太子。听说你父亲最宠爱华阳夫人，只有华阳夫人能立继承人，可是她却没有儿子。你兄弟20多人，你排行中间，又长期在外做人质，关系自然疏远。一旦大王去世，安国君做了秦王，你哪有机会去争做太子呢？"吕不韦所言正好触及异人的痛处。异人马上询问有何良策。吕不韦对他说："以你目前的困境，既没有钱取悦你父亲和华阳夫人，也没有钱结交朋友。我虽然不很富裕，但是愿意拿出钱财，到秦国去替你活动，请安国君和华阳夫人确定你为继承人。"异人听后喜出望外，急忙给吕不韦行礼，并许愿若能如此，将来愿与他共享富贵。

吕不韦先送五百金给异人，让他以此结交朋友，另外用五百金买了珍奇异宝，由自己带到咸阳。吕不韦通过华阳夫人的姐姐把这批珍宝送给华阳夫人，还讲述了异人在赵国如何贤明，日夜思念安国君和华阳夫人的好话。华阳夫人听后大喜，对异人颇有好感。吕不韦见时机成熟，就请华阳夫人的姐姐去劝说华阳夫人。于是，姐姐对华阳夫人说："妹妹年轻漂亮，受到安国君的宠爱，但是人老色衰就会失宠。现在你膝下无子，不如及早认下一子，确定为安国君的继承人。异人这样贤明，又主动依附夫人，如果能确立他为继承人，将来他对你感激不尽，你的地位就不会动摇了。"

华阳夫人认为姐姐的话有理，就向安国君极力推荐异人作为继承人。安国君对华阳夫人一向言听计从，便满口答应，还派人用玉石刻了一个牌子，交给异人作为凭证。另外，安国君和华阳夫人还给异人许多食物和衣服，并聘请吕不韦做异人的师傅。

传说吕不韦帮助异人取得了王太孙的地位后，欣喜地回到邯郸，请异人到家里饮酒。酒席上，吕不韦让已有两个月

秦始皇宫殿

身孕的爱妾赵姬跳舞陪酒。异人被其美貌打动,请求吕不韦把她赏给自己为妻,吕不韦佯装生气,过后才答应送给他。不久,这个美女生下一子,取名嬴政。

嬴政9岁那年,秦昭襄王死,安国君继承了王位,异人以太子身份回到秦国。因为华阳夫人为楚国人,他便身着楚国服装去看望华阳夫人。华阳夫人甚为欢喜,收异人为养子,改名为子楚。安国君在位不到一年就死了,子楚即位,是为庄襄王,吕不韦任相邦。秦庄襄王在位3年后也死了,即位的太子嬴政年仅13岁。嬴政让吕不韦接着任国相,以三朝元老和"仲父"的身份辅政,从而稳定了秦国的政局。直到秦王嬴政22岁亲政以前,秦国的军政大权一直掌握在吕不韦手中。在当权的12年中,吕不韦为辅佐秦王完成秦国统一大业制定了许多政策和措施。

在政治上,吕不韦一是注意起用老臣宿将,调整好统治集团内部关系,稳定国内的统治秩序;二是注意举荐人才,让他们在统一大业中发挥作用。吕不韦是个有见识的政治家,他对大臣委以重任,注意考察政绩,赏罚分明。

在经济上,吕不韦重视农业,兴修水利。在他第二次任相期间,修建了著名的郑国渠,大大改善了关中地区的灌溉条件,明显地提高了农作物的产量。上述政治、经济措施,使得秦国政局稳定,吏治清明,国力增强,比东方六国明显地占了优势,为秦的统一奠定了稳固的基础。他还贯彻"远交近攻"的方针,灭东周,伐三晋,屡战屡胜,兼并了大片土地,版图之广在六国中首屈一指,连成分割包围三晋的态势,为最后消灭六国做好了准备。

随着秦军向东的胜利进军,秦国统一中国的大趋势已不可阻挡。为了准备统一中国的军政策略,解决统一后封建国家统治的一系列问题,吕不韦命门下宾客(3000人)于公元前239年编著了《吕氏春秋》。这是我国第一部有组织、有计划集体编写的文集,其中既包括哲学、政治、军事和道德伦理等知识,也包括自然科学知识,如同一部百科全书。

吕不韦的权势日益扩大,封地也越来越多,从最初的食邑蓝田12县,到后来的食邑河南洛阳10万户;接着,燕国又送他河间10城作为封邑。吕不韦拥有三大食邑和家佣万人,堪称秦国(除秦王外)最富有的人,这就不可避免地引发了秦王嬴政与吕不韦争夺最高政治权力的斗争。

公元前239年,嬴政21岁,按照秦国惯例,次年就要举行冠礼,开始亲政了。恰在此时,吕不韦把《吕氏春秋》公布于咸阳市门,并告示"有谁能改一个字，就赏予千金"。尽管重赏的消息传遍全国，仍无人敢出来改动一字。这似乎表明吕不韦是秦国独一无二的"理论权威"。然而秦王嬴政生性专断骄横又具雄才大略，既不能容忍吕不韦的权势，更不会听从吕不韦的摆布。他们之间冲突的导火线，就是"嫪毐事件"。原来，据说吕不韦早就和秦王嬴政的母亲私通，后来秦王嬴政长大了，吕不韦怕被秦王发觉，就让自己的门客"大阴人嫪毐"假充宦官，混入宫中，与太后私通。嫪毐与太后生有两子，很得太后恩宠。嫪毐与太后密谋等嬴政一死，就立私生子为继承人。

公元前238年，秦王嬴政到秦故都雍城举行冠礼，嫪毐趁机盗得秦王的玉玺和太后的玺印发兵作乱。早有戒备的秦王嬴政即令吕不韦等率军击败叛军。嫪毐被捕，受车裂之刑，灭其三族。一年后，秦王借口吕不韦与政变有牵连，罢了他的相位。次年，他又被发配到蜀地。吕不韦知道大势已去，饮鸩而死。

知识链接

张仪之舌

张仪是战国时期魏国贵族的后裔，曾经与好友苏秦一同拜于鬼谷子先生门下，学习纵横游学。学业期满，张仪回到魏国，因为家境贫寒，求事于魏惠王而未被重用，于是长途跋涉来到楚国，投奔到楚相国昭阳的门下。昭阳率兵大败魏国，楚威王大喜，把国宝"和氏璧"奖赏给了昭阳。

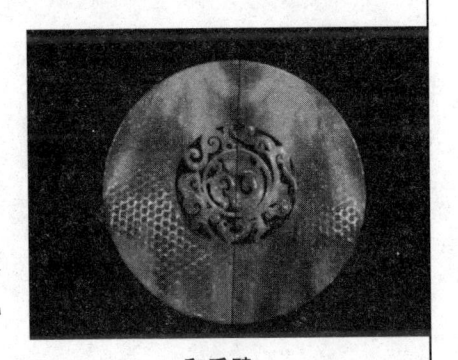

和氏璧

一天，昭阳与他的百余名门客出游，饮酒作乐之余，昭阳得意地拿出"和氏璧"给大家欣赏，传来传去，最后"和氏璧"竟不翼而飞。这可了不得！这么宝贵的东西在大家眼皮底下就没了，问题很严重。

　　大家都一致认为：张仪这小子那么穷，肯定是他拿走了"和氏璧"。张仪本来就没拿，当然不愿承认。三人成虎，说的人多了，昭阳也开始半信半疑，于是严刑逼供。张仪被打得遍体鳞伤，但始终不承认。昭阳怕出人命，再说也确实没有证据，只得将他放了。

　　张仪被人抬着回了家，张仪的妻子看着被打得皮开肉绽的丈夫，抹着眼泪说："唉，要是你不读书，就不会来这该死的楚国，怎么会受到这样的羞辱？"

　　张仪问妻子："我的舌头还在吗？"妻子告诉他还在，张仪笑着说："只要舌头在，我的本钱就在，早晚会出人头地的！"

第二章

秦汉时期的宰相

秦王扫六合，不仅使分裂的国家重回统一，也标志着我国封建制度的正式确立，宰相制度同样以正式的制度保留下来。而秦始皇所信任的赵高成为丞相后，却敲响了秦王朝的丧钟。继秦而建立的汉王朝是我国封建社会的第一个巅峰期，萧何辅佐高祖刘邦成就了这个辉煌；汉武的霍光、光武的邓禹则使它得以延续。但在这光辉的背后却暗流涌动，皇帝对相权的限制不断，然而无论是西汉还是东汉，都没能逃出被权相逐步取代的命运。

第一节 秦代的名相

下场悲惨的丞相：李斯

李斯是楚国上蔡（在河南上蔡西）人，少时曾任小吏，后师从大思想家荀卿（荀子），学帝王之术。学成之后，他认为楚王不足共事，而六国又皆弱小，建立不了功业，决定入秦。

李斯到了秦国，秦王异人恰好在这时死去，李斯于是求见秦相国吕不韦，想做吕不韦的舍人。吕不韦便任李斯为郎（秦王侍卫官），李斯得以有机会向秦王嬴政进言，阐述他的政治见解，建议秦王立即发兵并吞东方六国。李斯的卓越见解得到秦王嬴政的称赞，并拜为长史。

秦王用李斯的计谋，暗派能言善辩之士，携金玉游说六国，收买权臣、名士，离间六国君臣。能收买的便收买之，不能收买者就暗杀。然后再派良将进行征伐。在军事上，秦王也从李斯之谋，远交近攻，先灭韩国，再攻两翼，最后灭齐。

韩国为推迟秦军的进攻，派水工郑国至秦，游说秦王征调民工，兴修水利，以消耗秦国国力。工程进行中，秦王有所察觉。秦宗室大臣也进言："诸侯人来事秦者，大抵为其主游间于秦耳，请一切逐客。"于是秦王下逐客令，李斯也在被逐的范围中。

李斯立即上书陈逐客的弊端，他说："昔穆公求士，西取由余于戎，东得百里奚于宛，迎蹇叔于宋，求丕豹、公孙支于晋，并国二十，遂霸西戎。孝公用商鞅之法，移风易俗，民以殷盛，国以富强，百姓乐用，诸侯亲服，获楚、魏之师，举地千里，至今治强。惠王用张仪之计，破了六国的合纵，拔三川之地，西并巴蜀、北收上郡，南取汉中，包九夷，制鄢、郢、东居成皋之险，割膏腴之壤，使六国之从。""昭王得范雎，废穰侯，逐华阳，强公室，杜私门，蚕食诸侯，使秦成帝业。""此四君者，皆以客之功。"这就是有名的《谏逐客书》。秦王嬴政这才醒悟，便除逐客之令，召还已至骊邑的李斯，恢复他的官位，随后又提拔他为廷尉。

秦王宫一角

秦王在李斯等人辅佐下，历时20余年，消灭六国，统一天下，自尊为始皇帝。当时天下虽然归于统一，但统一以后实行什么样的国家制度成为当务之急。在这个问题上，斗争异常激烈，丞相王绾主张周代的分封制，且受到群臣的支持。分封制是历史的倒退，李斯坚决反对，力主郡县制。

秦始皇终从李斯之议，不立子弟为王，分全国为36郡，郡以下设县、乡、亭、里，组织十分严密，构成一部完整的统治机器。郡县制，开中国历史的先例，意义重大，影响深远。其中有不少制度，不但为汉唐以后各封建皇朝所采用，而且延续至今。

秦始皇三十四年（前213年），博士淳于越又提出师古的问题。李斯反对更加坚决，曰："今诸生不师今而学古，以非当世，惑乱黔首，相与非法教人。"他力主采取极端措施："非秦记皆烧之"，"所不去者，医药、卜筮、种树之书"。"有敢偶语《诗》《书》弃市，以古非今者族。"致秦始皇有焚书坑儒之举，被坑儒生460余人。

秦始皇三十七年（前210年）初，李斯、胡亥（始皇少子）和中车府令赵高从始皇出游。七月，始皇病死沙丘平台（在今河北广宗）。李斯怕天下有变，于是秘不发丧，始皇的棺材载在大车中运往咸阳，外人都不知道秦始皇已经死去的消息。

得幸于胡亥的赵高，深恨大臣蒙毅曾治其罪，便前去说服胡亥伪造诏书，以始皇之命诛扶苏（秦始皇长子），立胡亥为太子，并说如果不与丞相李斯谋，恐怕事情不能成功。胡亥心然其计。赵高便去找李斯谋划，李斯一开始不同意。赵高威胁说："如果长子扶苏即位，必用蒙恬（蒙毅之兄）为丞相，

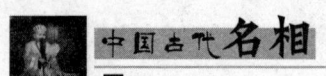

你终将会不怀通侯之印而归乡里,这是很明白的事了!"李斯自以为才智与威望不及蒙恬,扶苏即位于己不利,便同意了赵高的阴谋,立胡亥为太子。胡亥又派人赐扶苏、蒙恬死。胡亥即皇帝位后是为二世皇帝。

在胡亥的残酷统治下,民不堪其苦,纷纷起义。胡亥面对危机,不是引咎自责,而是多次大声责备李斯:"居三公位,如何令盗如此!"李斯万分恐惧,不知道该如何作答。但是李斯本性贪图爵禄,力图自保,于是便向胡亥提出"独断于上""行督责之术""灭仁义之途""绝谏说之辩"的策略。胡亥十分高兴,于是督责益严,誊课税重者为明吏,杀人众者为忠臣,刑者相半于道,死人喊积于市。

李斯虽然阿胡亥之意以讨欢心,但仍处危境之中。赵高当时已经掌握实权,也图谋害死李斯。赵高设下圈套,跟李斯说:"关东群盗多,今上急欲发徭,治阿房宫,聚狗马无用之物。臣欲谏,为位贱,此真君侯之事,君何不谏?"李斯不知是计,便说:"吾欲言之久矣,今时上不坐朝廷,常居深宫。吾所言者,不可传也。欲见,无闲。"赵高当即表示愿为效劳。

一日,胡亥正与宫女寻欢作乐,赵高却使人告诉李斯说胡亥现在很闲,可以奏事。李斯便至宫门,要求拜见。如此者三,胡亥大怒,骂道:"吾常多闲日,丞相不来;吾方燕私,丞相辄来请事。"赵高趁机进言:"夫沙丘之谋,丞相与焉。今陛下已立为帝,而丞相贵不益,此其意亦望裂地而王矣。"并言李斯子李由与陈胜相勾结。胡亥信以为真,使人查李由。李斯得知后怒而上书,极言赵高之短。胡亥非常依赖赵高,害怕李斯杀了他,便将此事告诉了赵高。赵高说:"丞相所患者独高。"于是,胡亥先撤李斯丞相之职,降为郎中令,继而以谋反之罪使赵高治之。赵高搜捕李斯的宗族宾客,经严刑拷打,李斯被迫招供。李斯上书自陈,述说自己的冤屈,赵高以囚徒不得上书为由,弃之不奏。赵高还使自己的宾客十多人,诈为御史、侍中,轮番对李斯进行残酷审讯,李斯均以实对。后来胡亥暗中使人查李斯,李斯以为还是赵高派的人,便以之前的话应对。于是胡亥下令将李斯腰斩,并夷其三族。

谋害扶苏的奸相:赵高

赵高本是赵国的贵族之后,他的父亲是赵国君主的远房本家,因为犯罪,被施以宫刑,其母受牵连沦为奴婢,赵高弟兄数人也因此而当了太监。

第三章 秦汉时期的宰相

秦王嬴政二十五年（前222年），秦灭赵，赵高被掳往秦国。秦王嬴政听说他身强力大，又精通法律，便提拔他为中车府令掌皇帝车舆，还让他教自己的少子胡亥判案断狱。由于赵高善于观言察色、逢迎献媚，因而很快就博得了秦王嬴政和胡亥的赏识和信任。有一次，赵高犯下重罪，蒙毅按律要处他死刑，秦王嬴政却赦免了他并复其原职，由此不难看出秦王嬴政对赵高的偏爱。可他万万没有想到，就是这位在自己眼中"敏于事"的宠臣，日后会成为断送大秦江山的祸首。

秦始皇三十七年（前210年）十月，年逾半百的秦始皇在第五次出巡的途中病倒了。虽然他一生都在寻求着长生不老的秘方且"恶言死"，但仍然无法抗拒生命的自然运作规律。

随着病势一天天加重，秦始皇深知自己的大限已到，当务之急是赶快确定立储之事。他将二十几个儿子一一进行掂量。觉得胡亥虽然最得他的疼爱，但知子莫若父，此子昏庸无能，不成器；长子扶苏虽屡屡与自己政见不合，但为人"刚毅而武勇，信人而奋士"，加上大将蒙恬的辅佐，无疑会是一位贤能的君王，况且，依照嫡长子继承制也应该传位于他。当下始皇不再犹豫，召来兼管着皇帝符玺和发布命令诸事的赵高，让他代拟一道诏书给长子扶苏。时扶苏正监军在上郡（今陕西榆林东南），秦始皇命他将军事托付给蒙恬，赶回咸阳主持丧事。这实际上已确认了他继承者的身份。诏书封好后，秦始皇吩咐赵高火速派使者发出，岂料老奸巨滑的赵高假意允诺着，暗中却扣压了遗诏。

指鹿为马

一天傍晚，车队停下住宿。赵高觉得时机已到，便带着扣压的遗诏来见胡亥，劝他取而代之："而今大权全掌握在你我和丞相手中，希望公子早作打算。"胡亥早就梦想有朝一日能够登上皇帝的宝座，只是碍于忠孝仁义而不敢轻举妄动。现在听赵高一番贴心之语，蓄蕴已久的野心不禁蠢蠢欲动，但仍有些犹豫，叹息道："父皇病逝的消息还没有诏示天下，怎么好就去麻烦丞相呢？"赵高早已摸透了他的心思，胸有成竹地说："公子不必再瞻前顾后，机不可失，时不再来。这事没有丞相的支持不行，臣愿替公子去与丞相谋划。"胡亥正求之不得，立即答应了。赵高马上与李斯合谋，假托始皇之命，立胡亥为太子；又另外炮制一份诏书送往上郡，以"不忠不孝"的罪名赐扶苏与蒙恬自裁。

赵高见障碍已除，建议胡亥赶快回去继承皇位。由于气候炎热，此时早已死去的始皇的尸体已开始腐烂，一阵阵恶臭从辒辌车中传出。为掩人耳目，赵高便命人买来大批鲍鱼将臭味盖住，一行人浩浩荡荡回到了咸阳，这才发丧，公告天下，不久举行了空前隆重的葬礼。太子胡亥称帝，是为秦二世。赵高官封郎中令，成了胡亥最亲信的决策者。

从此以后，这对暴君奸臣便在一起制造出了一幕又一幕令人发指的惨剧。貌似强大的秦王朝，也由此分崩离析。胡亥登上皇位不久，就开始追求起穷奢极欲的生活来。昏庸无知的胡亥乐得把朝野大事交给赵高代理，于是不再上朝，一味寻欢作乐，决断之权大部落到了赵高的手中。随着权力的扩大，赵高的野心也不断地膨胀。他不再满足于只做一名郎中令，而将眼光转向了一人之下、万人之上的丞相之位。因此，除掉李斯在他的心目中显得日益迫切了。

秦二世二年（前208年）七月，经过一系列精心策划，李斯的罪名终于被赵高罗织而成，再也无法改变了。奔赴腰斩刑场的李斯，悔恨交加却为时晚矣。当年沙丘之谋，他如果不贪求一时私利，又何至于落得今日的下场呢？胡亥的昏庸，赵高的阴毒，都是他始料不及的。这位功过参半的丞相，临死前已敏锐地嗅到了秦必亡的气息："今反者已有天下之半矣，而心尚未寤也，而以赵高为佐，吾必见寇至咸阳，麋鹿游于朝也。"大秦的气数，在胡亥与赵高的统治下，已丧失殆尽。

此刻的咸阳城外，已到处卷起了亡秦风暴。陈胜、吴广起义失败后，项羽、刘邦领导的反秦义军以更加迅猛的势头继续战斗。胡亥也不能坐视不管了，他派使者质问赵高："丞相不是总说关东盗贼不能成气候吗，今天怎么会到了这种地步?"赵高听了大惊失色,知道二世对自己产生了怀疑与不满,于是秘密与弟弟赵成和女婿阎乐商议对策,制订了弑君政变的计划。阎乐率领手下士兵装扮成山东农民军攻打望夷宫,逼迫胡亥自杀。胡亥死后,赵高便另立秦始皇的幼子子婴为帝。

子婴早在当公子期间,就已耳闻目睹了赵高的种种罪行。现在被赵高推上皇位,知道自己不过乃是一个傀儡而已。子婴不愿再重蹈胡亥的覆辙,便与自己的儿子和贴身太监韩谈商定了斩除赵高的计划。

原来赵高要子婴斋戒五日后正式即位。等到期限到了,赵高便派人来请子婴正式登基。可子婴推说有病,不肯前往。赵高无奈,只得亲自去请。等赵高一到,太监韩谈眼疾手快,一刀就将他砍死了。子婴随即召群臣进宫,历数了赵高的罪孽,并夷其三族。

知识链接

指鹿为马

李斯死后,赵高名正言顺地当上了丞相,事无大小,完全由他决断,几乎成了太上皇。羽翼已丰的他,渐渐不把胡亥放在眼中了。

一天,赵高趁群臣朝贺之时,命人牵来一头鹿献给胡亥,说:"臣进献一马供陛下赏玩。"

胡亥虽然糊涂,但是鹿是马还是分得清。他失声笑道:"丞相错了,这明明是头鹿,怎么说是马呢?"

赵高板起脸,一本正经地问左右大臣:"你们说这是鹿还是马?"

围观的人,有的慑于赵高的淫威,缄默不语;有的惯于奉承,忙说是马;有的弄不清赵高的意图,说了真话。胡亥见众口不一,以为自己是冲撞了神灵,才会认马为鹿,遂召太卜算卦,太卜道:"陛下祭祀时没有斋戒沐浴,故至于此。"胡亥信以为真,便在赵高的安排下,打着斋戒的幌子,躲进上林苑游猎去了。秦二世一走,赵高便将那些敢于说"鹿"的人纷纷正法。

第二节
西汉的名相

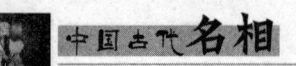

论功第一的治国贤相：萧何

萧何（？—前193年），江苏沛县人。年轻时就以精通文墨、待人宽厚而闻名遐迩。萧何曾佐刘邦起义，与刘邦结为患难之交。

萧何任秦朝沛县吏主吏掾之职时，刘邦在沛县乡里落拓不羁，不拘小节，好酒色，常被人瞧不起，萧何却器重他。刘邦任亭长时，萧何作为他的上司，经常帮助他。有一次，沛县县令的好友吕公宴请宾客，县中豪杰带着贺礼纷纷赴宴。萧何主管宴会，负责接收财礼。萧何规定凡送礼钱一千以下者坐在堂下，送钱一千以上者坐在堂上。赴宴的刘邦谎称送礼钱一万，实无分文。萧何一边对吕公说笑刘邦爱说大话，很少办成事，一边迎他坐到堂上。刘邦落落大方，被吕公看中，把女儿许配给刘邦，她就是后来的吕后。萧何还经常资助刘邦，刘邦身为亭长，常常被派遣到咸阳办公事，县里的小官吏都送他三百钱作资俸，唯独萧何送给他五百钱。

陈胜、吴广反秦起义后，萧何等人拥立刘邦为沛县起义武装的首领，趁机起兵。刘邦号为沛公，萧何为主丞。当项羽率师渡河北上，击败秦师主力章邯军数十万于巨鹿战场时，刘邦则挥师西进，日夜兼程，乘虚攻入秦都咸阳。义军一进入咸阳，诸将纷纷奔向秦王朝的府库，争夺金银财宝。唯独萧何对财物无动于衷，反而急往秦丞相御史府，收取律令图书文献档案，并精心保存。在随后爆发的楚汉之战和汉初的创业阶段，刘邦能够对山川险要、郡县户口、民生疾苦等了如指掌，都得益于萧何收取的资料档案。

按照义军拥戴的楚怀王之约，诸路义军首先入关破秦者，即可称王。可

第三章　秦汉时期的宰相

是项羽毁约，封刘邦为汉王，偏居西南的巴蜀。刘邦及其属将都主张与项羽决战，萧何认为敌我实力悬殊，决战条件尚不成熟，劝刘邦以巴蜀为基础，积蓄力量，再与项羽争夺天下。刘邦听从了萧何的意见，拜萧何为丞相。萧何任相后，为刘邦确立了养民致贤方略，积极引荐天下能人志士。

韩信是胸怀大略的将才，曾先后投奔过项梁、项羽，可惜都未受重用。刘邦做了汉王，韩信弃楚归汉。起初刘邦不识韩信之才，只给他管理粮饷的治粟都尉之职，韩信不辞而别。萧何曾与韩信多次接触，深知他是盖世奇才，听说韩信逃走，便去追赶，慌忙中竟忘记禀报刘邦。有人报告刘邦说，萧丞相逃走了，刘邦顿时感到像砍去了自己的左右手一般，整日焦躁不安。等到萧何回来时，刘邦欣喜之余又责备他不该"逃跑"。刘邦认为萧何追赶一员普通的将领实在不值得。萧何却郑重地说，韩信是天下独一无二的人才，夺天下必须要靠韩信这样的人共谋大计。刘邦遂拜韩信为大将军。

萧何雕像

当天，刘邦安排了隆重的仪式，让韩信到高台上受命统率三军。此后，刘邦召见韩信，询问平定天下之策，发现他确实是难得的将才，也更加佩服萧何的识才能力。后来，刘邦依靠韩信击败项羽。也许正是因为萧何善于识才用才，刘邦才把其他有功之臣称为"功狗"，而唯独赞美萧何为"功人"，意思是说，猎狗只能追擒野兽，而猎人却能指挥猎狗。诸将只不过是擒杀野兽的猎狗，只有萧何才称得上是猎人。

楚汉大战，萧何以丞相身份留守关中，输送士卒粮饷，支援作战。萧何身居关中，心系天下，把治理关中作为辅佐刘邦创建帝业的大事。他一心侍奉太子，建立宗庙，制定法令，安抚百姓，发展生产，使关中地区很快富庶了起来。

公元前205年，刘邦率56万大军与项羽决战于彭城（今江苏徐州）。项羽以精锐部队大破汉军于睢水之上。汉军10余万人被杀，10余万人被逼入睢水，睢水为之断流。刘邦率数十骑兵突围，以残兵败将困守荥阳。在这危急关头，萧何紧急动员关中父老补充兵员，汉军士气为之大振。

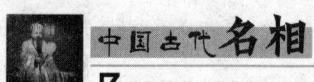

第二年荥阳之战，项羽以重兵攻城，刘邦以诈降之计，率数十骑从城西门逃出走成皋。当时，萧何总揽关中大权，稍有二心，就能置刘邦于死地。刘邦多次派人以慰劳之名，窥察萧何的举动。萧何为消除刘邦的猜忌，声援刘邦和安定军心，将其子孙昆弟送上前线。

公元前203年，楚汉成皋之战，刘邦再次失败。后靠收取韩信所部收复成皋，至此楚汉之争已历时四年，就连曾经实力雄厚的项羽也陷入兵员、食物匮乏的困境。刘邦的部队却因萧何"转漕关中，给食不乏"而兵强马壮、粮草充足。最终逼得项羽兵败东城，自刎而死。由此可见，汉军的胜利应归功于萧何在关中的后勤支援。

萧何在政治生涯中，也时有违心之举，特别是在刘邦诛杀功臣时，他曾参与设计捕杀淮阴侯韩信。韩信死后，功高盖主的萧何也为刘邦所忌。前方征战的刘邦常派人探询萧何的举动。于是有宾客警告萧何说，相国功称第一，深得关中百姓拥戴，皇上数次探问，就是怕您倾动关中。您为什么不多买点田地，用贱价强赊，在百姓中留下坏名声，使皇上安心呢？萧何治家素以节俭著称，平时置办田宅，只挑些偏僻之处，从不侵占民田。如今，为免遭杀身之祸，只好采纳了宾客的建议。刘邦在前线听说萧何强赊民田，引起民怨，心中大喜。刘邦回到长安后，又有许多人状告萧何。刘邦将这些状纸交给萧何，责怪他不该如此对待百姓。一向勤于民事的萧何，在生性多疑的皇帝身边，只能靠自污之举而免一死，这实在是个悲剧。

公元前195年，汉高祖刘邦病死，萧何辅佐太子刘盈登上帝位，是为惠帝。过了两年，萧何积劳成疾，惠帝亲临病榻问候，询问相国百年之后应由谁接替他的职务。萧何力荐曹参代己为相。萧何与曹参在贫贱时交情很深，后来萧何因功位居曹参之上，两人始有隔阂。萧何不计前嫌，不泄私愤，主动荐举曹参，足见一代名相宽宏大度、以大局为重的风范。后来曹参忠实地执行萧何休养生息的社会政策，使西汉国力日强。对于萧何的这些功绩，后人给予了高度评价。

萧规曹随的无为宰相：曹参

曹参是江苏沛县人。秦时，萧何为沛县主吏，曹参为狱吏。

秦二世元年（前209年），曹参与萧何帮助刘邦起兵。刘邦为沛公，曹参遂为中涓（侍从）。之后，他追随刘邦转战各地。

次年（前208年）闰九月，刘邦西进伐秦，曹参也一同前往。及攻开封、洛阳，均不能下，乃转兵南下至宛（今河南南阳），然后向西挺进，经紫荆关（在今淅川县西北）、武关（在今陕西商南县西北），历时14个月，攻入咸阳。继而项羽背约封刘邦为汉王，曹参封建成侯。

高帝元年（前206年）八月，曹参率郎中樊哙等为前锋，领兵数万，进袭关中，占领咸阳。继出临晋关（在今陕西大荔县东）渡河，至河内（治所在今河南淇县），攻下修武，南渡平阴津（今孟县东），占领洛阳。

四月，刘邦趁项羽东攻齐国的时机，率军进袭彭城（今江苏徐州）。兵分三路，曹参统率北路军，自围津（今山东东明县境）渡济水，与中、南两军会师于砀、萧（今萧县），一举占领彭城。项羽听闻彭城失陷后，令诸将击齐，自率精兵3万南下，大败汉军于彭城。汉军退守荥阳（属今河南），曹参为假左丞相，屯兵关中。在此期间，曹参曾与韩信伐魏、赵、齐三国。

在作战中，曹参身先士卒，英勇果敢，屡建战功：凡下2国、122县，得王2人、相3人、将军6人。在评功之时，诸功臣皆曰："曹参，身被七十创，攻城略地，功最多，宜第一。"但刘邦以萧何有"万世之功"，功居第一，而以"曹参虽有野战略地之功，此特一时之事耳"，功居第二，曹参对此十分不满。

高帝五年（前202年）二月，刘邦即皇帝位，以长子刘肥为齐王，以曹参为齐相国，封平阳侯。

曹参相齐9年。相齐之初，尽召长老诸先生，问以安定百姓之法。诸儒百人，其言各异，曹参不知所从。后来听说胶西有盖公，善治黄老之学，于是使人持厚币请之。盖公到后，对曹参说："治道贵清静而民自定。"曹参于是用黄老之术，避正堂，清净无为以安百姓，被誉为贤相。

惠帝二年（前193年）七月，相国萧何病逝。曹参听到这个消息后，告诉家人："吾将入相。"未几，使者至，果然召曹参入相。曹参为相，悉遵萧何旧制，凡事无所改，故有"萧规曹随"之说。

在用人问题上，曹参皆以质朴、语言迟钝为标准。凡言语深刻，务求名声者，尽去之。曹参又不务政事，日夜饮酒，百官、宾客见此情景颇为忧虑，相继来拜，皆欲有所言，曹参便以饮酒应对。间歇时有人想进谏，曹参又用酒灌他，直到把那人灌醉没法说话为止。

曹参的近吏也在丞相府的后园日日饮酒，歌唱呼号。有人知道后便请曹参游后园，想让曹参看看，借以禁之。等到曹参到了，见此场面，便令人张设坐席，与近吏一同饮酒歌呼。

对人小过，曹参也常加以掩盖。惠帝怪曹参不治事，以为欺自己年少，就让曹参的儿子曹窋回家劝他父亲。曹窋到家后把惠帝的话跟曹参说了一遍，曹参大怒，抽了自己的儿子两百下，对他说："天下事非你所当言。"

公元前190年八月，曹参病死，谥曰懿侯。

曹参信黄老之术，崇尚清静无为。为相后，悉尊旧制，凡事无所改。之所以如此，曹参答复是："高帝与萧何定天下，法令既明。今陛下垂拱，参等守职，遵而勿失，不亦可乎？"曹参为相3年，社会安定，生产继续发展，汉政权进一步巩固。百姓歌之曰："萧何为法，较若画一。曹参代之，守而勿失。载其清净，民以宁一。"由上观之，凡事视具体情况而定，该变则变，变是正确的；不该变而守成，守成也是正确的。

武帝托孤的无学宰相：霍光

征和二年（前91年），戾太子刘据（武帝长子）被陷害致死，武帝认为次子燕王刘旦及其弟广陵王刘胥都有很多过失，不能继承皇位。当时武帝年事已高，宠姬钩弋赵伃有男孩叫弗陵，武帝很是喜欢这个小儿子，打算立他为太子。但是弗陵年幼，要有大臣辅佐才行。汉武帝考察群臣，发觉只有霍光最值得信赖，而且老成持重，能够担当起托孤的重任，可以把社稷委托给他。武帝于是指派宫内画工画一幅周公抱着成王使成王面向前方接受诸侯朝拜的图画赐给霍光，霍光不知其意。

后元二年（前87年）春，武帝游五柞宫时不幸染病，不久，病情恶化。霍光随侍在武帝身旁，流着眼泪问道："如果有不可避忌的事情发生，谁可以嗣立为皇帝呢？"武帝说："您难道没理解以前赐给您的那幅画的含义吗？立小儿子为皇帝，您按周公的故事辅政就行了。"霍光赶忙叩头辞让说："臣不如金日䃅。"金日䃅说："臣是外国人，不如霍光。"武帝于是下诏令立弗陵为皇太子，以霍光为大司马、大将军录尚书事，金日䃅为车骑将军，太仆上官桀为左将军，搜粟都尉桑弘羊为御史大夫，都在武帝卧室里正式接受任命，按遗诏辅佐少主。第二天，武帝去世，太子继位，是为昭帝。

第三章 秦汉时期的宰相

昭帝即位时才8岁，政务都由霍光决定，此时正值多事之秋。此前，汉武帝"外事四夷，内兴功利"，在完成了辉煌事业的同时，也耗尽了文景以来府库的余财。与此同时，武帝在其中后期大兴土木，修宫室，以便于他巡游，因此消耗了大量的人力和物力，增加了人民的负担。加上整个统治集团日趋腐化，广大农民贫困破产，无以为生，流亡者越来越多，终于导致了天下动乱。

霍光执政后，深知国家当务之急，他继续实行"与民休息"政策，减轻农民租税徭役负担，与各少数民族修好，减少边境民族冲突，这样才算使社会矛盾有所缓和。经过多年的努力，人民财富有所增加，民族关系得以协调，社会矛盾趋于平缓。后来宣帝还继承昭帝的遗法，把都城和各郡国的苑囿、公田借给贫民耕种，同时，减免田赋，降低盐价。这些措施使得阶级矛盾进一步得到缓和，农业生产开始上升。从而奠定了汉宣帝中兴的坚实基础。所有这一切，都与霍光的功绩分不开。因为，他才是这些政策的真正策划者和执行者。武帝遗诏让霍光、金日䃅和上官桀共同辅佐幼主，不久，金日䃅病死，由霍光和上官桀共同辅政。

后来，上官桀及其党羽又在昭帝面前攻击、诬陷霍光。昭帝发怒说："大将军是忠臣，先帝委托他来辅佐朕，敢有诽谤他的，要治罪！"从此以后，上官桀再也不敢说什么了。

上官桀等人见上告的计谋不行，于是密谋叫长公主设酒席请霍光，暗伏兵士，杀掉霍光，乘势废掉昭帝，迎立燕王为天子。霍光断然采取行动，上官桀父子等都以谋反罪而被处死，并诛灭了他们的宗族。

这次政变被粉碎以后，霍光威震全国，昭帝对他更加信任，直到昭帝成年以后，还继续委任霍光主持国政。昭帝时，霍光主政达13年之久，百姓富足，四夷归顺。

元平元年（前74年），昭帝病逝，没有儿子。武帝的6个儿子中独有广陵王刘

古代苑囿

胥在世，群臣讨论该立谁为皇帝时，都有意立广陵王。广陵王本来就是因为行为放纵、不合正道才不被武帝选用的，所以霍光听了大家的议论后犹豫不决。这时有个郎官上书说："周太王废黜太伯而立王季，周文王舍弃伯邑考而立武王，都是只看合适才立，即使是废黜长子而立少子也是可以的，广陵王不能继承帝位。"此话正合霍光的心意，霍光把郎官的上书拿给丞相杨敞等人看，于是把这个郎官提拔为九江太守。当天，霍光奉皇太后诏令，派遣行大鸿胪事的少府乐成、宗正德，光禄大夫吉，中郎将利汉去迎接昌邑王刘贺。

但是刘贺即位后行为放纵，淫乱不堪，举动无节，政事失当。霍光等人便将他废黜。昌邑王被废后，霍光与车骑将军张安世商议迎立新君，并在掖庭中会集丞相以下官员讨论确立人选。当时武帝的子孙中，齐王早死，没有儿子；广陵王刘胥已经在以前决定不用了；燕王刘旦由于谋反而自杀，他的子孙不在考虑范围之内；近亲唯有戾太子的孙子尚在民间，号皇曾孙，民间都称赞他好。这时，光禄大夫丙吉上书说，皇曾孙已有十八九岁了，而且通经术，为人节俭，慈仁爱人，请求霍光拥立他。杜延年也认为皇曾孙德行美好，力劝霍光、张安世拥立。霍光采纳了他们的意见。在公元前74年九月，霍光会同公卿大臣上奏太后立皇曾孙为帝，皇太后下诏同意了。

霍光于是派宗王刘德到皇曾孙的家乡尚冠里去，让皇曾孙梳洗干净，然后赐给他皇宫里的衣服。太仆驾着轻便的轮猎车来迎接曾孙，到宗正府举行斋戒，进未央宫谒见皇太后，被封为阳武侯。过了不久，霍光捧上皇帝的玺绶，皇曾孙在拜谒高祖庙后正式即位，是为汉宣帝。

霍光从武帝后元时就掌握国家大权，到宣帝即位，霍光曾经请求归还大权，宣帝谦让不肯接受，还是让大臣们先将各种事情报告给霍光，然后才呈报给自己，霍光每次朝见，宣帝都以礼相待，谦虚过分。这是真正的敬意吗？不是。宣帝刚即位时，去谒见高祖庙，霍光陪从在身边作骖乘，宣帝内心很恐惧，好像有芒草刀剑扎在背上一样不安。以后车骑将军张安世代替霍光做骖乘，天子就精神放松，身体舒展，感到安宁和妥帖。可见宣帝对霍光只是敬而畏之。

地节二年（前68年），霍光病危，宣帝亲临霍光家问候，还为他流了泪。霍光上书谢恩道："希望从我的封邑中分出3000户，请皇上拿去封我哥哥的孙子奉车都尉霍山为列侯。"宣帝立即把这份申请交给丞相、御史大夫去办，当天还任命霍光的儿子霍禹为右将军，以告慰霍光。

没几天，霍光就去世了。宣帝和皇太后亲自去霍光灵柩前吊祭。葬礼非常隆重，太中大夫任宣和侍御史等5人持符节主持丧事，并在坟边设立临时办事机构。皇帝赐给霍家大量金钱、绸缎丝絮，完全采用皇帝丧葬制度的规格，用皇帝乘舆专用的黄屋左纛，又用辒辌车载送霍光灵柩。同时调发材官、轻车、北军五校的士兵充任仪仗队，从长安一直排列到茂陵，为霍光送葬，并赐给霍光宣成侯的谥号。葬礼完成以后，宣帝封霍山为乐平侯，以奉车都尉领尚书事。霍禹承袭博陆侯的爵位。不久，又封霍山的哥哥霍云为冠阳侯。

霍家地位虽然高贵，但因霍光教导无方，导致其后人骄奢淫逸。霍禹继承博陆侯的封爵后，太夫人霍显改建自造的墓地，扩大了规模，建造三出阙，筑神道，并与管家的奴隶冯子都私通，生活相当糜烂。同时霍禹、霍山也都整修住宅，在平乐馆赛马取乐。霍云在应该朝见皇帝的日子，多次托病不去，私下带着宾朋好友到黄山苑去游猎，只派奴仆代表自己去朝见，竟然没有谁敢指责他。霍显和她的几个女儿还不分昼夜地随意进出太后住的长信宫殿，没有时间的约束。

霍光去世后，皇帝才开始亲自处理朝政。御史大夫魏相曾经上书，认为霍家倚仗权势，骄奢放纵，应当损夺其权，宣帝也深以为然。后来霍显与淳于衍谋毒死许后的事情渐渐泄露出来，宣帝也听说了这件事，但一时也不明真假，于是把霍光的女婿、度辽将军、未央卫尉、平陵侯范明友调为光禄勋，二女婿诸吏中郎将羽林监任胜调出京城去做安定太守。几个月后，又把霍光的姐夫，给事中、光禄大夫张朔调为蜀郡太守，调霍光的孙女婿、中郎将王汉为武威太守。不久，又调霍光的大女婿长乐卫尉邓文汉为少府。接着任命霍禹为大司马，但只许戴小冠，没有印绶，同时撤销他的右将军该统领的营兵和下属办事机构，只是让霍禹的官名和霍光一样，都是大司马罢了，有职无权。不久又收回范明友的度辽将军印绶，只任光禄勋，又收回霍光三女婿的骑都尉印绶，将他改任文职。与此同时，宣帝将羽林军和两宫卫军的各个带兵将领全都换成了自己的亲信。

霍显、霍禹、霍山、霍云等人自从发现权力被一天天削去，多次相对哭泣，互相埋怨。地节四年（前66年），霍显等人密谋发动政变，被人告发后，霍云、霍山、范明友自杀，霍显、霍禹、邓广汉被捕，霍禹被腰斩，霍显及其多个子女都被斩首示众。唯独霍皇后只被废黜，居住在昭台宫。这时，同霍家有关系而被杀的有数千家。至此，自武帝以来煊赫一时的霍氏家族终于

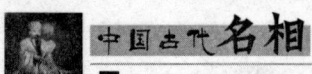

遭到灭族之祸。

宣帝虽杀尽霍光全家，但并没有因此抹杀霍光的功勋。宣帝晚年在麒麟阁设置画像，霍光仍然被列为第一功臣。

知识链接

霍光的身世

公元前119年，骠骑将军霍去病出征北塞，大破匈奴凯旋。归途中，霍去病在河东郡（今山西永洛东南）的一座普通农家，整整逗留了三天，没有人知道是什么原因。霍去病走的时候显得依依不舍，同时身边还多了一个十来岁的小孩。这孩子虽身材矮小、瘦弱不堪，但两眼十分有神，十分机敏。一路上，他什么都觉得稀奇，不停地问这问那，霍去病丝毫没有一点厌烦之感，总是有问必答，耐心地给他讲解。

到了京城长安，这个孩子完全被庄严的皇宫、整肃的侍从队伍、严格的礼节所震慑，不敢多走一步路，不敢多说一句话，老是跟在霍去病的身旁。朝中群臣都感到十分奇怪，这时霍去病才揭开了谜底：这孩子是他同父异母的弟弟霍光，因为生长在乡野之间，根本不懂礼节。

然而正是这个诚惶诚恐进宫的小孩，却在不久后就成为权倾一时的朝廷重臣。他两次从困境中拯救了汉朝皇室，为汉宣帝时的中兴盛世奠定了基础。一开始，霍去病只是保举霍光为郎官，后来逐渐升到诸曹侍中。霍去病死后，霍光又相继升任奉东都尉、光禄大夫。霍光很得皇帝的信任，皇帝出行时，他就随侍车驾；皇帝在宫内时，他就侍候在身旁。霍光出入宫禁20多年，小心谨慎，从来没有犯过错，深受汉武帝的信赖。

第三节
东汉的宰相

光武中兴的功臣：邓禹

成功人士的童年总会是卓而不凡的，邓禹就是最好的一个例子。他小时候很聪明，13岁时就能出口成章。

新王莽天凤年间（14—19年），邓禹曾经在京城长安学习。当时，刘秀也在京城游学。邓禹虽然年纪不大，却有当伯乐的潜质。经过交往沟通，他觉得刘秀是个难得一见的人才，日后必能成大器，便主动和他交往。

王莽末年，纷争不断，农民起义风起云涌，各地豪强纷纷拥兵自立，为的是抢夺地盘。公元23年二月，刘玄登上帝位，是为更始帝，他求贤若渴，众豪杰都觉得邓禹很有能力，纷纷推荐他，邓禹很有个性，就是不肯追随。更始帝很赏识刘秀的才华，提拔他为破虏大将军，封武信侯，不久命刘秀前往河北镇抚州郡。当邓禹听说刘秀已经在河北安定下来，立刻北渡黄河，携带着干粮徒步而行，冒着天下的纷乱行至邺县（今河北邯郸临漳县西）去投奔刘秀。刘秀知道邓禹来助自己一臂之力，非常高兴，亲自将他迎进军营，留他同宿，秉烛夜谈。

邓禹进言说："更始虽都关西（泛指函谷关或陕西潼关以西地区），但是如今的山

邓禹故里碑

东（秦汉时代通称崤山或华山以东为山东）地区还不安宁，赤眉军、青犊军的部队数以万计，三辅（汉朝把长安及附近分为三个行政区划：冯翊、扶风和京兆，号称"三辅"，在今陕西渭南华阴、西安高陵和宝鸡眉县一带）地区，自立名号的人，也往往一群一群地聚在一起。更始帝对他们还没有加以挫伤，而又不能听取意见作决定。他那些将领，不过是庸人崛起，用心在钱币财物，争相使用各自的力量，图一时的快乐而已。他们之中，并没有忠良明智、深谋远虑、想辅佐皇帝安定百姓的人。天下分崩离析的形势已经可以看到了。您虽然对更始帝已有辅卫的功劳，但恐怕还不能自立。现在的计策，不如招纳英雄，致力于使民心欢悦，建立高祖那样的事业，挽救百姓的命运。让您来谋划天下，天下还不够您平定呢。"

听完邓禹的话，刘秀茅塞顿开，感激之情溢于言表。为了表达对邓禹的敬重，他令左右称呼邓禹为"邓将军"，每遇到大事，必定要与邓禹商讨。因为邓禹才能出众，刘秀在任命和调整将领等事宜时，大多都询问邓禹的意见。为了帮助刘秀早日成就霸业，刘禹经常充当"人力资源部部长"，为他选拔优秀人才并做到才尽其职。后来刘秀派盖延攻击清阳（今河北邢台清河）不下，为敌所困，邓禹率军破敌解围，生获其大将。继而又随刘秀连克邯郸及诸州郡，河北略定。

更始二年（24年），赤眉军向西进入函谷关。更始帝派定国上公王匡、襄邑王成丹、抗威将军刘均及诸将抵抗赤眉。赤眉军人多，王匡抵挡不住。刘秀估计长安将来必为赤眉所破，想乘机夺取关中，而自己刚在山东地区从事攻战，不知并取关中的大事应当托付给谁。因邓禹深有远虑，度量大方，所以委任他西征之重任，即封他为前将军执持节符，率精兵两万西入函谷关，并让他自己挑选征西的偏将和裨将以下将佐。邓禹以韩歆为军师，李文、李春、程虑为祭酒，冯愔为积弩将军，樊崇为骁骑将军，宗歆为车骑将军，邓寻为建威将军，耿欣为赤眉将军，左于为军师将军，引兵西进。

邓禹草堂

光武帝建武元年（25年）正

月,邓禹率军越太行山,出箕关(今山西运城垣曲和河南济源间),进取河东。河东都尉闭关拒守,经战十日,大破守军,夺获大批军资粮秣。继而又率军围安邑(今山西运城夏县西北),但数月未能攻下。更始大将军樊参率数万人渡大阳欲攻邓禹,邓禹派诸将迎战,大破敌军,斩樊参。于是王匡、成丹、刘均等合军十余万,共击邓禹。邓禹迎战不利,骁骑将军樊崇阵亡。天黑后双方停战,军师韩歆和诸将见气势已挫,都劝邓禹乘夜逃走。邓禹却临危不乱,决不退师。

第二天是忌日,王匡迷信,深信忌日出兵必败,因而不敢乘胜继续进击邓禹。邓禹则乘机重整旗鼓,部署兵力。隔日凌晨,忌日已过,王匡倾全部兵力进攻。而邓禹早已做好了准备,下令军中不可轻举妄动。等到敌兵进至营前,邓禹一声号令,诸将齐出,一鼓作气,大败王匡。王匡、成丹弃军而逃,邓禹率轻骑急追,俘刘均及河东太守杨宝、持节中郎将弭强,将其斩杀,平定河东。

邓禹在平定河东后,又率得胜之师从汾阴(今山西运城万荣)渡河,入夏阳(今陕西渭南韩城东南)。先在衙地(今陕西渭南白水)击溃更始中郎将左辅都尉公乘歙所率领的十余万军队,接着与进居长安的赤眉军展开激战。邓禹深知与赤眉军争夺关西,不光是武力的较量,更是政治策略的竞争。因而他特别注意申明军纪,约束部下,所过之地秋毫无犯,这对饱经战乱的关西人民来说,无疑产生了一种巨大的政治感召力,与赤眉军"所过残贼"、"数暴掠吏民",致使"百姓不知所归"的状况形成了鲜明的对比。一时间,邓禹的威名传遍关西,这也是邓禹一生中最精彩的一笔。

取得了一定的胜利之后,部众都劝邓禹入关,直接进攻长安。但邓禹在胜利面前没有被冲昏头脑,还是冷静客观地分析敌我双方态势,策划下一步行动方案。他先分析和比较了敌我双方的优势和弱势,他认为不能盲目进攻,虽然自己兵多将广,但是真正独当一面者较少,并且粮草物资相对匮乏。而赤眉军刚刚占领长安,财富殷实,锋锐不可抵挡。但是赤眉军军纪败坏,大失民心,领导缺乏远见,部下将领又都是些乌合之众,因此,赤眉军难以长期固守长安。据此,邓禹制定了休养生息的方针,于是率军北向栒邑(今陕西咸阳旬邑),所过郡县陆续归附。

邓禹的"休兵北道"的方针是最利于当时的迫切形势的,但不是每个人都深得其意,诸将不能理解,光武帝刘秀也不能理解,不仅如此,还一再催促他尽快出兵。虽然如此，邓禹还是坚持自己的看法，一面分遣部将攻打上郡（今陕西榆林东南）各县，留将军冯愔、宗歆坚守栒邑；一面征集兵员，调运粮草，屯军大要（今甘肃庆阳宁县）。就在此时，冯愔、宗歆二人搞内斗，窝里反，为争权互相厮杀，冯愔杀死宗歆，反击邓禹。邓禹也拿不定主意，就派遣使者向光武帝寻求建议，光武帝问使者冯愔最要好的人是谁，使者说是护军黄防。光武帝猜冯愔、黄防的关系不能永远这么好，就派人回报邓禹说："能够制服冯愔的人必定是黄防。"

果不其然，一个月后，黄防抓住冯愔，并率领自己的部下前来认罪。刘秀念他诚心归服，就赦免了他，让他逃过一劫。赤眉军此时也向西进入扶风，刚好给了邓禹乘虚而入的机会，所以，邓禹毫不犹豫地南入长安。不久，率军与延岑在蓝田交战，可惜的是这次战役没有传来捷报，为了保存实力，休兵养士，他又回到有粮食囤积的云阳（今陕西咸阳淳化西北）。汉中王刘嘉也无心恋战，于是到邓禹处投降，但是刘嘉的丞相李宝傲慢无礼，邓禹很是反感，将他杀掉了。但事情远远没有结束，为了替自己的兄长报仇，李宝的弟弟收集李宝的旧部攻打邓禹，并杀了他手下的大将军耿䜣。

自冯愔反叛以后，邓禹威信稍损，再加上缺乏粮食，最初归附的人又相继离开了他。赤眉军看准时机再次进入长安，与邓禹交战。此时，邓禹内外交困，战败是在所难免的。无奈之下，只有逃到高陵，士兵饥饿，只能食枣子和蔬菜充饥。光武帝看到如此情景，就让邓禹回来，告诫邓禹不要再随便进兵。

邓禹因西征失利总是耿耿于怀，为了一雪前耻，建立功勋，多次率饥饿的士兵请战，却适得其反。光武帝建武三年（27年）春，邓禹急功近利，与车骑将军邓弘攻打赤眉军，被赤眉军大败，士卒死亡无数。邓禹、邓弘率部至湖县（今陕西渭南潼关东），邀请冯异共同攻打赤眉军。冯异认为赤眉军力量强大，应放他们过去，东西夹击才能获胜。邓禹又不听冯异的劝阻和建议，一意孤行与赤眉军连续作战。邓弘率部与赤眉军大战整日，赤眉军佯败弃辎重退走，车上装满泥土，仅用豆子覆盖在表面，邓弘军士卒争相取食，结果被赤眉军打得大败，死伤3000多人，邓禹逃回宜阳。邓禹对自己西征的失败感到十分痛楚，认为愧对国君，于是他辞去了大司徒之职和梁侯的封号，上交了印绶。

光武帝建武四年（28年）春，延岑与秦丰野心不死，合兵再次侵扰顺阳一带。为了早日平叛，光武帝下诏令归还邓禹梁侯印绶，又任命他为右将军，派他出征。在邓禹的率领下，复汉将军邓晔、辅汉将军于匡在邓县（今湖北襄樊北）击败延岑，延岑见大势已去，落荒而逃。逃到武当，再次被打败。延岑逃奔汉中，余部全部投降。

光武帝建武十三年（37年），天下平定，光武帝加封功臣，封邓禹为高密侯，食邑高密、昌安、夷安、淳于四县。光武帝因邓禹功高，又封其弟邓宽为明亲侯。光武帝中元元年（56年），邓禹再次出任司徒职务，随光武帝巡视并参与祭泰山的仪式。光武帝中元二年（57年）二月，东汉的开国皇帝汉世祖光武皇帝刘秀驾崩于南宫前殿，太子刘庄登上皇位，即东汉明帝。邓禹作为光武帝的第一功臣被封为太傅，晋见皇帝时可以坐西向东，皇帝对他十分尊敬和爱护。不久，邓禹卧病不起，汉明帝多次上门慰问，还任命他的两个儿子为侍从官。

汉明帝永平元年（58年）五月，高密侯邓禹病逝，终年57岁，谥号为元侯。邓禹的家教颇受人们的赞赏，他有13个儿子，却没有因此忽视对他们每个人的教育，他经常修整家庭伦理，教养子孙。他并不指使儿子去争权夺利，而是让他们各自掌握一种技艺。他的生活费用取于食邑，不置产业。

清廉直谏：杨震

楚汉相争，项羽兵败自刎，五位汉将争抢项羽尸首，各得一体，之后五人被一起封侯，其中之一便为杨震八世祖杨喜，被封为赤泉侯。其高祖杨敞，西汉昭帝时为丞相，封安平侯。父亲杨宝折节向学，通晓欧阳生注释的《尚书》。

哀帝、平帝时期，汉朝政治处于一片黑暗之中，社会动荡不安。杨宝无意仕途，隐居乡间，教授学生。居摄二年（7年），王莽征召杨宝做官，杨宝则躲了起来。光武帝建立东汉政权后，认为杨宝气节高尚，再次召他做官，此时年事已高、体弱多病的杨宝未能应召，后来病死于家中。

杨氏钻研经学，崇尚气节，其门风的熏染对杨震的性格和命运起了很大的作用。杨震受父亲的影响，从小也喜爱研读。后来，他跟从太常桓郁研习欧阳生注释的《尚书》。杨震博览群书，对各种典籍进行深入研究，最终学有所成，被誉为"关西孔子"。

中国古代名相
ZHONG GUO GU DAI MING XIANG

　　杨震除了自己潜心钻研，还经常居于湖县，教授学生 20 余人。他的名声越来越大，州、郡长官多次备礼前来聘请，都被他以有病为由加以拒绝。之后的 20 多年里，他除了钻研学术，就是教学生，过得悠然自得。直到有一天，杨震正在讲学时，突然有一只鹳雀衔着三条鳝鱼飞至讲堂前面。人们都认为这是三公之象，对杨震大加庆贺。这次神秘事件过后，年届半百的杨震果然开始仕州郡。

　　后来，他的才德传到大将军邓骘耳中，于是聘他出仕，推荐为茂才，这时杨震已经 50 岁了。杨震经过四次调迁，任荆州刺史、东莱太守等官职。他虽然身为高官，但是自身生活简朴，做官也是廉洁奉公。他到东莱郡赴任的时候，路过昌邑县。经他举荐的荆州茂才王密，当时正任昌邑县令，于是王密便以 10 斤黄金趁着夜深无人之时送与杨震，以示谢意。杨震对他说："老朋友了解你，你却不了解老朋友，你为什么这样？"王密说："黑夜里没人知道。"杨震说："天知、地知、我知、你知，怎么能说没人知道呢？"王密惭愧地退了出去。

　　接着，杨震转任涿郡太守。元初四年（117 年），杨震又被征召到朝廷担任太仆，后来又升迁为太常。永宁元年（120 年），杨震接替了刘恺司徒的职务。无论是在地方任职还是在朝廷任职，他都是公正廉洁、不徇私情。他和子孙经常是粗茶淡饭，不吃鱼肉，出门不骑马不坐车。他认为把清官这个美名留给子孙是最丰厚的产业。

　　建光元年（121 年），邓太后去世，皇帝开始宠爱阎皇后，她的兄弟都担任要职。皇帝的内宠开始掌权，就连汉安帝的奶妈王圣，也仗着抚养圣上之功而肆无忌惮、恣意妄为。王圣的女儿伯荣，出入宫廷进行内外的联络，从事淫秽、贿赂等奸邪勾当，一时之间，宫中被搞得乌烟瘴气。司徒杨震针对此事上书进谏，力劝安帝驱逐王圣，重新任用贤良之人。

　　杨震拈出《尚书》《诗经》之中的诸多古训，对安帝以示告诫，并诚恳地希望安帝能够疏远女色与奸佞小人，多留意朝政。安

杨震塑像

帝接到上书，出示于王圣等人，这伙近侍者看后皆愤愤不已。

因有皇帝的庇护，伯荣的骄奢程度更是日甚一日。她曾和已故的朝阳侯刘护的堂兄刘瓌通奸，刘瓌攀龙附凤娶她为妻，获得了继承刘护朝阳侯爵位的资格，官位升至侍中。杨震对此十分厌恶，再次上书指出，刘瓌无功无德，只是娶了皇帝奶妈的女儿，不能因此就继承爵位。谁知安帝竟对杨震的奏章不予理睬。

延光二年（123年），杨震又代刘恺为太尉，此时，年已古稀的杨震以巨大的勇气和高贵的品格与他们展开了激烈的斗争。

安帝舅父大鸿胪耿宝向杨震推荐宦官中常侍李闰的哥哥，并对他说自己只是传达皇上的意思。杨震回答说：“如果皇上有意让太尉、司徒、司空三府征召官员，应该由宫廷秘书、尚书直接通知。”恼羞成怒的耿宝只得气愤地走了。阎皇后的哥哥金吾阎显也向杨震推荐亲友做官，同样被杨震回绝了。可是，令人遗憾的是，司空刘授秀提拔了李闰的哥哥和阎显的亲友，因此，杨震遭到的这些人的忌恨就更深了。汉安帝昏庸懦弱，竟然为奶娘王圣大肆兴修府第。宦官中常侍樊丰又和侍中周广、谢恽结党营私，动摇国政。面对大汉江山，心急如焚的杨震不顾一切再次上书，诚恳请求皇帝深思远虑，以国家利益为重。杨震多次上书，安帝仍然置之不理，樊丰、谢恽从此更加肆无忌惮。

这些人的大兴土木，挥金如土，最终导致了政府直接控制的自耕农数量急骤减少，加上官吏的盘剥、灾害的侵袭、赋税的沉重，农民纷纷破产流亡，不堪重负的一些少数民族也起兵反抗，一时间战争连绵，国家更加衰落。

延光二年（123年），地震再次发生，杨震又以天象示警来劝诫皇上，现在中官权盛，应加以裁抑。和历次上书一样，他言辞激烈，直陈时弊，安帝实在厌烦，樊丰等人也对杨震侧目而视，只因他是四海仰慕的当代名儒，不敢轻易加害。但是，河间男子赵腾却预先上演了杨震即将遭遇的悲剧。身居民间的赵腾激于忠义，诣阙上书，指陈时政，安帝大怒，以欺君罔上的罪名将其投入大狱。杨震自然不能见死不救，于是上书求情，安帝看也没看，几日后就将赵腾诛杀。

杨震直言纳谏，抨击时弊，切中要害，忧国忧民，可最高统治者汉安帝却很不高兴，樊丰等奸臣对杨震更是恨之入骨。起初，奸臣因为杨震的名气而不敢轻举妄动，但他们一直都在等待报复的时机。

延光三年（124年），安帝东巡泰山，樊丰等人趁机在京城洛阳放开手

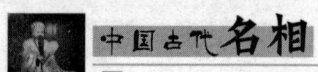

脚,竟修宅第。杨震的属官高舒召来有关官员查核此事,发现了樊丰诸人伪造的圣旨,准备等待圣驾还朝以作定夺。伪造圣旨等于犯下滔天大罪,不仅自己要被处死,九族都要受到牵连,这令樊丰等人十分惊恐。双方矛盾已经无法遏止,樊丰诸人于是决定除掉杨震。恰好,当时太史上奏星象有异,于是他们便来了个恶人先告状,诽谤杨震说他自从赵腾死后,既怨且怒,说他是邓氏提拔上来的,对邓氏之死常常心怀怨恨。

从泰山返回京师的安帝先来到太学,等待吉利时辰再进皇宫。当晚,安帝便派使节收缴了杨震的太尉官印。于是,杨震紧闭门户,谢绝所有来访的宾客。即便这样,樊丰等人还不罢休,又让安帝的舅父大将军耿宝以杨震身为朝臣既不服罪又心怀怨恨的理由来弹劾他。安帝下诏,将杨震遣回家乡。杨震举家离开京城洛阳。他的门生故吏纷纷赶来为他送行。来到洛阳城西的夕阳亭,他无限感慨地对儿子和学生说:"死是读书人正常的遭遇。我深受皇恩,身居显位,却不能为国铲除奸臣;痛恨近幸淫妇邪恶,却不能禁止。我有什么面目再立身于世!我死之后,用下等杂木做棺材,被单只要能够盖住尸体就够了,不要运回祖宗坟墓,不要祭祀。"说完之后,年过七十岁的杨震饮下毒酒而亡。

一年以后,安帝去世,顺帝即位。不久,汉顺帝处死了樊丰等人。顺帝感念杨震对国家忠心,下诏任命杨震的两个儿子为郎官,赠钱百万,并以三公的礼仪把杨震葬在华阴潼亭。

残忍无道的权臣:董卓

董卓(?—192年),字仲颖,陇西临洮(今甘肃岷县)人。年轻时"好侠,尝游羌中,尽与诸豪帅相结",养成了狂妄粗鲁、目空一切的性格。

汉桓帝末年,董卓从军,为羽林郎。他生性凶猛,臂力很大,左右驰射,小有战功,升任郎中,并获得九千匹绢的赏赐。他把赏赐全部分给士兵,自己一无所取。因此,士兵乐于替他卖命。

汉灵帝时,他升任并州刺史、河东太守,迁中郎将,镇压张角等领导的黄巾起义。结果,他打了败仗,被削去官职。军阀韩遂占据凉州(今甘肃武威一带),准备进兵中原。朝廷重新起用董卓为中郎将,西拒韩遂。董卓趁机联络羌、胡族的豪帅,组建起一支自己的武装力量,继而出任前将军、并州

牧，成为雄踞一方的军阀。

公元189年，汉灵帝病死，何皇后立亲生儿子刘辩为皇帝，是为少帝。刘辩时年14岁，何皇后以皇太后身份临朝称制，由其兄何进掌握朝政大权。何进出身屠户，重用司隶校尉袁绍，并召董卓进京，诛杀势力强大的宦官集团。董卓应召，野心勃发，立刻率领本部兵马，进军洛阳。这时，洛阳发生动乱，宦官头领张让、段珪等先发制人，杀死何进。袁绍则派兵包围皇宫，消灭宦官。张让、段珪等作殊死抵抗，寡不敌众，挟持了刘辩及其弟刘协等仓皇逃命。袁绍下令关闭宫门，见了宦官，不论老少，一律诛杀，共杀死2000多人。袁绍部将卢植奉命追击张让、段珪。张、段走投无路，跳进黄河淹死。卢植接了刘辩、刘协回宫，途中恰遇董卓。刘辩见了董卓，吓得泪流满面，说不出话来。倒是刘协，回答董卓的问话，不慌不忙，沉着镇静。董卓兵进洛阳，自任太尉，立刻废刘辩为弘农王，改立刘协为皇帝，是为汉献帝。汉献帝时年9岁，董卓自专权。

接着，董卓自任相国，封郿侯，享有赞拜不名、剑履上殿的特权，"得专废立，据有武库甲兵、国家珍宝，威震天下"。董卓生性残忍不仁，严刑胁众，睚眦必报，人自不保。他的军队曾到洛阳附近的阳城，恰逢当地祭社，上千人聚集在一起，举行仪式。军队凶神恶煞地冲进场地，杀害了所有的男人，砍下脑袋；抢掠了所有的女人，载回洛阳，声称"攻贼大获"，向董卓请功。董卓高兴，命人放火焚烧死人的脑袋，而将抢掠的女人分赏给士兵作为婢妾。他自己夜宿皇宫，随意奸淫皇帝的嫔妃、宫女，寻欢作乐。

董卓的行径，激起天怒人怨。初平元年（190年），各地十八路军阀组成联军，共同讨伐董卓。董卓打了败仗，难以在洛阳立足，遂挟持汉献帝迁都长安。临行前将洛阳宫室付之一炬，并挖掘东汉诸帝陵墓，掠取宝物。他到长安后，再给自己加职为太师，号尚父。任命弟弟董旻为左将军，封户侯；侄儿董璜为侍中中军校尉，掌禁军；义子吕布为中郎将，封都亭侯，统领他的私人卫队。其间，他征召二十五万民夫，在郿县（今陕西眉县）修筑一座坚固城堡，称郿坞。内藏足够三十年的用粮，黄金两三万斤，白银八九万斤，以及无数的绢帛等物。他说："事成，雄踞天下；不成，守此足以毕老。"为了往来方便，他在长安和郿坞之间，修建一条高于地面丈余的宽广大道，长约二百六十里，称郿坞岭。

长安百姓切齿痛恨董卓，编出一首歌谣："千里草（董），何青青；使日卜（卓），犹不生。"他们咒骂董卓早日暴死。初平三年（192年），司徒王允、尚书仆射士孙瑞等实施连环计，成功地将吕布拉到自己一边，密谋诛杀董卓。四月的一天，汉献帝亲信李肃等守卫宫中掖门。董卓贸然入宫，李肃等突出格杀，董卓毙命，夷灭三族。消息传出，长安百姓欢欣鼓舞，买酒买肉，互相庆贺，如同过节一样。董卓的尸体被暴弃街头，任人践踏。有的士兵见尸体肥胖多脂，在其肚脐中插上灯芯点燃，通宵达旦，数日不灭。

暴戾狰狞的魔鬼董卓死了，党羽李傕、郭汜趁机以为董卓报仇为名，聚兵十万余人，围攻长安，把汉献帝挟持在自己手中，继又展开混战，局势更乱，广大百姓蒙受了难以想象的苦难和浩劫。

知识链接

被王允所杀的才子蔡邕

蔡邕（132—192年）东汉文学家、书法家，字伯喈，陈留围县（今河南杞县南）人。权臣董卓当政时拜左中郎将，故后人也称他"蔡中郎"。

汉灵帝熹平四年（175年），蔡邕认为儒家经本六经中，由于俗儒穿凿附会，文字误谬甚多，为了不贻误后学，而奏请正定这些经文。诏允后，蔡邕亲自书丹于碑，命工镌刻，立于太学门外，碑凡46块，这些碑称《鸿都石经》，亦称《熹平石经》。据说石经立后，每天观看及摹写的人坐的车，有1000多辆。

蔡邕除通经史、善辞赋等文学外，书法精于篆、隶。尤以隶书造诣最深、名望最高，有"蔡邕书骨气洞达，爽爽有神力"的评价。

著名的才女蔡琰（蔡文姬）就是他的女儿。

第四章

魏晋南北朝时期的名相

这是继春秋战国之后出现的又一个大分裂时期，仅有西晋短暂的统一了50年。但这又是个"群相璀璨"的时期：诸葛亮成为了后世宰相的楷模与典范；王导帮助晋元帝站稳江左，使众多汉人躲过了北方胡人铁蹄的蹂躏；元澄辅佐孝文帝力行汉化，促进了我国的民族融合……当然，在这400年中，不乏贾充、王衍这样的误国宰相，也正是他们在一定程度上致使"神州陆沉"、揭开五胡乱华的序幕。

第一节
三国的名相

鞠躬尽瘁死而后已：诸葛亮

诸葛亮（181—234年），字孔明，琅琊阳都（今山东沂南）人。他的父亲诸葛珪，东汉末任泰山郡丞，去世很早。因此，诸葛亮是由叔父诸葛玄抚养大的。

诸葛玄经军阀袁术推荐，出任豫章太守，诸葛亮随之到了豫章（今江西南昌）。不久，袁术在与曹操的斗争中败死，朝廷任命了新的豫章太守。诸葛玄丢了官职，投奔荆州牧刘表，诸葛亮也就到了荆州治所襄阳。他曾从师隐士酆玖，学习兵法阵图和治世之道，学业大进。诸葛玄死后，诸葛亮移居襄阳城西的隆中，"躬耕陇亩"，过起了近乎隐居的生活。其间，他结识了当地名士崔州平、徐庶、石广元、孟公威、庞德公、黄承彦、庞统、司马徽等人，经常一起读书吟诗，纵论天下大事，抒发报国无门的感慨。他通过读书、思索和访问南来北往的行人，积累了丰富的知识，了解了天下的形势，"每自比于管仲、乐毅，时人莫之许也"，平时爱吟《梁父吟》。

时值东汉末年，各地军阀豪强利用镇压黄巾农民起义的机会，蜂拥而

南阳武侯祠诸葛草庐

起。先有外戚和宦官之乱，再有董卓、李傕、郭汜之乱，汉献帝最后落到曹操手里。曹操"挟天子以令诸侯"，平定割据势力，尤其是在官渡之战中打败袁绍，再北征乌桓，基本上统一了中国的北方。身为刘汉宗室的刘备参加军阀混战，屡战屡败，颠沛流离，无奈到了襄阳，投奔刘表。刘表控制荆州富庶之地，然而为人平庸，缺少抱负，内部统治很不稳定。刘备来投，刘表一方面表示欢迎，另一方面又很疑忌。他命刘备驻军新野（今河南新野），以防守荆州的北大门。

刘备听闻诸葛亮的贤名，就亲自登门拜访诸葛亮。"凡三往，乃见"，故而有"三顾茅庐"之说。刘备见到诸葛亮，态度谦恭，向他讨教。诸葛亮见刘备诚恳谦虚，遂侃侃而谈，对当时的政治形势进行了精辟的分析。他说："自董卓以来，豪杰并起，跨州连郡者不可胜数。曹操比于袁绍，则名微而众寡，然（曹）操遂能克（袁）绍，以弱为强者，非惟天时，抑亦人谋也。今（曹）操已拥百万之众，挟天子而令诸侯，此诚不可与争锋。孙权据有江东，已历三世，国险而民富，贤能为之用，此可以为援而不可图也。荆州北据汉（水）、沔（水），利尽南海，东连吴会（今江苏、浙江），西通巴蜀（今湖北、四川），此用武之国。而其主（指荆州牧刘表和益州牧刘璋）不能守，此殆天所以资将军，将军岂有意乎？益州（今四川）险塞，沃野千里，天府之土，高祖（指刘邦）因之以成帝业。刘璋暗弱，张鲁在北，民殷富而不知存恤，智能之士思得明君。将军既帝室之胄，信义著于四海，总揽英雄，思贤如渴，若跨有荆（州）、益（州），保其险阻，西和诸戎，南抚夷越，外结好孙权，内修政理，天下有变，则命一上将，将荆州之军以向宛（城）、洛（阳），将军身率益州之众，出于秦川（今陕西关中），百姓孰敢不箪食壶浆，以迎将军者乎？诚如是，则霸业可成，汉室可兴矣。"

这便是著名的"隆中对"。其中心意思是刘备应当占领荆州和益州，东联孙权，北抗曹操，从而形成三足鼎立的局面，然后相机行事，统一天下，振兴汉室。诸葛亮身在隆中，心怀天下，足不出户，就为刘备后来的政治、军事活动，提出了基本的战略思想。

建安十三年（208年），曹操南征刘表。刘表病死，由其少子刘琮继任荆州牧，刘备守樊城（今湖北襄樊东）。在博望坡，诸葛亮首次用兵，火烧曹操的先锋部队，出手不凡。诸葛亮建议刘备夺取荆州，刘备流露出妇人之仁，说："吾不忍也。"刘琮懦弱无能，投降曹操。荆州百姓多附刘备。刘备南逃，

欲取江陵，曹操亲率5000名精锐骑兵，长途追袭。在当阳长坂（今湖北当阳东北），曹军追上刘军，大破之。刘备急向夏口（今湖北武汉汉口），会合刘表长子刘琦，移驻樊口（今湖北鄂城西北）。曹操占有江陵，控制了荆州大部分地区。

这时，诸葛亮为贯彻"东联孙权，北抗曹操"的战略方针，自请前去江东，游说孙权，联合抗曹。孙权时在柴桑（今江西九江西南），深切地感受到了曹操的威胁。诸葛亮针对孙权犹豫不决的心理，采用激将法，激起孙权抗曹的雄心。随后又"舌战群儒"，批驳了以长史张昭为守的主降派。加之周瑜、鲁肃等积极主战，孙权终于下定决心，任命周瑜为大都督，程普为副都督，鲁肃为赞军校尉，发兵三万，会合刘备的水师，协同作战，共抗曹军。诸葛亮协助周瑜，从容调度，于是便有了赤壁之战，孙、刘联军以弱克强，成功地打败了曹操。此战奠定了日后魏、蜀（汉）、吴三国鼎立的基础。

赤壁之战后，曹操败退北方，周瑜夺取了荆州，刘备和诸葛亮则攻取了江南武陵（今湖南常德）、长沙（今湖南长沙）、桂阳（今湖南彬县）、零陵（今湖南零陵）四郡。刘备自任荆州牧，治所设在公安（今湖北公安）。接着，诸葛亮巧设妙计，向孙权"借"得荆州，主力部队移驻江陵。从这时起，刘备真正有了栖身之所。孙权为了表示友好，还把妹妹嫁给刘备为夫人。

诸葛亮之墓

第四章 魏晋南北朝时期的名相

刘备在荆州站稳脚跟，任命诸葛亮为军师中郎将，督领长沙、桂林、零陵三郡，筹集军资，自己进兵益州。恰好，曹操发兵进攻益州北方门户汉中（今陕西汉中）。刘璋畏惧曹操，派人请刘备入蜀。刘璋部下张松、法正归顺刘备，充当内应。刘备留下诸葛亮、关羽镇守荆州，自己率兵数万西进益州。刘璋又害怕引狼入室，临时改变主意，资助刘备一些兵马、粮草、器械，让他去进攻汉中的张鲁。刘备到达葭萌（今四川昭化），不再前进，"厚树恩德，以收众心"。张松勾结刘备的事实被人揭露，刘璋杀死张松。刘备大怒，攻占涪城（今四川绵阳）和雒城（今四川广汉），并征调诸葛亮围攻成都。诸葛亮让关羽留守荆州，领兵沿江西上，攻占巴东（今湖北巴东），顺利和刘备会师。他们进而围攻成都，十余日后，刘璋投降。刘备如愿以偿地占有了号称"天府之国"的益州，自任益州牧，优抚和重用刘璋的官属，施行仁政，实力大增。诸葛亮的身份变为军师将军，署左将军府事。刘备每外出，诸葛亮留守成都，"足食足兵"。接着，按照诸葛亮的部署，刘备夺取战略要地汉中。建安二十四年（219年），汉中最终落入刘备之手。这年秋天，诸葛亮等拥立刘备为汉中王，刘备的事业进入一个新的起点。

同年发生一起重大事件：刘备和孙权因荆州问题出现裂痕，孙权袭杀关羽，收回荆州。刘备意欲发兵进攻孙权，但被诸葛亮等劝阻。建安二十五年（220年），曹操病死，曹丕逼迫汉献帝禅位，自己称帝，灭汉建魏。刘备立刻打出刘汉正统的旗号，为登基称帝大造舆论。章武元年（221年）四月，刘备正式称帝，国号定为"汉"，是为蜀汉，定都成都。诸葛亮正式升任丞相，诸葛亮以丞相领尚书事，后又兼领司隶校尉。

称帝以后的刘备犯了个致命的错误，急于替关羽报仇，轻率地发兵进攻孙权，破坏了孙、刘联盟。张飞又被部下杀害，刘备更加暴躁，拒绝吴王孙权提出的和议，大举进军，直至秭归（今湖北秭归）、彝陵（今湖北宜昌东）。接着爆发了彝陵之战，孙权大将陆逊火烧刘备连营，大获全胜。刘备为一时意气用事付出了沉重的代价，几乎全军覆没，退守白帝城（今四川奉节东）。

年底，刘备患了重病，急召诸葛亮托付后事。次年二月，诸葛亮到达白帝城。刘备流着泪说："君才十倍于曹丕，必能安国，终定大事。若我的儿子可辅，辅之；如其不才，君可自取。"诸葛亮听了这话，诚惶诚恐，也流着泪说："臣敢竭股肱之力，效忠贞之节，继之以死。"刘备还给太子刘禅留话，说:"汝与丞相从事,事之如父。"四月,刘备去世。刘禅即位,是为蜀汉后主。

建兴元年(223年),诸葛亮被封为武乡侯,兼领益州牧,"政事无巨细,咸决于(诸葛)亮"。诸葛亮辅佐刘禅,所做的第一件事是"遣使聘吴,姻结和亲",恢复两国联盟,形成对曹魏左右夹击的钳形之势。诸葛亮志向高远,想在东吴的配合下出师北伐,完成统一大业。然而,蜀汉的后方南中地区,少数民族上层贵族发动武装叛乱,这给北伐增添了后顾之忧。诸葛亮审时度势,决定先安定南中而后北伐。南中平定后,仍用孟获等民族首领充任官吏,进行管理,同时推进政治改革,给当地人民传授先进的农业耕作技术和手工业技术,促进经济发展。这对西南各民族的团结和进步,做出了历史性的贡献。

建兴五年(227年),孙权正对曹魏用兵。诸葛亮驻军汉中,决定挥师北伐,以完成刘备的遗志,实现天下统一的宏愿。出师之前,他给刘禅上了一道奏表,就是《前出师表》。他回顾刘备创业的艰辛和自己所受的知遇之恩,申述兵伐中原的大义,说:"南方已定,兵甲已足,当奖率三军,北定中原,庶竭驽钝,攘除奸凶,兴复汉室,还于旧都。此臣所以报先帝,而忠陛下之职分也。"次年春天,北伐开始,诸葛亮佯装从褒斜道进兵关中,吸引了曹魏的主力,而自己则率20万大军,迂回陇西(今甘肃陇西),兵出祁山(今甘肃礼县东),攻占南安、天水、安定诸郡,并派先锋马谡驻军街亭(今甘肃秦安东北),完全扼住了陇西通向关中的咽喉地带。这时,魏文帝曹丕已死,继位的是他的儿子曹叡,即魏明帝。魏明帝派遣大将张郃率兵五万,迎战马谡。关键时刻,马谡违背诸葛亮的军令,死搬兵法,自行其是,导致街亭失守,全军陷入被动。诸葛亮引军回汉中,挥泪斩了马谡,以正军法。事后,他上书刘禅,自责"授任无方""明不知人"的错误,请求"自贬三等,以督厥咎"。刘禅同意,把他降为右将军,仍行丞相之职。

从建兴六年(228年)到建兴十二年(234年),七年间,诸葛亮六次出兵,致有"六出祁山"之说。实际上,真正取道祁山北伐的只有两次。在这连续的战争中,诸葛亮运筹帷幄,神机妙算,往往在千钧一发之际,化险为夷,留下了许多动人而有趣的故事,充分表现了一位杰出政治家和军事家的智慧与才能。

建兴十二年(234年),诸葛亮最后一次北伐,与魏军统帅司马懿相持于渭河之滨，历时三个多月。八月，诸葛亮病死于五丈原（今陕西岐山南）军中，时年54岁。蜀汉军队退去，司马懿察看诸葛亮营垒处所，由衷地赞叹说："天下奇才也！"

诸葛亮的政治、军事才能和个人品质，在中国古代政治家和军事家中，都是一流的。他能够举贤授能，不搞宗派，不计门第，凡有德才者，一律加以提拔和重用。他提出七条"知人"之道，即"志"（志向）、"变"（变通）、"识"（见识）、"勇"（勇敢）、"性"（本质）、"廉"（廉洁）、信（诚信）；严防"五害"，即"因公为私，乘权作奸"，"过重罚轻，法令不均"，"纵罪恶之吏，害告诉（上告申诉）之人"，"阿私所亲，枉克所恨"，"县官慕功，赏罚之际，利人之事，买卖之费，多所裁量，专其价数，民失其职"。由于诸葛亮实行正确的用人方略，所以蜀汉初期人才济济，事业兴旺发达。

诸葛亮注重礼法治军，著有《兵要》《军令》《将苑》等，既讲"礼"，又讲"法"，把思想教育和执行军法结合起来，造就出一支将帅指挥有方、士兵勇于战斗的军队。他特别强调将帅的自律和示范作用，《将苑》50篇，专门论述将帅的素质修养、治军方法、战略战术、行军布阵等问题，极有见地。而且，诸葛亮"长于巧思"，改进连弩兵器，增加其杀伤能力；制造木牛流马，用于运输以军粮为主的作战物资；同时推演兵法，创新八阵图。对此，他很自信，说："八阵既成，自今行师，庶不覆败矣。"

诸葛亮之死，无疑是一颗巨星的陨落。他死前给刘禅写信，说："成都有桑八百株，薄田十五顷，子弟衣食，自有余饶。至于臣在外任，别无调度，随身衣食，悉仰于官，不别治生，以长尺寸。若臣死之日，不使内有余帛，外有赢财，以负陛下。"他还留下遗嘱，"葬汉中定军山（今陕西勉县境），因山为坟，冢足容棺，殓以时服，不需器物。"据此可知，他是廉洁的，不尚奢华。刘禅"嘉兹宠荣"，给他追赠谥号为忠武侯。

文韬武略的儒帅：陆逊

陆逊（183—245年），字伯言，吴群吴县人。江南士族出身，孙策的女婿。

陆逊出生于东汉末年，在他很小的时候，父亲就死了，于是他就跟着堂祖父庐江太守陆康一起生活。后因陆康与袁术有仇，陆康叫陆逊和亲属回到了老家吴县。

陆姓是江东大族，这也为陆逊后来步入仕途提供了条件，创造了机会。

建安九年（204年），孙权做东汉的将军，21岁的陆逊任孙权的幕府官，先后做过东西曹令史，又出任海昌（今浙江海宁西南）屯田都尉，并兼管海昌县事。当时，海昌县连年大旱，陆逊开仓放粮救济百姓平民，勉励和督促他们纺耕生产，使百姓受益颇多。建安二十四年（219年），吕蒙因病调回京城。向孙权推荐陆逊来代替自己对峙镇守荆州的关羽。吕蒙认为：陆逊深谋远虑，但现在名气不大，不足以使关羽畏惧，可以暗中观察形势，寻找时机夺取荆州。于是孙权任命陆逊为偏将军右都督，代替吕蒙。

陆逊来到陆口，立即给关羽写信，言辞谦恭，对关羽大加吹捧。关羽看了陆逊的书信，果然把精力全部用在对付曹军上，对陆逊不再有所防备。

于是，孙权就暗中向西派兵，命陆逊和吕蒙为先锋，很快攻下公安、南郡。陆逊直接进军，攻下宜都，致使各城及蛮夷纷纷归顺投降。陆逊又受命对其授予官职，关羽立刻陷入腹背受敌的境地。不久关羽兵败麦城，在突围途中被吴军擒获，后遭杀害。陆逊击败詹晏、邓辅、郭睦，招降文布，前后斩杀、擒获、投降的人总共有数万。孙权晋用陆逊为右护军、镇西将军，提升封号为娄侯。

关羽被害、荆州丢失的消息传来，刘备十分悲痛，发誓要消灭东吴，为关羽报仇。他不顾诸葛亮的反对，带领蜀汉全国的大部分人马，对东吴发动了大规模战争。

孙权得报后，几次派人求和，均遭到刘备拒绝。这时候东吴的大将鲁肃、吕蒙、周瑜等都早已去世了，孙权只得任命年轻的镇西将军陆逊为大都督，赐尚方宝剑，统率朱然、徐盛、韩当、孙桓等5万人马去抵抗刘备。

起初陆逊为避刘备军队之锋芒，坚守营寨，闭门不出。对蜀军的挑战也置之不理。他手下的将士纷纷请求出战，且不服从其命令。无奈之下，陆逊只好用尚方宝剑进行威吓，才使将士不敢轻举妄动。这样，双方僵持了半年之久。刘备设计命令吴班带着1万多名老弱兵士，到靠近吴军的地方去扎营，并挑衅吴军，自己率领8000名精兵，在山谷里埋伏起来。吴班领士兵不断辱骂吴军，并以此引诱吴军进攻。十分气愤的吴军将领再次请求出战。面对蜀军的侮辱与谩骂，陆逊不慌不忙，他沉着冷静，命令吴军照旧坚守阵地，不要理睬蜀军的挑战。又过了几天，刘备知道自己的诱敌之计已经被陆逊识破，

只好从山谷里撤出伏兵。

时值盛夏，暑气逼人，为了躲避酷暑，刘备只得让水军离船上岸，和陆军一起靠着溪沟山涧、树林茂密的地方，扎下互相连接的40多座军营，以便等到秋凉后再向吴军大举进攻。陆逊看到蜀军士气低落，认为是进行反攻的最好时机。他仔细周密地拟订了破蜀的作战方案，并得到了孙权的允许。

为了增加胜利的把握，陆逊先以一小部分兵力对蜀军的营寨进行试探性进攻，虽然失利了，但陆逊也找到了破敌之法。陆逊命令水路士兵用船只装载茅草，迅速运到指定地点，而陆路士兵则每人手拿一把茅草，在茅草里藏着硫黄、硝石等引火物，一到蜀营，就顺风纵火。蜀军因毫无防备，在吴军的火攻之下，顿时乱作一团。各路吴军乘着大火发起反攻，蜀军的40多座营寨全部被攻破。蜀将张南、冯习等皆被杀死。刘备突围逃到白帝城一病不起，不久病故白帝城。黄龙元年（229年），孙权称帝，立都建业（今江苏南京）。陆逊被封为上大将军、右都护。黄武七年（228年），孙权让鄱阳太守周鲂诱骗魏国大司马曹休兴兵进入皖县（今安徽潜山）。孙权立即召见陆逊，假授黄钺，任大都督，迎击曹休。曹休已经觉察实情，深感羞耻，仗着兵强马壮同吴军交战。陆逊亲自率军充当主力，命令朱桓、全琮为左右两翼，三路一同推进，大败曹休的伏兵，并追击溃逃的魏军，大获全胜。回到魏国的曹休，背生毒疮而死。

嘉禾五年（236年），孙权北上征讨曹魏，让陆逊和诸葛瑾攻打襄阳。陆逊到了襄阳后，暗中派将军周峻、张梁等袭击魏国并攻下江夏郡的新市、安陆、石阳。陆逊下令保护俘虏，严禁兵士干扰侵侮。陆逊此举得到邻县的感动，江夏功曹赵濯、弋阳备将裴生和夷王梅颐等都率众归附他。

打败曹魏后，陆逊受到孙权极高的礼遇，让他辅佐太子，并负责荆州、豫章、鄱阳、庐陵的一切事务。

陆逊虽身在京师以外，但一心想着国事。他在上书时事事谋划进取，对小罪则施恩宽免，以安定臣民的情绪。用人要用贤能，但也不求全责备。

陆逊根据当时的形势，主张鼓励农民从事农业生产和纺织，宽缓百姓的租赋，安抚百姓，积蓄力量以图大业。他反复劝阻孙权派兵攻取夷州、朱崖，但孙权不听，结果得不偿失。后来，在陆逊的劝阻下，孙权放弃了对背弃盟约的公孙渊的征讨。

赤乌七年（244年），62岁的陆逊接替顾雍担任第三任丞相，积极推行富

民强国的政策。他认为，国家以民众为根本，国家的强大凭借的是民众的力量，国家的财富来自民众的生产，所以要关心民众的疾苦。

陆逊还有一个突出的治国政绩，那就是他惩治权宦，反对任用子弟为官。当时，太子孙和的东宫和鲁王孙霸的鲁王宫各立门户，宫廷内外的职务多半派官宦子弟担任。陆逊为阻止矛盾激化，费尽了心思仍毫无作用。当他听说要废太子的议论，马上上书陈述："太子是正统，应该有磐石一样坚固的地位。鲁王是藩臣，应该使他所受的恩荣官秩与太子有等级之分，彼此各得其所，上下得以相安无事。臣恭谨地叩头流血把这意见报告给您。"他就此事上书三四次，孙权都没有同意。正在这时，陆逊的外甥顾谭、顾承和姚信都因亲附太子而含冤被流放。太子太傅吾粲因屡次同陆逊通信，下狱死去。陆逊也因此受到孙权的责备警告。赤乌八年（245年），63岁的陆逊最终因愤恨而去世。

知识链接

九品官人法

九品官人法，又称门阀制度，创建于曹魏初期。东汉时期，出现的一批大地主已经成为一支不可忽视的政治力量，称为"世家大族"。曹操当政时，许多世家大族认为曹操出身低微，不肯合作，使得曹操很伤脑筋。后来，曹丕篡汉建魏，采纳陈群的建议，创立了九品官人法。

九品官人法就是通过各州、各郡中正官的品评，把人才分为上上、上中、上下、中上、中中、中下、下上、下中、下下九等。被评为上等的人才将推荐给各级政府，吏部选拔官员时要向中正官征询被选者的家世情况、品级。晋以后就完全由家世确定品级，形成了重家世轻德才的风气。所谓"平流进取，望至公卿"的说法，就是对这种积弊的抨击，这样就形成了豪门世家把持各级官僚机构的局面。

隋代以后，随着门阀制度的衰落，此制终被废除。

第二节 两晋的名相

拥晋灭魏：贾充

贾充（217—282年），字公闾，平阳襄陵（今山西襄汾）人，是西晋开国皇帝晋武帝司马炎时的头号宠臣。

贾充自幼父母双亡，成人后承袭了父亲的侯爵。步入仕途后，他从尚书郎逐渐升迁至黄门侍郎、汲郡典农中郎将。曹魏正元二年（255年），贾充跟随掌握曹魏实权的司马昭出征，扑灭了在寿春（今安徽寿县）起兵的毋丘俭、文钦叛乱。

甘露五年（260年），曹髦不愿忍受傀儡皇帝的处境，搜罗宫中宿卫和僮仆数百人，亲自仗剑，前往相府讨伐司马昭。行至南阙，遭到中护军贾充统领的禁卫军的阻击。太子舍人成济手持兵刃杀死曹髦。贾充指使手下杀死魏帝，为司马氏代魏立了一大功。因此当朝臣们提出"斩杀贾充，以谢天下"时，司马昭却只把成济当成替

司马炎画像

罪羊，夷灭了成济全族，而贾充却被封为安阳乡侯。晋爵为晋王的司马昭在考虑确立世子时，本想选择自己喜爱的次子司马攸，可是善于观望风色的贾充却与裴秀、何曾等人一致推举司马炎。最终，司马炎被确立为世子，自然对出力甚多的贾充等人感激不已。所以在司马炎继位以后，贾充立即被晋升为卫将军、给事中。晋武帝代魏以后，贾充更以参与谋划之功，升迁为车骑将军、尚书仆射，不久又升任侍中、尚书令，成为武帝最为宠信的大臣。

宠极一时的贾充为人奸诈、谄媚，同太尉荀𫖯、侍中荀勖、越骑校尉冯𬘭互相结为朋党，专以谄媚取悦于人，激起了朝野不少刚直之士的厌恶和不满。泰始七年（271年），西北地区的鲜卑族反叛，武帝深感忧虑。任恺启奏说："应当派遣有威望有才智的重臣前往镇压和安抚。"武帝问："谁能胜任？"任恺借此机会推荐贾充，庾纯也深表赞同。武帝乃下诏贾充都督秦、凉二州诸军事，仍兼侍中、车骑将军职务。朝廷中厌恶贾充的大臣都为这一决定而感到庆幸。可是，贾充却认为自己一旦离京就会失去权势，心里对任恺、庾纯恨得要死，又不敢违抗武帝的旨意，一时间无计可施。

这年冬季十一月，贾充准备到长安上任，朝廷公卿在洛阳夕阳亭为他饯行。贾充私下向荀勖请教，设计拖延，荀勖献计说："明公（贾充）身居宰相之职，却受到任恺这个匹夫的挟制，太可笑了！但是西征的任务，很难辞掉，唯一的办法，就是想法让你女儿同太子结婚，这样，不用辞去出征职务就可留在朝中了。"贾充听了连连点头："这个主意很好，但谁能办成这件事？"荀勖胸有成竹地答道："尽管放心，让我去办。"他立即找到冯𬘭，对他说："贾公出去远征，我们就会失去权势。听说太子婚事还没有定下来，你为什么不劝皇上让太子娶贾公的女儿呢？"冯𬘭本来就与贾充、荀勖串通一气，对此计划自然完全赞同。当初，武帝准备聘卫瓘的女儿为太子妃，贾充的妻子郭槐贿赂杨皇后身旁亲信，请杨皇后劝说武帝聘自己的女儿。武帝说："卫公的女儿有五项可以纳聘的理由，贾公的女儿有五项不可以纳聘的理由。卫家女儿贤淑、美丽、身长、肤白，而且卫氏家族的妇女都是多子的；贾家女儿嫉妒、丑陋、身短，而且贾氏家族的妇女都是少子的。"由于杨皇后多次奉劝武帝，荀勖、冯𬘭等人又极力称道贾充的女儿不仅姿色非常美，而且有才有德，武帝终于改变主意，答应同贾家结为姻亲。当时又恰逢京城下大雪，军队不能出发，贾充因而渡过了一场危机，继续留京任职。

泰始八年（272年），皇太子和贾妃（贾南风）成婚。贾妃15岁，比太子年长两岁。贾妃性情嫉妒、奸诈，好使用权术，太子对她既是宠爱又是畏惧。后来，贾妃凭借自己的权术，一步一步地攫取权力，亲手挑起"八王之乱"，在历史上留下了血腥的一页。其肇祸者，可以说是贾充。

咸宁二年（276年），为了统一全国，羊祜上疏请求平定江南的吴国。武帝本来已经接受了羊祜的意见，但是娴熟阴谋诡计的贾充见识短浅，对真刀真枪的拼搏胆小如鼠，他以西北尚未平定为理由，竭力反对伐吴，弄得本来就优柔寡断的武帝更加无所适从，伐吴的计划就此被搁置。

三年之后，王濬、杜预又相继上表请求伐吴，据理力争，言辞恳切，又得到了张华的竭力支持，武帝终于下定决心伐吴。直到此时，贾充、荀勖、冯紞唯恐伐吴胜利，自己没有任何功劳，还在顽固地反对伐吴，结果惹怒了武帝，贾充才不得不磕头谢罪。

咸宁五年（279年），晋武帝经过十余年的准备后，发兵20余万，兵分六路，在东西长达千里的晋吴边境上同时出击。武帝任命贾充为使持节、大都督，担任六军统帅。贾充竟然还坚持他的态度，一直陈述伐吴的不利之处，又以年老为借口，不愿出征。武帝也恼火了："你如果坚持不肯出征，那就只好我亲自出征了。"贾充不敢再违抗命令，只得勉强接受了任命。

晋军攻克武昌以后，统帅贾充又企图阻挠进军，说"吴地未可悉定"，要求撤兵，并且派人向武帝提出腰斩张华以谢天下的荒谬建议，也被武帝拒绝了。

东吴平定以后，一向坚决反对伐吴的贾充又惭愧又惧怕，主动向武帝谢罪。武帝丝毫不加追究，反而认为灭吴之役中贾充的功劳最大，连其子弟都得到封侯的赏赐。晋武帝用贾充这等卑劣至极的统帅，自然不是英明之主。他的天下自然也不会长久。

太康三年（282年）四月，贾充病死，被追赠为太宰。

关中贤相：王猛

王猛（325—375年），青州北海郡剧县（今山东寿光东南）人。王猛幼时，北方战乱不已，民不聊生，王猛跟随家人逃往魏郡（今河南与河北交界处）避难。王猛家境贫寒，小时便以贩卖簸箕为业。

东晋永和七年（351年），氐族首领苻坚占领关中，建都长安（今陕西西安西北），称天王大单于，国号秦（史称前秦）。次年苻坚称帝，势力日强。公元354年，东晋荆州镇将桓温北伐，击败苻坚，驻军灞上（今西安市东），关中父老夹道欢迎，王猛闻讯前去拜见桓温。桓温问王猛："为何关中豪杰没有人到我这里效劳。"王猛直言相告说："您不远千里深入敌境，长安城近在咫尺，您却不渡灞水攻取之，大家不知您的心思，所以不肯来。"王猛一针见血，触及了桓温拥兵自重的心病。桓温为此称赞王猛江东无人与其相比。桓温请王猛留在军中，王猛认为东晋乃是士族的天下，自己难以有所作为，就拒绝与之南下。

前秦苻坚是十六国时期杰出的政治家。他十分重视吸收汉族文化，博学强记，潜心钻研经史典籍，成为氐族中文武双全的佼佼者。他广招贤才，以图统一天下。后经尚书吕婆楼举荐，与王猛相见，两人谈论天下大势，甚为投机。苻坚恳留王猛辅佐和出谋划策。苻坚诛灭苻生后，自立为大秦天王，以王猛为中书侍郎，掌管军国机密。王猛因功绩卓著，很快升为尚书左丞。他办事公正，执法严明，精明强干，在36岁那年，接连升迁5次，官至尚书左仆射（相当于宰相）、辅国将军、司隶校尉，一时间"权倾内外"。

氐族豪帅出身的姑藏侯樊世依仗自己曾帮助苻坚打天下的功劳，最先出来当众侮辱王猛，还扬言要杀死王猛。苻坚大怒，命将其斩首示众，遏制了朝野权臣对王猛的非难。当时朝廷上下有一批氐族显贵，自恃有功于朝廷，恣意妄为，无法无天。王猛由咸阳内史调任侍中中书令（皆为宰相之职），兼京兆尹（京都长官）后，听说贵族大臣皇太后之弟张德酗酒行凶，抢男霸女，即下令逮捕张德，先斩后奏。接着又与御史中丞邓羌合作，全面整治祸国殃民的公卿大夫，铲除不法权贵20多人。文武百官有所震慑，豪强不敢妄为，百姓路不拾遗。苻坚为此感叹说："直到今天我才知道天下有法可依，天子至高无上。"

王猛治国首重举荐贤才，认为吏治和用人制度化，才能保证国家长治久安。他帮助苻坚创立了荐举赏罚和官吏考核制度，其中规定：地方官分科荐举孝、悌、廉直、文学、政事人

华山王猛台石碑

才，上报中央，经朝廷考核，合格者分授官职；凡所举荐人才名副其实，则奖励举荐者，否则受罚。

王猛把教育作为治国的重要举措，他促使前秦恢复了太学和地方各级学校，强制公卿以下子孙入学。苻坚在王猛的影响下，广泛吸收汉族先进文化，推崇孔子，宣扬儒教，使氐族建立的前秦政权拥有了文化根基。王猛还注意调整民族关系。前秦废除了胡汉分治之法，促进了各民族之间的相互融合。王猛主持在全国范围内兴修水利，奖励农桑，推广先进的生产技术，减免部分租税，减轻人民负担。这些措施使国库殷实，国力增强。

前秦的一系列改革，为前秦统一北方奠定了基础。王猛为前秦制定了军事策略，即稳定西北，使无后顾之忧，然后争锋东南，以图大业。在这个战略方针指导下，首先运用政治和军事手段，收服匈奴刘氏部、乌桓独孤部，以及鲜卑没奕干部和拓拔部的代国等。随后，王猛率军进攻东晋所属荆州北部诸郡，掠取一万余户凯旋。紧接着，王猛又率军讨伐羌族叛乱者，大破前凉军队，夺占前凉重镇枹罕（今甘肃临夏东北），为前秦扫清了统一中原道路上的障碍。

正当前秦准备消灭前燕时，东晋桓温北上攻燕，燕王慕容以割地给秦为条件，请前秦救援。前秦群臣反对救燕，唯有王猛主张"先救后取"之策，联合前燕大破晋军，杀敌4万余人，桓温大败而归。此后，前秦以前燕毁约，命王猛指挥征讨前燕，一年后前燕亡，前凉被迫归降前秦。前秦基本上统一了北方。

王猛为前秦呕心沥血，积劳成疾，一病不起。苻坚前去探望，询问后事。王猛对苻坚说："东晋虽偏处江南，但为华夏正统，且上下一心。臣死之后，陛下万不可图灭东晋。而鲜卑、西羌等是我大敌，应尽快消灭他们。"不久王猛病死，年仅51岁。遗憾的是，苻坚没有听从王猛的遗言，在王猛死后8年，不顾群臣反对，悍然发动对东晋的战争，结果在淝水之战中一败涂地，鲜卑和羌族乘机反叛，置苻坚于死地，前秦由此而亡。

第三节
南北朝时期的名相

自负才高的南朝萧梁宰相：沈约

沈约（441—513年），字休文，吴兴武康（今浙江吴兴）人。他出身士族，学识渊博，历仕宋、齐、梁三朝。齐中兴二年（502年），他参与策划梁武帝萧衍代齐自立的政变，建梁后，官拜尚书令，领太子少傅，受封建昌县侯，荣耀于世。沈约不仅在政坛大有作为，且在文学、史学领域颇有建树，著有《宋书》100卷，位列"二十四史"。历代宰相如沈约勤于政事又著书立说流传后世者，实乃鲜见。

沈约从小聪明过人。据史载，他一生下来左眼就有两个瞳仁，腰间有紫痣，善相者说其有异人之相。少年时代的沈约勤奋好学，常常日夜手不释卷。母亲担心他过于劳累，经常要到他的书房去减油灭灯，以此限制他的夜读。不得已，沈约便白天读书，夜晚背诵。努力没有白费，这使得他博览古今，满腹经纶。不久，郢州（治所在今湖北武汉武昌）刺史蔡兴宗听说他才华出众，便聘请沈约为安西外参军，兼记室。

公元479年，萧道成建立南齐政权，38岁的沈约出仕齐朝，在东宫主管文书。沈约以其渊博的学识、儒雅的风度、绝佳的口才，甚得太子萧长懋的赏识和倚重。因此，他常与太子促膝谈心，有时一谈就是一整夜。当时，太子之弟、竟陵王萧子良开西邸招纳名士，沈约与兰陵萧琛、琅琊王融、陈郡谢朓、南乡范云、乐安任昉、吴郡陆佳、兰陵萧衍等人，皆交游于竟陵王府，被世人称为"竟陵八友"。也就在这时，沈约与后来成为梁武帝的萧衍结下了深厚的情谊。

第四章 魏晋南北朝时期的名相

齐明帝死后，东昏侯萧宝卷即位。他统治无方，朝政混乱，政出多门，萧衍乘此良机于襄阳起兵，联合长史萧颖胄在荆州拥立齐和帝；紧跟着攻克建康（今南京），诛杀了东昏侯。萧衍因功被任命为丞相，封为梁公。他任用沈约为骠骑司马，随侍左右，为其出谋划策。齐中兴二年（502年）四月，萧衍在建康南郊即皇位，国号梁，建元天监。梁武帝天监二年（503年），沈母去世，皇上亲临悼唁。武帝因怕沈约年事已高，不宜过度悲伤，专遣中书舍人去沈家阻挡客人，劝沈约节哀。沈约服丧期满后，又升迁为侍中，授右光禄大夫。天监九年（510年），沈约70岁，萧衍特授他左光禄大夫，这是正一品的散职。沈约一生为提高南方士族和吴兴沈氏的地位而努力，到这一步也算得上是功成名就了。

沈约才堪撰述，学综文史，在递嬗频仍的南朝政治生活中世故练达。他除在复杂莫测的政坛上周旋外，同时著书立说，享有盛名。他"历仕三代，该悉旧章，博物洽闻，当世取则"（《南史·沈约传》），具备史学家的素质。他著述宏富，一生近400卷著作中，历史著作占大半。他的历史著述在中国史学上有着不可抹杀的地位。

沈约撰写的《宋书》问世前，已有三部《宋书》存世。他在前人的基础

沈约雕像

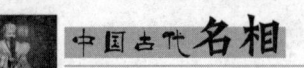

上加以改进、创新、整理，撰写出论述刘宋（420—479年）兴亡的一部完整的纪传体断代史。其内容包括政治、礼乐、天文、州郡、百官等各个方面。他在著述时，注意为少数民族、外邦小国立传。现代其他人所编的刘宋历史均已亡佚，只散见于一些书或注释中，完整保留下来的，就只有这部《宋书》了。总的来说，《宋书》的史料价值已超出刘宋历史范围，不仅为考察魏、晋、宋史所必需，且为唐修《晋书》诸志所大量取用，为研究刘宋王朝历史提供了主要依据。

中国史学素有文史结合的传统，沈约作为史学家著书立说自然与他深厚的文学修养分不开。沈约是当时的文坛领袖，齐、梁两朝的许多重要诏诰多是出自他的手笔，除了例行的公文之外，大量的赋、论、碑、铭类文章都足以表现他的"高才博洽"。沈约还是讲究声律的"永明体"诗歌的创始人之一。齐梁之际，我国汉语音韵学已经有了相当的发展，沈约把同代人周颙发现的"平、上、去、入"四声用于诗的格律，并归纳出比较完整的诗歌声律论，为唐代五言律诗的正式形成开辟了通途，而且影响到骈体文。

南朝时期，除开国的少数皇帝外，后代帝王多为荒淫无道的昏君，世家大族也奢侈淫逸。文人想在政治上有所作为，是很艰难的。沈家又属南方世族，靠军功起家，被北方世族所轻视。因此，沈约想以自己的努力取得世族高贵的地位，也只能曳裾王门，虽不趋炎附势，但也不能有大作为，所以只有"唯唯而已"。官场之上，他深感"伴君如伴虎"。有一次侍宴，沈约言谈间冒犯了尊颜，梁武帝拂袖而去，沈约连惊带吓，一病不起。他病中常做噩梦，请来巫师作法，巫师说是齐和帝在作祟，沈约便让巫师上章对阴曹地府的齐和帝说，禅代的主张并非由自己提出的，请齐和帝之魂放过自己。此事传入梁武帝耳中，武帝自然对他这种不忠的态度十分不满。自此，他俩多年的旧友之谊、患难的君臣之情随着时间的推移慢慢地被消磨掉了。

天监十二年（513年），沈约忧病而卒，终年72岁。梁武帝下诏，谥号"隐侯"。"隐"字隐含着多层意思，被人们猜测至今。

元魏宗室，北魏宰相：元澄

元澄的祖父是太武帝拓跋焘的长子——景穆太子拓跋晃，因过早逝世而未登上皇位；他的父亲是任城康王拓跋云，曾都督中外诸军事，后死于雍州

第四章 魏晋南北朝时期的名相

刺史任上。

太和五年（481年），14岁的元澄因父亲的去世承袭父爵，成了一位少年王爷。当时，与他同岁的元宏恰巧当了皇帝，他经常亲切地称元澄为"任城"，并让他随自己南征北战。太和九年（485年）十二月，漠北大草原的柔然又贸然入侵北魏边境。为了消除边境的威胁，保卫边疆，孝文帝任命元澄为使持节、都督北讨诸军进行讨伐。柔然在北魏大军威慑下，仓皇北逃，元澄取得他仕途中的第一个胜利。

元澄回朝后，朝廷对他的功劳加以奖赏，加侍中，随后转任征东大将军，并开府，任徐州刺史。由于他治理有方，不仅在当地深得民心，而且在朝廷也有了一定的声望。当时北魏的首都还在平城，它地处边陲，不是水土丰饶之地，不便控御北方而统一全国。随着人口的增加，再加上交通不便，从外地运粮很难，使本来就很少的物质供应更显得紧张。与此同时，南方中原大地上发达的经济和高度的文明是最吸引孝文帝的，所以迁都就成了他改革成功的基础和必要前提，因而必须慎重而周全地策划迁都大事。

鲜卑的王公贵族在平城一带已盘根错节，安居立业，迁都是很难令他们接受的。由于迁都阻力很大，于是孝文帝精心设计了一个"外示南讨，意在谋迁"的计策。

太和十七年（493年）七月，孝文帝率步骑30万向南进发。一路连绵阴雨，到了洛阳以后，大雨还是不停，孝文帝依然下令六军继续向南。孝文帝身着戎装，手执鞭子，驭马而出。六军将士都不愿意南伐，大臣们纷纷在孝文帝马前跪下，劝谏停止南征，孝文帝不听，下令继续南征。安定王元休、任城王元澄等也出来一边哭泣一边劝谏。孝文帝认为时机已经成熟，可以公开提出迁都之事了，便对群臣说："今天劳师动众而没有结果，日后肯定会被后人耻笑。如果不南征，就迁都洛阳，二者选择其一，同意迁都的请站在左边，不欲迁都的请站在右边。"元澄马上站在了左边，其他人一看也纷纷站在了元澄的一边。

迁都大计定下之后，令孝文帝不

洛阳古城

放心的是在平城还有许多留守的鲜卑贵族和百官，还需要做广泛深入的动员说服工作，才能使大家接受迁都主张，顺利实现迁都大计。于是，他决定派任城王元澄回平城，让他去说服那里的官员同意迁都洛阳。

元澄宣布迁都的诏令后，果然引起了大家的恐慌。元澄便充分施展其辩才，引经据典，将迁都的道理向大家逐一说明，众人这才平静下来，并表示愿意从命迁都。任务完成后，元澄担心孝文帝着急，便马上兼程回洛阳汇报。孝文帝果然等不及，已经到了滑台，在那里孝文帝听了元澄的汇报，十分高兴，说："如果没有任城，朕的事业便不会成功！"不久，元澄被任命为吏部尚书。

公元493年，孝文帝将都城从平城迁到洛阳，并又留命元澄选拔旧臣。他本着量才录用、公正合理的原则从几万名冗官繁吏中选出了一批比较优秀的官员，并按优劣程度分为三等，以便任用于新都的职官体系中。而这些旧都官吏无论是否被任用，都毫无怨言地接受了安排，元澄本人也马上兼职尚书右仆射。

太和二十年（496年），以恒州刺史穆泰为首的一大批反对迁都及汉化改革的鲜卑贵族，企图拥立喜爱平城的皇太子元恂谋反。十二月，元恂趁孝文帝游幸嵩山，企图率众归平城，事情败露后，被削为庶人。随后，穆泰在恒州谋反，推朔州刺史阳平王元颐为主，不料元颐却向朝廷报告了这个机密。此时元澄正卧病在家，孝文帝将元澄召至凝闲堂，说明了原委，并决定派他负责征讨。元澄赶忙表态，并且以生命担保一定消灭穆泰。

元澄立即动身前往雁门，听说穆泰已经掌握重兵西奔阳平后，元澄下令命部队全速推进。当时右丞岳斌主张召集并肆的部队，然后再慢慢出动。元澄却认为只有迅速去镇平他们，才可以安定民心。于是下令从几条道路一齐进发，打算出其不意，一举歼灭。他同时又派遣治书侍御史李焕先单车入城。突然到来的李焕向穆泰周围的人晓以祸福，劝诱投降，于是叛党离心，都站到了朝廷军队一边。穆泰见形势不妙，准备破釜沉舟，突围出城，结果被李焕擒拿。元澄也接着赶到，安抚民众，惩治参与谋叛者，将钜鹿公陆睿、安乐侯元隆等百余人都抓起来，投入了大牢。孝文帝看完元澄写来的表状之后大喜，召集公卿以下官员，让他们传阅元澄的表文，并让元澄做了正尚书。

太和二十三年（499年）正月，南齐大将陈显达率军进攻沔北，身患重病的孝文帝仍坚决亲率大军前往迎敌。临出发前，他在清徽堂会见元澄，并

第四章 魏晋南北朝时期的名相

下诏对他委以大事。元澄听说此言，不禁潸然泪下，他答应孝文帝要竭尽股肱之力，死而后已。四月，孝文帝病逝于行军途中。元澄接受遗诏，与彭城王元勰秘密商议，为稳定政局决定暂不发丧。一面命人奉诏召太子，一面密报留守洛阳的于烈注意消除一切不安定因素。

孝文帝驾崩时安排的辅政大臣共有6位，除了元澄等4位皇族成员外，还有汉族人士吏部尚书宋弁、尚书令王肃。王肃本来是南齐人，孝文帝太和十七年（493年），由于其父兄都被杀害，所以从建康来投奔北魏。孝文帝见到王肃，很快便为他的才能智识所折服，大有玄德遇到孔明的感觉。虽然元澄在他的改革活动中立有大功，但孝文帝依旧让王肃做了宰辅（尚书令），居于元澄之上。元澄对此心中非常不满，并时常对人说起。

宣武帝元恪即位的景明元年（500年）正月，南齐豫州刺史裴叔业以寿春（今安徽寿县）归顺朝廷。四月，彭城王元勰与王肃带兵前去攻打，沿淮而上，逼降寿春的南齐大将陈伯水等人。王肃等人凯旋，不料，降兵严叔懋报告说，尚书令王肃遣孔思达私通南齐皇帝萧宝卷，试图反叛。不经调查的元澄立即将王肃以谋反之罪囚禁起来。事后查明，严叔懋是在诬告，王肃也随即被释放。首辅六人中的咸阳王元禧、北海王元详平日槽权不法，贪聚财物，此时又对元澄落井下石，弹劾他擅自囚禁宰辅。无奈之下，元澄只好辞官回家了。后来，朝廷又改授他为安西将军、雍州刺史。政局极不稳定时，领军于忠、侍中崔光等建议让素有声望的元澄担任尚书令，于是，元澄在国家危难之际，再度出山担任宰辅。

孝明帝元诩即位，他的母亲胡氏在宗室诸王拥戴下临朝听政，人们称为"灵太后"。灵太后不久便专权独断，完全以皇帝的身份处理朝政。元澄虽居宰相之职，但已无回天之术，只能尽自己最大的努力在各个方面进行改革。

首先，元澄针对宣武帝正始末年百官晋升一级，但刺史、郡守、县令却不能享受此待遇一事向灵太后提出异议。灵太后以前朝之事不准再提为由加以拒绝。元澄并不善罢甘休，再次奏明太后，作为君主应善于纳谏，有不正确的要及时纠正。随后，他奏上《皇诰宗制》及《训诂》各一卷，想让灵太后充分认识劝诫的裨益。灵太后接到这奏章让百官讨论，终因百官意见不一而没有实施这一举措。灵太后主持下的北魏政权，政局混乱，官僚腐败，贵族们竞相奢侈，太后自己又热衷于佛事，经常大兴土木，修建无数的寺庙，除了京师中的永宁寺、太上公寺之外，还在外州各造五级佛塔；又频繁举办各种斋会，赏钱动辄数万。百姓劳役沉重，国家财政吃紧，元澄对此忧心不已。于是又上奏太后，先是讲明与南朝关系，说明取外先要内强，图人先要自备的道理，强调要澄清吏治，促进经济，搞好防备，集中一切财力、物力治理国家，然后他又讲大兴土木之害，劝诫太后要积蓄财力。

神龟二年，朝廷的太常卿占卜说"有相死"，还有人梦到任城王元澄家墙毁垣断。不久，53岁的元澄逝世。灵太后除了大量赐丧物之外，还特加殊礼，并亲自送元澄的灵柩到郊外，扶棺悲哭，哀恸左右，文武百官也都哀叹不已。

位极人臣的北周宰相：宇文护

宇文护，字萨保，是北周文帝宇文泰的侄子。11岁时，宇文护的父亲战死于军中，叔父宇文泰就带着他生活在军营之中。宇文护从小就受着这种军旅生活的磨炼，弯弓射箭，纵马疆场，养成了他刚毅果敢的性格。

宇文护17岁时，宇文泰就让他管理家务。他威而不怒，治家严谨，府内上上下下的人都十分敬重他。宇文泰曾称赞他说："此儿志度类我。"宇文泰是北周政权的缔造者，也是南北朝末年的一位乱世枭雄，能得到他的如此称赞，实为难得。

宇文泰执掌西魏政权之后，宇文护就成了他的左膀右臂，长期随他东征西讨，立下了许多汗马功劳。西魏大统初年（534年），宇文护因为征讨侯莫陈悦，破之有功，被封为水池县伯，食邑五百户，加封征虏将军。后又随宇文泰擒窦泰，复弘农，破沙苑，战河桥，累功被封为镇东将军、大都督。

大统八年（542年），宇文护因战功晋封车骑大将军，仪同三司。长期的征战，使宇文护逐渐成为一位难得的将才。大统十五年（549年），宇文护迁大将军，奉命出镇河东，与于谨征江陵。宇文护让大军缓缓而行，自己亲率轻骑，昼夜潜行。等他率军突然出现在江陵城下时，守兵措手不及，仓皇之中，弃城而逃。宇文护又遣2000轻骑，扼断江津，结集舟艇，以逸待劳，大破敌军。因此，他的儿子

江陵城

第四章 魏晋南北朝时期的名相

也被封为江陵公。接着,他又率军扫荡了南北朝时期势力强大的襄阳蛮向天保部,因此被拜为小司空,一跃而成为宇文泰手下第一大将。

公元557年,宇文泰病重,急召宇文护觐见,将自己的儿子托付给他。宇文护含泪奉命。宇文泰刚死,诸子年龄都小,旁边的北齐又时时刻刻虎视眈眈,朝中上下,人心惶惶。宇文护在这个关键时刻处变不惊,一面整肃纲纪,一面抚慰众臣,于是众心乃安。把宇文泰安葬之后,宇文护又托言天命所归,派人劝说西魏帝禅位于宇文泰的儿子宇文觉。西魏帝惧怕宇文护的权势,只得下野,交出玉玺。宇文觉登位,是为孝闵帝,改国号北周。至此,宇文护终于完成了其叔父宇文泰的遗志,同时集大权于一身。先时,宇文泰常说:"我得胡力。"当时人们都不能理解。此时,人们才知道,"胡"乃"护"也。

宇文护虽以军功起家,但他绝非有勇无谋的一介武夫。孝闵帝上台后,封他为大司马、晋国公,食邑1万户。从此,宇文护大权独揽,在掌权的15年里,内防暗算,外御强敌,始终牢牢地控制住了局面,显示了非凡的政治才能和应付复杂局面的能力。

孝闵帝初立,内忧外患,人心思动,赵贵、独孤信等一批原西魏元老重臣想乘机谋反。在他们看来,宇文护握有重兵,是他们作乱的最大障碍,就想先除去宇文护。谁知,宇文护早已洞察了他们的阴谋,乘他们入朝觐见之机,执而杀之,尔后又果断地诛其爪牙,有效地控制了局面,确保了北周政权的稳定。宇文护也因此被拜为大冢宰。

朝中大臣司会李植、军司马孙恒等,都是宇文泰手下的重臣,久居权要。他们看到宇文护独揽大权,心里甚为不满。于是他们阴谋联络孝闵帝身边的近臣乙弗凤、张光洛、贺拔提、元进等人,力图除掉宇文护。他们在孝闵帝面前进言道:"宇文护自从杀了赵贵等人以来,威权日盛。文武百官争往附之,大大小小的政事都由他来断决。以臣观之,恐怕他将来会不守臣节。应该尽早想办法除去他,免得他犯上作乱。"孝闵帝是一个疑心很重的人,听他们这么说,暗生除护之心。孝闵帝和乙弗凤密谋,准备乘宇文护朝见之时,将他杀死。不想风声走漏,宇文护只得先下手为强,他召集文武大臣,将乙弗凤等人的阴谋公之于众,率兵进宫,杀了乙弗凤等人,又诛李植、孙恒等,后来又杀了孝闵帝,立宇文毓为帝。

宇文毓天性聪睿,有胆识,时刻想着从宇文护手中夺回朝权。宇文护对他也深有忌惮。于是,宇文护就命他的心腹、掌管膳部的李安在皇帝的饮食

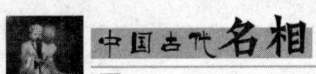

中加进毒药，将宇文毓毒死，另立宇文邕为帝，是为周武帝。周武帝降诏曰："大冢宰晋国公，智周万物，道济天下，所以克成我帝业，安养我苍生。自今诏诏及百司文书，并不得称公名，以彰殊礼。"宇文护上表坚辞不受。但由此他还是进一步巩固了自己的地位，成为北周政权实际上的统治者。

宇文护生性宽厚，能识大体，也极富政治头脑。然而他久居权力中心，难免树敌不少。加上他的手下和他的儿子也都身居高位，一个个皆恃宇文护的势力，飞扬跋扈，引得百姓怨言四起。武帝年龄渐长之后，也对宇文护长期把持朝政心有不满。但他表面上仍然十分敬重宇文护，见面不行君臣之礼，只行家人礼，暗地里却大力栽培自己的势力，等待时机。宇文护对此却毫无觉察。

元和七年（572年）三月十八日，武帝佯招宇文护进宫赐饮，等宇文护毫无戒备进宫之后，武帝令左右乱刀将其砍死。又命宇文护的儿子、亲信逐次入宫，于殿中杀之。其后才宣布宇文护杀戮二帝、恃功欺君、把持朝政等诸罪状。

知识链接

沈约与《文心雕龙》

沈约当时在文坛上名重一时，而且他虚怀若谷，热心奖掖后学。由于沈约享有崇高的社会地位和学术威望，当时人们的作品只要经他推许都能广为流传。如刘勰的古典文学批评专著《文心雕龙》50卷，书成之后得不到世人承认，于是刘勰想请沈约评定，但又无法接近他，于是就带上作品，假装成售货小贩等候在沈约的车前，将作品《文心雕龙》送达沈约。有爱才之心、慧眼独具的沈约看后非常赏识，说此书深得文章义理，把它置于案头时时翻读。刘勰本人也经沈约推荐，备受昭明太子萧统的赏识，其著作《文心雕龙》很快流传于世，直至今日。

第五章

隋唐时期的名相

　　隋文帝杨坚在苏威、高颎的辅佐下结束分裂、重归一统，吸收了魏晋以来各种政治制度的优点，形成了三省六部制以及科举制的雏形。唐太宗、唐玄宗更是任用房玄龄、杜如晦、姚崇、宋璟等贤相重臣使封建社会进入第二个辉煌时期。唐朝的宰相不但政绩彪炳，诸如张九龄、李德裕等人更堪称一代文豪，留下了不少令人称道的文学作品。但随着朝中宦官势力的抬头、地方藩镇势力的崛起，曾经权倾朝野的宰相却在这些政治斗争中成为牺牲品，这或多或少也从侧面反映了宰相制度的没落。

第一节
隋朝的名相

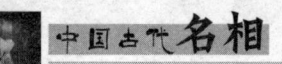

隋朝股肱：高颎

高颎（？—607年），一名敏，字昭玄，渤海蓓（今河北景县）人。他出身于官宦世家。父亲高宾先仕东魏，后投奔西魏，官至骠骑大将军、开府仪同三司、襄州总管府司录。

高颎"少明敏，有器局，略涉文史，尤善词令"，17岁步入官场。北周时，杨坚专断朝政，发现高颎"强明，久习兵事，多计谋"，引为心腹，委以重任。尉迟迥起兵反对杨坚。高颎自请率兵讨伐，大破之，因而升任柱国大将军，迁丞相府司马，"任寄益隆"。

隋文帝取代北周，建立隋朝，任命高颎为尚书左仆射、纳言，即宰相之一，同时兼任左卫大将军。高颎出任宰相所做的第一件大事是，领新都大匠，主持建造新的国都大兴城。大兴城规模宏大，布局严整，一年内主体竣工。高颎因功，又拜左领军大将军。

隋文帝开国后，在政治、经济、军事方面，实行了一系列的改革。高颎作为丞相，具体执行和落实各项改革措施，取得了显著的成效。他能文能武，明达政务，竭诚尽节，引荐贤良，苏威、杨素、贺若弼、韩擒等，都是由他推荐，而担任军政要职的。

开皇二年（582年），隋文帝命高颎节制诸军，准备攻灭南方的陈朝，统一全国。恰逢陈宣帝病死，高颎出于礼不伐丧的考虑，建议暂缓发兵，以争取民心。隋文帝询问灭陈之策。高颎说："江北江南气候不一样，庄稼成熟时间也不一样。我们可趁江南收获季节，扬言出兵掩杀，陈朝必定屯兵防御，

第五章　隋唐时期的名相

足以废其农时。这样坚持数年，对方懈怠，那时我军齐集，登陆而战，事半功倍。"隋文帝采用这一计策，接连数年，果然使陈朝穷于应付，疲惫不堪。

开皇九年（589年），隋文帝命次子晋王杨广为统帅，统领大军伐陈。高颎任元帅长史，"三军皆取决于颎"。就是说，杨广只是名义上的统帅，而实际指挥作战的则是高颎。高颎精于军事，水陆并进，调度有方，一举攻克建康，俘虏了陈后主陈叔宝及其宠妃张丽华等。张丽华雪肤花颜，天姿国色。杨广贪恋其美貌，想留她一命，占为己有。高颎严正地说："周武王灭商，戮妲己；今灭陈国，不宜取张丽华。"他果断下令，将张丽华斩首。此举激怒了杨广，埋下了杨广仇恨高颎的种子。隋军班师，隋文帝封赏功臣，高颎升任上柱国大将军，封齐国公。

高颎功高权重，必然招致一些人的嫉妒和仇恨，包括杨广在内，暗放冷箭，攻击和诋毁高颎，诬称他有反心。隋文帝当时还算英明，真诚地告诉高颎说："公灭陈后，人云公反，朕已斩之。你我君臣道合，非小人所能离间也。"尽管如此，仍有人喋喋不休，中伤高颎。隋文帝大怒，把那些中伤者统统贬官。他说："高颎是一面镜子，每被磨莹，皎然益明。"一次，隋文帝让高颎和将军贺若弼讲述攻灭陈朝的详细情况。高颎非常谦虚，只顾推崇贺若弼，说："贺将军先献十策，后于建康城外苦战破贼。臣乃文吏，岂敢与猛将论功？"

其后，北方突厥侵犯隋朝边境。高颎出任元帅，深入大漠，予以回击。又有人放出流言，声称高颎意欲谋反。隋文帝尚在犹疑，高颎得胜还朝，流言不攻自破。开皇后期及仁寿年间，隋文帝变得不那么清醒了，武断多疑，猜忌功臣宿将。他听信谗言，决定废黜太子杨勇，改立杨广。高颎坚决反对这样做，跪地叩头说："长幼有序，万不可轻易废立太子。"杨广矫情饰行，得到母亲独孤皇后的支持。先前，高颎死了夫人。独孤皇后曾跟隋文帝说："高丞相老矣，而丧夫人，陛下何以不为之再娶？"隋文帝把这话转告高颎。

高颎画像

高颎流涕说:"臣已年老,退朝唯斋居读佛经而已。虽陛下垂哀至深,至于纳室,非臣所愿。"不久,高颎爱妾生了个儿子。独孤皇后抓住把柄,恶意挑拨说:"陛下还信任高颎吗?当初,陛下欲为他娶夫人,而他心存爱妾,面欺陛下。现在,他的诡诈终于显露出来了。"隋文帝细想,似乎是这么个理,从此开始疏远高颎。

辽东发生叛乱。隋文帝决定发兵征讨。高颎认为正值秋雨连绵季节,不宜用兵。隋文帝一意孤行,以儿子汉王杨谅为统帅,高颎为元帅长史,率兵出征。结果正如高颎所言,因淋涝疾疫,兵败而还。独孤皇后趁机进谗,说:"高颎开始就不愿出征,陛下强之,妾固知其无功矣。"杨谅推卸兵败的责任,危言耸听地说:"我没被高颎杀害,就算很幸运了。"隋文帝糊里糊涂,欲治高颎之罪。大臣贺若弼、薛胄、柳述等一起进谏,都说高颎无罪。这样一来,隋文帝更加恼怒,认为朝中有高颎私党,断然罢免了高颎的所有官职,只保留齐国公的爵位。"自是朝臣莫敢言",开放的言路断绝。

隋文帝有时还想着高颎的功绩,一次召高颎参加一个宴会,说:"朕不负公,公自负朕也。"高颎欷歔沉默,不知该怎样回答。隋文帝转而对侍臣说:"朕于高颎,胜过父子,虽或不见,常似眼前。作为臣子,不可以身胁君,自云第一。"原来,他是担心高颎权势过大,威胁自己的皇位。不久,有人告发高颎之子高表仁,称他曾对高颎说:"从前司马懿托疾不朝,遂有天下。父亲现在如此,安知非福!"这一告发非同小可,触动了隋文帝的敏感神经。他勃然大怒,说:"高颎与子言,自比司马懿,此何心乎?"他命将高颎逮捕下狱,由内侍省审讯。内侍省请求将高颎处斩。隋文帝权衡利害,未予批准,只将高颎除名,贬为平民。经此事件,高颎认识到了官场的险恶,"欢然无恨色",以当一介平民而为庆幸。

可是,隋炀帝杨广登基后,又起用高颎为太常卿。高颎性情耿直,对于隋炀帝滥用民力、沉湎声色、穷兵黩武的荒淫行径,屡屡提出非议,甚至说"近来朝廷殊无纲纪"。隋炀帝因当初张丽华被斩一事,耿耿于怀,现在有了报复的机会,遂给高颎安了个"讪谤朝廷"的罪名,将其斩首,诸子连坐,流放边地。史载:"高颎立功立事者,不可胜数。当朝执政将二十年,朝野推服,物无异议,时致升平,颎之力也。论者以为真宰相。及诛,天下无不伤惜,至今称冤不已。"

终失晚节的宰相：苏威

苏威，字无畏，京都附近武功（今陕西武功）人。苏威的父亲苏绰，曾任度支尚书。

北周建立后，大冢宰、皇叔宇文护执掌朝政。他非常欣赏有才有德、老成持重的苏威，要把亲生女儿嫁给他。但宇文护独断专权，从不把皇帝放在眼里，与这样的家庭联姻，即使能带来荣华富贵，也不是一向稳重的苏威所愿意接受的。为了逃避婚姻，他躲入山中，栖身古寺，专心读书，倒也显得逍遥自在。但宇文护是得罪不起的，苏威的叔叔派人四处寻找，要他不要因为个人的好恶而损害家族的利益。无奈之下，苏威只好接受这门亲事，成了宇文护的乘龙快婿。他也因攀上这门亲而很快得到了升迁，被封为使持节、车骑大将军、怀道县公，又按三司级别给他配备了仪仗，给了他很高的待遇。周武帝杀宇文护亲政后，赐封他为稍伯下大夫。所有的这些赐封，他都以身体有病为由，全部推辞不受。

苏威有一个堂妹，嫁给了元氏家族的元雄。元雄一家以前曾和突厥发生过冲突，使突厥在侵扰中遭受了不少的损失。突厥派使者到北周，声称只要将元雄一家送到突厥为人质就愿意臣服北周，北周当权者居然同意了这一无理要求。苏威知道后，对别人说："蛮夷之人只是贪图利益，可以用钱财贿赂他们，让他们改变主意。"当即出售了自己的田产房屋，准备倾家荡产赎回元雄一家。此举一时被传为美谈，人人都称赞他的义举。苏威一直以来都是有官不做，有爵不就，而是隐居山林，以吟诗作画、讽议时事为乐事。但他并不是一个甘于默默无为的隐士，而是在等待明主出现，待机而动。

这一天机会终于来了。大丞相杨坚图谋大业，正在四方招揽人才，其心腹干将高颎多次向杨坚推荐苏威，称赞苏威是个贤德之人。杨坚对此人也早有耳闻，于是私下召见苏威。二人一见如故，交谈十分投机，大有相见恨晚之意。苏威觉得终于找到了明主，心情十分舒畅，就在杨坚府内住了下来。一个多月后，杨坚、高颎等人将准备代周立隋的事情告诉他，这使他觉得左右为难。一方面，跟着杨坚，能成就一番大事业，享受荣华富贵不说，还能名垂青史，这是所有人都梦寐以求的。另一方面，他毕竟是宇文家族的女婿，北周皇帝也待他不薄。他又是一个十分注重名节的人，考虑到直接参与这样的行动，恐怕会遭受他人的唾骂，有损自己忠义的名节。于是他只好选择了一个折衷的办法，从杨坚府中不辞而别，悄悄跑回老家躲了起来。

公元581年，杨坚自立为帝，改国号为隋，改元开皇，下令征召苏威为太子少保，并追赠他父亲苏绰为邳国公。接着，又让苏威兼领门下省纳言、民部尚书的职务，官居宰相之位。苏威上任后的第一件大事就是向杨坚奏请减轻百姓的租赋徭役，一切务必从轻，好让久经战乱的老百姓有一段喘息的时间，从而稳定全国局势。杨坚对他的建议悉数采纳，下诏除去一切苛政。一次，苏威看到宫中挂帐幔的钩子居然是用白银做的，立即严肃地向杨坚陈述节俭的必要性，杨坚马上下令将宫中一切奢华的布置装饰，全部撤换或毁掉。

经过几年的努力，隋朝已是天下太平，万物丰盛，呈现一派盛世之象。这期间，苏威先后出任过刑部尚书、民部尚书、吏部尚书等要职。他与尚书左仆射高颎一起革新政治，重订各种典章制度，其中影响最大的事情就是主持修订刑律。鉴于北周"刑政苛酷，群心崩溃"的教训，开皇三年（583年），杨坚令高颎、苏威、牛弘等人重新修定刑律。苏威等人参照魏晋、北齐和南梁各朝的旧律，以宽简为原则，汲取其精华，删除某些严刑酷法，经过一年的时间，制定出了对后世产生很大影响的《刑律》。由于苏威熟悉前代各朝的法律制度，因此，整个《刑律》的体例、章节、条文，几乎都出自他之手。所以说，《刑律》的制定与颁布，苏威的贡献最大。开皇九年（589年），苏威官拜尚书右仆射，正式升任宰相。

隋炀帝杨广即位之初，为装饰门面，颇为重用苏威、高颎、贺若弼等一些老臣，苏威由原来的大将军晋封为上大将军。也许是对新君充满了希望，他又开始敢作敢为了。隋炀帝要征收徭役，修筑长城，他出面劝阻，认为新君即位，应首先稳定局势，不宜加重徭役赋税，以免引起混乱。隋炀帝还真的听了他的劝谏，暂时停止了修筑长城的举动。然而隋炀帝是一个刚愎自用、好大喜功，而又迷恋奢华生活的暴君。随着皇位的巩固，他开始为所欲为，再也听不进任何反对他的意见了。高颎等人因看不惯他的所作所为，时常流露出不满情绪。隋炀帝干脆下旨将他们杀掉，苏威也跟着受到牵连，被罢免了官职，他再一次失望了。

隋炀帝本人喜欢玩乐，无心朝政。尽管不希望有苏威这样德高望重的要臣在自己面前碍手碍脚，可他宠爱的那些阿媚之徒都是些无德无才之人，他

需要有人帮他处理朝政，而这个人又不至于对他形成大碍，于是胆小谨慎的苏威就成了最佳人选。所以，大约一年后，苏威又被隋炀帝征召回朝，主持朝政，官拜太常卿、左光禄大夫、纳言等。苏威看到隋炀帝荒淫无度，滥杀无辜，害怕祸及自身，只得唯唯诺诺，随波逐流，小心从事，再也不敢在君王面前据理力争了。这反倒符合隋炀帝的心意，于是给他加官晋爵，委以重任。他与左翊卫大将军宇文述、黄门侍郎裴矩、御史大夫裴蕴、内史侍郎虞世基四人共掌朝政。当时人们称他们为"五贵"。苏威又跟随隋炀帝几次下辽东远征高丽，虽然没建立什么功业，却在不断升官晋爵，先后做过左卫大将军、右位大将军、光禄大夫。辅助爵位先是宁陵侯，后又进为房公。苏威也知道这样的官做得没有什么滋味，想告老还乡，但是被拒绝了。

　　隋炀帝的暴政导致百姓饥苦不堪，各地义军纷纷揭竿而起，就连统治集团内部也有人想乘机夺取隋朝天下。大业九年（613年），炀帝第二次远征高丽，杨玄感、李密等人乘机在黎阳（今河南浚县）起兵反隋。起义的消息很快传到高丽前线，正在前线的隋炀帝惊恐不安，非常害怕，急忙把苏威召入帐中，问他："杨玄感聪明能干，他会形成气候，给我大隋形成祸患吗？"苏威看到隋炀帝害怕的样子，急忙为隋炀帝宽心："所谓聪明，是指能辨明是非，审视成败。杨玄感目光短浅，才识有限，算不得是聪明人，成不了大气候，不必为此焦虑。"接着，他又乘机委婉地劝谏隋炀帝："如果不及时改弦更张，采取有效措施，将来肯定要出大乱。"意指隋炀帝横征暴敛，才导致百姓生乱，劝其悬崖勒马，革新朝政。可隋炀帝根本不理睬他的话，急忙回师平叛，苏威也跟着到了涿郡（今北京西南一带）。战乱后安抚百姓的工作，在当时的隋朝，大概也只有苏威才有能力完成。于是，隋炀帝命他前往关中镇抚，并让他的孙子苏怀给他当副手。恰巧，苏夔此前已到关中出任简黜大使，这样，祖孙三人共同坐镇关中，在朝臣中传为美谈。当时已经天下大乱，隋朝江山岌岌可危。苏威心里很担忧，他虽知道隋炀帝已经不可救药，也不敢犯颜谏上，就抱着做一天和尚撞一天钟的态度混天度日。而隋炀帝身旁的几位宠臣如裴蕴、宇文述等人早就对苏威看不顺眼了，就乘机要一个叫张行本的人参了苏威一本。说他当年在高阳（今河北高阳）为朝廷挑选人才时，私受贿赂，滥授官位，出使突厥时又畏怯害怕，有损国威。于是苏威再一次被削职为民。不久，苏威又跟随隋炀帝巡游江都（江苏扬州），隋炀帝还想重新起用苏威，但身边的几位宠臣如裴蕴之流却极力反对，说他年老昏花，已经没有什么用了，隋炀帝也就作罢了。

武德元年（618年），宇文化及在江都发动兵变，绞死了隋炀帝。苏威此时正在江都，宇文化及命他做光禄大夫。宇文化及被瓦岗军打败后，苏威又依附李密。李密被王世充击破后，他又到东都洛阳再次做了上柱国、邳公。王世充称帝后，他又充当了太师。当唐军攻下洛阳时，他又请求李世民召见。

李世民不齿他的为人，对他非常反感，就派人给他回话说："阁下身为隋朝的宰相，朝政危难却不能尽力拯救，造成天下大乱，生灵涂炭，君王被杀，国家灭亡。而你居然又丧失气节，先后拜倒在李密、王世充的脚下。你现在既然年老多病，也就不必经受劳累让我召见了。"李世民回到长安后，苏威又跟着追到了长安，在门外请求接见，也被李世民无情地拒绝。他只得回到家中，过起了平淡的生活，没活几年，就在寂寞中默默地死去，享年82岁。

不易驾驭的枭雄：杨素

杨素（？—606年），弘农华阴（今陕西华阴）人，出身于魏晋南北朝时期的著名士族家庭，其祖、父都是朝廷重臣。

杨素历经魏、周、隋三朝，处于南北分裂、大动荡到大统一的年代。他的政治生涯可分为前后两个阶段。他在前半生曾帮助周武帝伐齐统一北方，入隋后协助杨坚平定陈，而后又多次击败入侵的突厥，捍卫了隋朝的北部边疆。在消除南北分裂、统一中国的战争中，他充分发挥了军事才能，建立了不朽的丰功伟业。他的后半生，也就是从52岁起登上相位，特别是高颎被罢相，由他一人独揽相权的最后8年里，他嗜杀成性，嫉贤妒能，尤其是后来，他擅权误国，废太子杨勇而立杨广，并帮助杨广篡夺帝位，使自己堕落成奸雄。

杨素颇具军事才能。作为名将，他善于用兵，以严刑酷法治军而著名。每次作战，他必令一二百人冲锋，取胜则封赏士卒，失败则一律处死。因此，将士在战场上都能以死相拼，令敌方胆战心寒。加之赏罚分明，士卒都愿意为他用命。周武帝亲征北齐，杨素为先锋。杨素不负众望，一路过关斩将，攻克河阴、晋州，并协同周军其他各部攻占了齐都邺，消灭了北齐政权，由此深得皇帝的赏识。后周右大丞相杨坚与杨素同族，为拉拢杨素，拜杨素为大将军，将他倚为亲信。

第五章　隋唐时期的名相

以后，尉迟迥曾起兵反对杨坚，杨素率军打败了尉迟迥的部队，为杨坚称帝扫除了障碍。建立隋朝后，杨坚为统一中国，派杨素、韩擒虎、贺若弼三位名将统率主力军直指南方陈朝的都城建康。杨素率水军所向披靡，历经40余战，一举亡陈。隋文帝杨坚为表彰杨素的功绩，任命他为尚书右仆射，与尚书左仆射高颎共掌朝政，时年52岁。

仁寿宫

杨素虽以军功而官至宰相，但政治才能上却远不及高颎。为维护自身利益，杨素施展权术，屡屡讨好隋文帝，甚至受命为隋文帝监造仁寿宫，从而获得了"忠孝"的美誉，使隋文帝对他深信不疑。

隋文帝晚年时，发生了争夺太子之位的事件。太子杨勇有治国之才，但喜好声色犬马，且不善掩饰，多次受到文帝的批评。文帝次子杨广，觊觎太子之位已久，为取得文帝的信任，就刻意矫饰自己的行为，还贿赂宫中官吏，上下皆称杨广"仁孝"。于是文帝欲废太子杨勇而立杨广为太子。此事遭到宰相高颎的反对，高颎因此而被罢官。杨素本对废太子之事沉默不语，欲坐收渔翁之利，及至独掌相权，便成为废立太子的关键人物。他与杨广的生母独孤皇后勾结，罗织杨勇的罪名，使文帝偏听偏信，将太子杨勇废为庶人。文帝废勇立广，最终导致隋朝在他死后不久便分崩离析。而这个恶果与杨素的助纣为虐有直接关系。

杨素在独掌相权的8年里权势膨胀，其族人虽无军功政绩，却官至柱国、刺史。他利用废立太子问题，大肆排斥政治异己。朝野上下阿谀奉承之徒得到重用。仗义执言或有违杨素之意者，却遭诛杀、流放。隋文帝的第四子蜀王杨秀对废太子之事不满，杨素便在文帝面前诋毁杨秀，杨广也乘机与杨素合谋，作伪证陷害杨秀企图谋反，文帝遂将杨秀废为庶人，囚禁在内侍省。

史万岁、贺若弼、韩擒虎都是开国名将，杨素害怕他们威胁自己的地位，视他们为眼中钉，多次在文帝面前进行离间活动，诬他们为"秀党"，以致史万岁被杀，贺若弼被囚。杨广执政后，将贺若弼与高颎一同杀害。尚书右丞

李纲刚直不阿，不愿与杨素同流合污，杨素对他怀恨在心。当交州（今我国广西及越南境内）统帅李佛子叛乱时，杨素就推荐瓜州（今甘肃安西）刺史刘方为交州道行军总管，又向文帝建议，让李纲为行军司马。接着，杨素又授意刘方任意凌辱李纲，几乎置李纲于死地。杨素以莫须有的罪名残酷迫害那些威胁自己相位的大臣，其阴险残忍令人发指。

杨素还利用自己的权势，肆无忌惮地兼并土地，霸占了无数田产、房屋。此外，他还巧立各种名目，横征暴敛，积聚钱财，使他成为隋朝最大的官僚地主。杨素的家中，有数千家僮供其役使，家藏娇妻、美妾、侍婢、艺伎数以千计。他的宅第，足可与皇宫媲美。

杨素帮助杨广篡夺帝位后，杨广为报答他，任他为尚书令、太子太师，次年又进位司徒，成为隋朝独一无二的宰相。但隋炀帝杨广在自己地位稳固后，也开始对杨素日益膨胀的权势感到恐惧。隋炀帝的疑虑溢于言表，使精于权谋的杨素预感到灭顶之灾即将来临，因此忧郁成疾，不久，抑郁而终。

唐朝宰相魏徵曾评价杨素前期"足为一时之杰"，后期"以阴谋智诈自立"。特别是在他登上相位后，不行仁义，做尽坏事，招致万人唾骂。杨素集人杰、奸雄于一身，从功臣宿将走向乱国的奸臣，充分表现出这一历史人物的特殊性。

知识链接

杨素的帝王之相

有一次隋炀帝邀请杨素一起钓鱼，并打赌二人同钓，先得者为胜，迟得者罚一杯酒。

过不多时，隋炀帝接连钓了两条鱼，并向杨素炫耀。杨素向来争强好胜，此时面上微有怒色，便说道："燕雀安知鸿鹄之志，待老臣施展钓鳌之手，钓一个金色鲤鱼，为陛下称万年之觞何如？"隋炀帝见杨素说此大话，全无君臣之礼，心中不悦，借口上厕所，起身回了后宫，满脸怒气。

隋炀帝的皇后萧氏问他为何怒愤还宫，隋炀帝道："杨素这老贼，骄傲无礼，在朕面前，十分放肆。朕欲叫几个宫人杀了他，方泄我胸中之恨。"萧皇后忙阻道："杨素乃先朝老臣，且有功于陛下，今日无故杀了，其他人必然不服。况他又是个猛将，几个宫人如何杀他，而且他兵权在手，一旦刺杀不成将有后患。"隋炀帝觉得有道理，便回到了杨素身边。

隋炀帝见杨素坐在垂柳之下，风神俊秀，相貌魁梧，几缕如银白须，趁着微风，两边飘起，恍然有帝王气象。隋炀帝看了有些妒忌，恰巧杨素这时钓上了一条一尺三寸的金色鲤鱼，向隋炀帝炫耀道："有志者事竟成，陛下以为老臣何如？"隋炀帝只好勉强作笑，实际上心中已经开始忌惮这个昔日功臣了。

第二节　唐朝时期的名相

房谋杜断：房玄龄、杜如晦

隋大业十四年（618年），隋炀帝在江都被禁军首领宇文化及等杀害，已经攻取关中的李渊（唐高祖）废黜所拥立的隋恭帝杨侑，自己称帝，改国号为唐，改大兴城为长安作为国都，建立了唐朝。

李渊在位9年，次子李世民发动"玄武门之变"，射杀兄弟李建成和李元

吉，成为太子。两个月后，李渊禅位于太子，李世民即位，是为唐太宗。李世民文韬武略，励精图治，开创了"贞观之治"的崭新局面。他的成功，固然是他的英明睿智所致，同时也得力于房玄龄和杜如晦两位宰相的辅佐。这两人合称"房杜"，前者善谋，后者善断，为唐太宗夺得政权和"贞观之治"局面的形成，做出了重大贡献。

唐太宗的昭陵

房玄龄（579—648年），字乔，齐州临淄（今山东淄博）人。父亲房彦谦，隋朝时任司隶刺史，善良清廉，曾告诫儿子说："人皆以禄富，我独以官贫，所遗子孙在于清白耳。"房玄龄受到父亲的影响，自小警敏，饱读诗书，精通书法。18岁时举进士，步入官场，任羽骑郎，供职秘书省，被人视为"国器"。继任县尉，卷进汉王杨谅叛乱事件，被革职，徙居上郡（今陕西榆林南）。隋末，农民大起义风起云涌，中原大乱。房玄龄"慨然有忧天下志"。李渊父子起兵反隋，李世民西渡黄河，进兵关中。房玄龄毅然投奔李世民，二人一见如故。李世民以房玄龄为渭北道行军记室参军。李渊建唐，封李世民为秦王。房玄龄出任秦王府记室，封临淄侯，成为秦王的得力参谋。

杜如晦（585—630年），字克明，京兆杜陵（今陕西西安东南）人。"少英爽，喜书，以风流自命，内负大节，临机辄断"，被人视为"栋梁"。隋末补滏阳县尉，弃官自去。李渊建唐，他也投奔李世民，任秦王府兵曹参军。从这时起，房玄龄和杜如晦一起共事，彼此倾慕对方的才干，十分亲近和友爱。

李世民东征西战，担负起平定割据势力、统一全国的重任。每次征战，房、杜必然随行，参与帷幄机密。李世民攻占一地，许多将士争着抢掠金银珠宝。房玄龄不然，专为秦王物色和招揽人才，厚相交结，鼓励他们替秦王效力。这使李世民非常感动，他说："东汉光武帝得邓禹，门人益亲。今我有玄龄，犹邓禹也。"房玄龄掌管秦王印信和文书，井然有序，有时还代表秦王向李渊汇报前方战事。李渊称赞说："这人机敏，足以委任。每为吾儿奏事，千里外犹对面语。"

李世民四处征战，需要大量官员到地方上任职。杜如晦也被派到陕州（今河南陕县）任总管府长史。房玄龄及时提醒李世民说："去者虽多，不足吝，而杜如晦，王佐才也。大王若只想当个藩王，也就罢了。若想经营四方，舍杜如晦无其功者。"李世民顿有所悟，说："非公言，我几失之。"他立刻把杜如晦调了回来，封建平县令，任中郎。武德四年（621年），李世民创设文学馆，以秦王府幕僚为核心，任命文武贤才十八人为学士，号称"十八学士"。房、杜二人列学士前两位，充当秦王智囊团的头脑人物。

统一全国的战争基本结束，皇室内部为争夺皇位继承权的斗争日益尖锐。太子李建成和齐王李元吉勾结，贿赂李渊的嫔妃，多次向李世民发难，必欲将之置于死地。李渊糊涂昏庸，也对李世民产生了疑心。房玄龄和杜如晦清醒地看到这一情况，劝李世民及早采取行动。房玄龄特别说："国难世有，惟圣人克之。大王功盖天下，非特人谋，神且助之。"可是，李世民顾念兄弟情分，犹豫不决。李建成、李元吉忌恨房、杜，反复进谗，通过李渊下令，命房、杜居于府第，不准替秦王出谋划策。武德九年（626年）六月，李建成、李元吉又设下阴谋，准备在一次宴会上杀害李世民。李世民得到密报，这才下定决心，以牙还牙。他派人召房、杜到秦王府议事。房玄龄故意激将，说："皇上有旨，不再让我等替大王办事。这时如私谒大王，恐怕就是死罪。"李世民大怒，说："玄龄、如晦岂叛我邪？"他取下佩刀交给尉迟敬德，说："公往观之，若无来心，可断其首以来！"尉迟敬德奉命前往，说明秦王的决心。房、杜求之不得，立刻穿了道士服，悄悄进入秦王府，密商大计。

接下来便是"玄武门之变"，李世民射杀李建成和李元吉，全歼"太子党"。李世民成为太子，房玄龄任右庶子，杜如晦任左庶子。两个月后，李世民成为皇帝，就是唐太宗。房玄龄任中书令，封邢国公；杜如晦任兵部尚书，封蔡国公。淮安王李神通认为房、杜"专弄刀笔"，不应得到高官厚爵。唐太宗说："玄龄、如晦运筹帷幄，坐安社稷，其功可比萧何。朕论功行赏，不当以私废公。"

唐朝历史揭开新的一页。不久，房玄龄任尚书左仆射，杜如晦任尚书右仆射，并为宰相，共管朝政。唐太宗给宰相规定的主要任务是"广耳目，访贤才"，不必拘泥于狱讼等具体事务。一次，唐太宗问房玄龄和魏徵说："创业、守文孰难？"房玄龄说："方时草昧，群雄竞逐，攻破乃降，战胜乃克，创业则难。"魏徵说："王者之兴，必乘衰乱，覆昏暴，殆天授人与者。既得天下，则安于骄逸。人欲静，徭役毒之；世方弊，赋税穷之。国由此衰，则守文为难。"唐太宗笑了笑，说："玄龄从我定天下，冒百死，遇一生，见创业之难；魏徵与我安天下，畏富贵则骄，骄则怠，怠则亡，见守文之难。然创业之不易，既往矣；守文之难，方与公等慎之。"

房玄龄为相，史籍是这样记载的："玄龄当国，夙夜勤强，任公竭节，不欲一物失所。无媢忌，闻人善，若己有之。明达吏治，而缘饰以文雅，议法处令，务为宽平。不以己长望人，取人不求备，虽卑贱者得尽所能。或以事被让（责怪），必稽颡请罪，畏惕，视若无所容。"他忠贞、勤恳、公正、谦逊的品格，受到唐太宗的高度赞赏，改封梁国公，加太子少师、太子太傅衔，进位司空，女儿为王妃，儿子尚公主，"权宠隆极"。唐太宗每次出巡，必留房玄龄镇守京师，说："公当萧何之任，朕无西顾忧矣。"房玄龄一方面总理朝政；另一方面深感责任重大，数次请求辞去一些显要官职。唐太宗不许，说："谦让，诚美德也。然国家相眷赖久，一日去良弼，如失左右手。顾公筋力未衰，不必推让。"

杜如晦和房玄龄一样，既为宰相，兼管吏部，选贤才用能人，无不尽职；制定各项典章制度，规范适用。房、杜二人配合相当默契，每当议决大事时，房玄龄必说："非如晦莫筹之。"杜如晦到来，肯定会用房玄龄之策。因此，史籍记载说："如晦长于断，而玄龄善谋，两人深相知，故能同心济谋，以佐佑帝。当世语良相，必曰房、杜。"这段话，给后世留下个"房谋杜断"的典故。

房、杜位高权重，必然会引起一些人的忌恨，如监察御史陈师合就曾含沙射影，攻击两位宰相。唐太宗很生气，说："玄龄、如晦不以勋旧进，特其才可与治天下者。陈师合欲以此离间吾君臣邪？"他立刻命将陈师合贬职，处以流放。还有一人诬告房玄龄意欲谋反，唐太宗大怒，断然将那人斩首。

杜如晦短命，46岁就病死。唐太宗非常悲痛，追赠开府仪同三司、司空，谥曰"成"。夏天，唐太宗吃瓜，命分其半，祭奠亡人。一次，唐太宗赐给房玄龄一条金带，潸然流泪，说："如晦与公共同辅朕，今独见公耳！"他另外取了一条金带，命房玄龄送至杜如晦家中，以寄托自己的哀思。房玄龄逐渐年老体衰，而且多病。唐太宗允许他乘坐肩舆入殿，卧榻理事。

晚年的唐太宗变得不那么英明了，建造宫室，迷恋声色，爱听恭维话，忽视民生疾苦，特别是执意征伐高丽，造成社会动荡。房玄龄看在眼里，急在心里，说："今天下事无不得，惟征高丽不止，皇上含怒意决，群臣莫敢谏。我若不言，抱愧没地矣！"他在病中毅然上书，陈述自己的意见，书中说："高丽违失臣节，诛之可也；侵扰百姓，灭之可也；能为后世患，衷之可也。今无是三者，而坐弊中国，为旧王雪耻，非所存小，所损大乎？臣愿陛下下沛然之诏，许高丽自新，焚凌波之船，罢应募之众，即臣死骨不朽。"唐太宗读了奏书，感动地说："玄龄病已危慑，还在忧吾国事啊！"

房玄龄为相期间，还兼着监修国史的任务。他是一位杰出的史学家，主持修撰了《晋书》130卷，成于贞观二十年（646年）。房玄龄不仅善于理政，而且善于治家，常恐儿子们骄佚放纵，仗势凌人，亲自集古今家训，书为屏风，分送诸子，叮咛说："留意于此，足以保身矣！"

贞观二十二年（648年），71岁高龄的房玄龄病情转重。唐太宗亲往探视，含泪握手诀别。房玄龄死后，追赠太尉、并州都督，谥曰"文昭"，陪葬昭陵（今陕西礼泉东北）。

直言敢谏的忠臣：魏徵

魏徵出身于隋朝末年的一个官宦家庭。父亲魏长贤为政清廉，秉性刚直，而且博学多才，治学严谨，魏徵自幼耳濡目染，受到了良好熏陶和感染。由于父亲英年早逝，家道随之衰落，但是魏徵并没有因此而意志消沉，沦落颓废，反而更加胸怀大志，勤学苦读。生逢乱世，魏徵深感入世无望，无法施展自己的才华，便出家当了道士。

当时，在河南一带翟让、李密领导的瓦岗军攻占了洛阳东北的最大粮仓洛仓。起义军开仓放粮，济贫救苦，深得百姓拥护。队伍迅速扩大，声威日盛。隋大业十二年（616年），隋武阳郡丞元宝藏起兵响应李密，元宝藏知魏徵有学识，便动员他加入起义军，让魏徵做了郡府的书记官，掌管军中

魏徵塑像

的文书。

后来，元宝藏意欲投奔瓦岗寨首领李密，多次写信表明意愿。李密阅信深感措辞贴切、文采飞扬，常常赞叹不已。后来知道这些书信均出自魏徵手笔，李密便请魏徵到元帅府任文学参军，掌管记室。魏徵向李密条陈十项，但李密在惊奇魏徵才华横溢、深谋远略之余，却未采纳他的建议。隋大业十三年（617年），李密刺杀了瓦岗军首领翟让，瓦岗军的领导力量被大大削弱。尽管如此，瓦岗军仍是一支很强的反隋力量，曾先后打败隋将王世充和宇文化及。

瓦岗军屡败隋军，声势日盛，李密便渐渐滋长了骄傲的情绪。当然他也很快为此付出了惨痛的代价。就在李密谋杀翟让不久，王世充又集中20万大军向瓦岗军扑来。魏徵非常关心这次战斗的胜败。他找到李密的一个手下郑长史说："魏公（李密）虽骤胜，而骁将锐卒多死，战士心怠，此二者难以应敌，且世充乏食，志在死战，难与争锋，未若深沟高垒以拒之，不过旬月，世充粮尽，必自退。追而击之，无不胜矣。"魏徵的意见无疑是正确的，但目光短浅的郑长史却斥之为"老生之常谈"。魏徵非常生气，拂袖而去。结果，李密大败，瓦岗军全军崩溃，李密只得投降唐朝。魏徵也随李密来到京城长安。

李密归唐后不久又举兵谋反，最终兵败被杀。魏徵是李密的同党，自然也就不会受到李渊的重用。魏徵苦于自己通晓天文地理、熟谙运筹帷幄，却落得个英雄无用武之地，于是便主动请缨，招抚太行山以东地区的李密余党。魏徵先来到黎阳（今河南浚县东北），给据守在那里的徐世勣写了一封语重心长的信，动之以情，晓之以理，规劝其认清形势、归附唐朝，才能成就一番事业。在魏徵的极力说服下，徐世勣不久便归降了唐朝。后来，魏徵又直奔魏州，说服老朋友元宝藏也归附了唐朝。

武德二年（619年）十月，窦建德领导的农民军起兵南下，直攻黎阳。此时，魏徵刚好从魏州返回黎阳。黎阳失守，魏徵被俘。窦建德对魏徵的才学早有耳闻，便任魏徵为起居舍人。

武德四年（621年），李世民亲率大军东征洛阳。此时，占据洛阳的隋将王世充联络窦建德严防死守，双方对峙数日。最终被李世民击败，魏徵才得以回归长安。

然而，重回长安的魏徵仍然不被朝廷重用。就在魏徵心灰意冷之时，极

具慧眼的太子李建成发现了他，并对他的学识颇为赏识，便招为太子洗马。为报太子的知遇之恩，魏徵尽心辅佐、积极谋划。

在李建成和李世民争夺皇位的斗争中，魏徵竭力为李建成出谋划策。魏徵看到李世民在创建唐王朝的过程中战功卓著，深得人心，就对李建成说："秦王功盖天下，中外归心，殿下却长处深居东宫，并没有威镇海内的丰功伟绩。您虽已被立为太子，但获得皇位的根基并不牢固。"这时，逃往突厥的窦建德残部刘黑闼经过几个月的休整，率部收复河北失地，恢复了许多州县。魏徵认为这对太子来说是个壮大势力、提高威望的绝好时机，于是便向李建成进言说："今刘黑闼散亡之余，众不满万，资粮匮乏，以大军临之，势如拉朽，殿下宜自击之以取功名，因结纳山东豪杰，庶可自安。"李建成同意魏徵的建议并向李渊请命。李渊诏李建成率军征讨刘黑闼，魏徵随军出征。唐军兵至昌乐，刘黑闼引兵拒之，两军严阵以待。魏徵向李建成建议：采用镇压和安抚相结合的政策，遣返俘虏，使刘黑闼的同党相信朝廷的赦免政策，以瓦解其军心。果然不出所料，敌军纷纷放下武器，很快便不战自败，河北大批失地又尽归唐朝。

统一天下后，李建成和李世民的矛盾激化，魏徵屡屡劝说李建成早下决心，除掉李世民以绝后患。但是李建成优柔寡断，顾虑重重，并没有接受魏徵的建议。李世民先发制人，在玄武门设下伏兵，一举诛杀了李建成和李元吉，取得了"玄武门之变"的胜利。李渊被迫接受了现实，改立李世民为太子，并将军国大政完全交由李世民处理。

玄武门事变后，李世民对东宫官属不计前嫌。一天，他把魏徵召来责问道："你为什么要离间我们兄弟？"魏徵从容答道："太子若听我的话，决不会有今日之祸。"李世民早就知道魏徵的才能，又见他临危不惧，更加器重他，任命魏徵为詹事主簿，掌握东宫的庶务和文书。武德九年（626年）八月，李世民当了皇帝，是为太宗。唐太宗知人善任，提升魏徵为谏议大夫。

贞观元年（627年），有人告发魏徵利用职权徇私舞弊。太宗请御史大夫温彦博查办，结果查无实据。温彦博奉诏责怪魏徵，说他不注意检点行为、远避嫌疑，以致惹来诽谤。魏徵去见太宗说，臣不敢奉诏。他还说，君臣一条心，才叫作一体，哪有抛却大公无私，而专在检点行为上下功夫的？如果上下都走这条路，国家兴亡就难以预料了。他对唐太宗说："希望您让微臣成良臣，而不让我成为忠臣。"太宗问："忠臣和良臣的区别又在哪里呢？"魏徵说："良臣身有美名，如稷、契，君主也获得好的声誉。而忠臣则不同，如商纣王时的比干，面折廷争，身诛国亡。"太宗听了非常高兴，接着问魏徵："作为国君如何做才算得上英明，怎样做又算得昏聩？"魏徵回答说："兼听则明，偏听则暗。"唐太宗听后非常高兴，拍手叫好。

玄武门

贞观三年（629年）二月，魏徵以秘书监参预朝政，当了宰相。

一代名君唐太宗，广采众意，虚怀纳谏，但是，没过多久，唐太宗便尝到魏徵耿直性格的苦头。唐太宗刚刚即位，北方游牧部落的突厥人便向唐境进犯，抵达渭水之北。唐太宗虽然将敌兵智退，但是心中仍是愤愤不平。他总想扩大兵源，以示强盛。对此宰相封德彝出面奏道："凡年满16岁以上而未满18岁的男子当中，体型壮大者均可典为府兵。"这一意见最终得到了唐太宗的采纳，但是敕令下达之后却遭到魏徵的极力反对。经过几次反复，唐太宗大动肝火，他责问魏徵道："朕下达此诏令，是朕亲自得知有人为逃避兵役而将其实际年龄隐瞒。你为何三番五次拦阻于朕？"在盛气凌人的唐太宗面前，魏徵并无惧色，他从容地说道："古人曾经说过，竭泽而渔，明年就会无鱼可捕；放火烧林猎取野兽，虽然可以大量捕捉，但明年就会无兽可捕。这个道理陛下应该明白。战争逼近，兵不在多，在于御之有道。陛下取其壮健，指挥有术，足以无敌于天下，何必将未成年之人拿来凑数呢？"魏徵见唐太宗怒色渐消，又进一步劝唐太宗："陛下常说：'君主以诚信御天下。'欲使臣民皆无欺诈，陛下必先取信于民。如今即位时间不久，陛下就已经几次失信于民了。"唐太宗听了魏徵的诉说后大吃一惊，他连忙说道："朕哪些地方失信了，请你详细说与朕听。"魏徵便一一列举，一番话有理有据，说得唐太宗心服口服，从此改变了对魏徵的看法。

贞观八年（634年），朝臣中进谏的人日益增多，但有许多人进谏要么不切实际，要么纯属无稽之谈，往往使得太宗龙颜大怒。中丞皇甫德参进谏说，社会上妇女梳高发型，是让皇宫里的宫女带坏了。唐太宗听人说宫女的坏话，自然很生气，骂道："难道让宫人都剃掉头发，你们才会满意吗？"他要以诽

谤罪处罚皇甫德参。但魏徵坚决反对这样做，他说："自古劝谏的奏章，往往用词偏激，不然，又怎么引起君主的重视呢？陛下您要始终清楚这一点，让大家放心大胆地去说，讲得有道理，自然于国于民都有好处，讲得不对，也不会有什么妨碍。若动不动就治罪，以后谁还敢开口呢？"魏徵有力且有理的慷慨陈词，使唐太宗打消了处罚皇甫德参的念头。

有时候，魏徵在劝谏唐太宗时言辞激烈，很不给唐太宗面子，只是由于太宗和魏徵的情谊一直很深，所以不好发作，这令太宗有时竟然惧怕他，所以对他说："你以后不妨这样，如果你认为我有什么不对的，当着大家的面只管顺着朕的意思说，等没有人时悄悄告诉朕，朕一定照你说的办！"魏徵却不同意，说："舜帝曾告诫群臣，不能当面顺从，背后反对。陛下虽没有这样告诫魏徵，臣却天生是这样的人。"魏徵讲得很有道理，唐太宗不好随便反对。

此外，魏徵常常提醒唐太宗勿搅民扰民。一次，唐太宗要巡游南山，一切都准备好了，但好久不见出发的动静。魏徵为此询问唐太宗，唐太宗告诉魏徵，原先是有这种打算的，因为怕你怪罪，故中止了。贞观初期唐太宗虚心纳谏，躬行节俭，以省民力。公元632年，唐朝经济好转，国泰民安。文武官员再次请唐太宗封禅，也就是到泰山祭天，表示对天的敬畏。魏徵却竭力反对，他说："兴师动众，远行千里，必然会劳民伤财。"经魏徵这么一讲，唐太宗的封禅之举也就停止了。

贞观六年（634年），在众臣的请求下，唐太宗又准备前往泰山封禅，再次遭到了魏徵的极力反对。太宗百思不得其解，便询问缘由。魏徵回答说："眼下国家刚刚安定，百业待兴，国库尚为空虚。在这种情况下封禅，兴师动众，必然劳民伤财，与'抚民以静'的国策相悖。"唐太宗听了这番道理，取消了封禅计划。

唐太宗庆幸有魏徵这样的刚直不阿的大臣。他把魏徵比喻为良匠，而他自己是一块混在石头中的美玉，必须经过良匠的打磨。魏徵也果然如此，雕琢出了唐太宗这样的美玉。他先后进谏数十万言，提出诸如"载舟覆舟""十思"等杰出的论断，这些都可以为历代帝王提供参考和借鉴。

贞观十六年（642年），魏徵病逝。唐太宗悲痛万分，亲自登门哭祭，辍朝五天，并用最高规格的礼仪送葬，让文武百官送出郊外。事后，唐太宗还亲自为魏徵写了碑文。对于魏徵的去世，唐太宗曾感叹地说："以铜为镜，可以正衣冠；以史为镜，可以知得失。如今魏徵去世，使我失去了一面镜子啊。"

两朝辅政,结局悲惨:长孙无忌

长孙无忌,字辅机,河南洛阳人,鲜卑贵族后裔。其先祖为北魏献文帝之兄,姓拓拔氏。在魏室功勋卓著,世袭"大人"之号。后人更姓跋氏,因为宗室之长,又更姓长孙氏。其七世祖长孙道生,官至北魏司空、封上党靖王,以后又数代封王。其祖父长孙兕为北周开府仪同三司、封平原公。其父长孙晟为隋代著名的将领和外交家。

长孙无忌虽为贵族武将之后,家门显耀,但他却酷好读书,精博文史,又聪颖敏慧,很有谋略,人称有大器。

隋大业五年(609年),官至右骁卫将军的长孙晟去世。长孙无忌与母亲高氏和幼妹相依为命,饱受异母兄长孙安业等人的欺凌。后来实在无法在长安永兴坊的府邸住下去了,母子三人便走依临洮(今属甘肃)刺史、高氏之父高劢。不久,高劢亦病故,长孙无忌兄妹便靠舅舅高士廉抚养。大业九年

长孙无忌墓

(613年），由高士廉做主，将长孙无忌的妹妹嫁给了卫尉少卿李渊的次子李世民。长孙无忌与李世民年龄相仿，他们在一起学文习武，成了一对好朋友。

大业十三年（617年），时任太原留守的李渊在太原起兵南下，直逼长安。李世民率领先锋部队渡过黄河后，长孙无忌便投奔了他，被李世民用为渭北道行军点签，负责文书和传达军令。这年十一月，李渊父子进占长安。次年，李渊称帝，建国号为唐，李世民被封为秦王，长孙无忌的妹妹成为王妃，长孙无忌则成为秦王府的得力干将，随从李世民东征西讨，立下赫赫战功，官至比部郎中，封上党县公。

李世民即位后，王妃长孙氏被立为皇后。长孙无忌以力安社稷有功，先授左武侯大将军，再转吏部尚书，进封齐国公，食邑1300户。唐太宗以其功勋、外戚、故旧三者的关系，对长孙无忌极为亲宠，礼遇远殊于其他大臣，常让他出入自己的寝殿，商议机密。长孙无忌不善统兵打仗，却善谋断大事，对唐太宗忠心赤胆，在唐太宗即位初期稳定政局中发挥了重要作用。贞观元年（627年），长孙无忌被提升为尚书右仆射，成为宰相。

长孙无忌在贞观群英中，是最不善谏诤的一位，在君臣治道议论中极少建言。他崇拜唐太宗，表现得忠心顺从。但他在大是大非面前却头脑清醒，以持重见长，并固执己见，态度坚决。贞观十一年（637年），李世民颁诏，赐14名佐命元勋世袭州刺史，让他们子孙后代拱卫唐室。长孙无忌坚决不干，他认为，世袭刺史会给国家的长治久安带来不利。从维护唐室将来的稳固统治计，长孙无忌与房玄龄等人上书，力陈世袭刺史的弊端：其一，一家一姓占据一州，时间一长，难免曲树私党，破坏地方吏治；其二，佐命元勋已蒙重赏，不可再裂土以赐；其三，若孩童袭职，不谙世务吏职，必然造成政无约束，为害地方，一旦触犯刑律，便自取灭亡；其四，此制一开，后世仿效，遗患无穷。唐太宗在他的一再坚持下，终于收回成命。

正因为长孙无忌有这些优点，在关键时刻，他总是被推入决策群的中心，受到唐太宗的倚重。在唐太宗晚年，皇嗣问题又一次成为唐室的重大难题。唐太宗的皇后长孙氏生有三子：长子承乾，已被立为太子；次子魏王李泰；幼子晋王李治。太子承乾有腿疾，少年时代也受太宗的喜爱，但随着年龄的增长，他的性情愈来愈怪诞，幸男宠，好游畋，为非作歹，没有作为一个储君的体统。而魏王泰素有父风，行为检点，礼重贤士，还效古贤王邀集文士著书立说，有觊觎太子位的野心。唐太宗厌恶承乾而喜欢李泰，常有废长立幼之心。李泰善察言观色，见承乾为父所憎，便玩弄阴谋，着意表现自己，以求恩宠。李承乾见大势已去，便联络对李世民有不满情绪的汉王李元昌和悍将侯君集等人，图谋举兵反叛，夺取帝位。不料事泄，贞观十七年，李承乾被废为庶人。

太子既废，李世民便欲立李泰为太子。大臣岑文本、刘洎也表赞阿。但长孙无忌、褚遂良等却主张立李世民幼子晋王李治。李治性情温和懦弱，太宗不喜，但又不想驳回元老派长孙无忌的面子，犹豫不决。

李泰得知舅父反对，便大肆活动，向唐太宗恳求，甚至恫吓年方15岁的晋王李治。他玩弄阴谋的事暴露后，李世民大为伤感和恼火。李世民靠杀兄屠弟取得皇位，但不希望自己的儿子们也步其后尘，这使他心中逐步认可了长孙无忌的意见，想通过立怯懦的晋王治来保全其他的儿子。

晋王治被立为皇嗣后，李世民希望以对他一直忠心耿耿的长孙无忌辅佐李治，以保证他百年之后李治能坐稳皇位。长孙无忌因此被任命为太子太师。

但是，李世民对李治并不真心喜欢，觉得他太仁弱，只是看在长孙无忌等人的面子上，才立了他。后来，李世民越瞧李治越不顺眼，想改立吴王李恪。李恪是隋炀帝之女杨氏所生，英武类太宗，很受太宗喜爱。但其母只是皇妃，李恪系庶子，按嫡长子继承制，他又不可能僭越李治而为皇太子。李世民在征询长孙无忌意见时，长孙无忌坚决反对。李世民火了，说："你是不是觉得他不是你外甥，将来不会保全舅家？"长孙无忌劝谏道："晋王宽厚仁爱，是守天下的贤明君主。举棋不定是要失败的，何况是立储这样的大事呢？"李世民这才打消了另立李恪的念头。

贞观二十二年（648年），唐太宗感到自己身体不佳，开始为李治继位作准备。他不惜杀掉他感到不放心的大臣和武将，以消除他死后可能出现的隐患，而把政事更多地委予长孙无忌，命他检校中书令，知尚书、门下省事，实际上是总领三省政务。他认为长孙无忌老成持重，对他忠心不贰，又是李治的拥立者，定能帮助他顺利交接皇权，辅佐李治走上统治天下的正轨。

李世民死后，李治即皇帝位，是为高宗。顾命大臣长孙无忌进位太尉，兼检校中书令，知尚书、门下事。长孙无忌力辞知尚书，乃以太尉同中书门下三品，仍总朝政。李治治政经验很少，又无决断能力，政事全凭长孙无忌、褚遂良等人办理。李治初即位的几年，在长孙无忌、褚遂良的辅佐下，唐室天下倒也波澜不惊。

随后，长孙无忌卷入了一场始料不及的宫廷争斗——皇后的废立之争。

高宗的皇后王氏，也是关陇贵族之后，她是关陇贵族继续尊荣不衰的象征，也是唐太宗临终嘱长孙无忌保全的"佳妇"。但永徽四年（653年），唐高宗开始宠爱武则天。武则天是文水（今属山西）人，唐开国功臣武士彟之女。贞观十一年被李世民召入宫中为才人，赐号"媚娘"。她26岁那年，李世民病死，按惯例她削发入感业寺为尼。李世民死后两周年忌日，唐高宗入感业寺进香，遇见武则天，由于他早已钟情此女，便重新召她入宫，不久即封昭仪。武昭仪富于心计权谋，她觊觎王皇后那顶凤冠，便不择手段地诬陷、谗毁王皇后。高宗被她迷惑，又加上王皇后没有生育，便决定废黜王皇后，另立武则天。

围绕皇后的废立，朝廷中展开了激烈的斗争。以长孙无忌、褚遂良为首的实权派认为武则天出身低微，又曾侍奉过先皇，并在后宫兴风作浪，没有统率六宫的风范，因而极力反对立武则天为后；而以中书舍人李义府、卫尉卿许敬宗等受排挤的庶族官员则企图借机邀宠，以打击实权派，跻身于权力中心，所以他们积极拥戴武则天。

长孙无忌德高望重，兼具国舅和顾命大臣身份，没有他的支持，废立皇后之举难免有些棘手。李治与武昭仪便思拉拢软化长孙无忌。他们夫妇亲临太尉府第，赏赐给长孙无忌金、银、珠宝各一车，绫锦十车，并当面授其三个儿子以朝散大夫的官衔。嗣后，武则天的生母杨氏也去长孙无忌家求情。然而，长孙无忌礼物照收，就是不肯表态。他把唐太宗临终嘱托保全佳儿佳妇的遗言奉为神明，认为，以他的身份和地位，加上其他宰相的支持，仁弱的李治必定会知难而退，废后风波自然会平息下来。

但他低估了李治。这时的李治有城府很深的武昭仪在背后打气献谋，又有许敬宗等臣僚的鼓噪支持，加上另一元老大臣李绩表示"此乃皇上家事，不必预闻于外臣"，他便强硬起来。

永徽六年（655年），唐高宗正式颁诏，册立武则天为后，并将褚遂良贬为潭州都督，以李义府为宰相。不久，支持武则天的大臣许敬宗也被提升为宰相。长孙无忌和其他老臣被排挤到了一边。

武则天入主后宫以后，开始疯狂报复反对她做皇后的大臣，长孙无忌如果此时急流勇退，远避嫌疑，或许还可以逃过这场报复。但此时的长孙无忌被第一元老重臣的地位蒙住了双眼，已失去了他在太宗时期的明智，竟毫不退让，仍自信地昂立于朝中。武则天认为，有长孙无忌在，关陇贵族集团的权势就无法动摇，被贬被流放的那些人又会毫发无损地卷土重来。因此，她把长孙无忌视为眼中钉，必欲除之而后快。

不过，要扳倒长孙无忌不是件容易的事，他身为国舅、顾命大臣、三朝元老，在唐室权力核心历40余年，如果没有个十恶不赦的罪名是整不倒他的。武则天与她的亲信许敬宗等经过密谋，在显庆四年（659年），他们终于鼓足勇气开始行动了。

许敬宗遣人上疏，密奏监察御史李巢与长孙无忌勾结，图谋不轨。接着，许敬宗通过刑讯逼供，捏造出长孙无忌、褚遂良以及关陇贵族出身的大臣柳奭、韩瑗等串通谋反。李治先是怀疑，后来竟也相信了。他下令革去长孙无忌的官位，流放黔州（州治彭水，今属四川）。不久，武则天又派人去黔州，逼迫长孙无忌自缢，其他追随者被杀戮殆尽。他的子孙、亲戚也多受牵连，惨罹祸殃。

明察秋毫的判官宰相：狄仁杰

狄仁杰（607—700年），并州太原（今山西太原）人。少年时，家中仆人被害，县吏前来查办，众人争相辩白，唯独狄仁杰专心读书。官吏问他为何无动于衷，狄仁杰回答说，我正在与书中的圣贤交流，哪有时间与你们说话。

狄仁杰苦学成才，入仕后，曾任汴州判佐、并州都督府法曹，转大理丞（审判官）。在大理丞任，需要处理的各类积压案件很多，时人称赞他断案公正宽大。

有一次，左威卫大将军权善才、右监门中郎将范怀义违法砍伐昭陵柏树，论罪应当免官，高宗却下诏将他们处死。狄仁杰上奏称他们不够死罪。高宗发怒说："他们这样做会使我成为不孝之子，必须杀了他们才能告慰先祖。"狄仁杰反驳说："汉朝曾有人偷了高祖庙的玉环，汉文帝要诛杀其全族人，张释之谏净，后来文帝只处死了盗贼。今天陛下发布的法令张挂在宫门两侧，清楚地写着犯罪处罚有等别，如果以误砍一棵柏树，就诛杀两名将领，后世之人将会如何议论陛下呢？"高宗平息了怒气，免了他们的死罪。几天后拜狄仁杰为侍御史，负责监察、弹劾中央各部司官员的过失。

第五章　隋唐时期的名相

狄仁杰曾以司农卿韦宏机为皇帝修建豪华宫殿，引诱皇帝追求奢侈生活而弹劾之；又弹劾左司郎中王本立滥用权力，请求皇帝治其罪。高宗下诏赦免他们，而狄仁杰说："如果赦免他们，宽恕有罪之人，就违背了祖宗制定的法律，我愿以被流放的惩罚，作为对群臣的警戒。"于是，高宗不得不治了他们的罪，朝廷上下肃然。

唐高宗去世后，武则天把她的儿子李显赶下帝位，将他安置在房州，另一个儿子李旦虽然做了皇帝，却徒有虚名。武则天以太后身份独揽大权，任命狄仁杰为宁州刺史。他因治理有功，回朝任冬官侍郎，后奉旨出巡江南各地。当时江南的吴、楚一带盛行祭祀之风，狄仁杰下令禁止，总共拆毁祠堂庙宇一千七百处，只保留了夏禹、吴太伯、季札、伍员四祠。而后，狄仁杰又出任豫州刺史。原豫州刺史李贞为唐太宗之子，被封越王，因反对武则天临朝称制而起兵。武则天派宰相张光辅领兵30万镇压，平定了叛乱。狄仁杰与张光辅同时进入豫州。张光辅要将被迫参与叛乱的六七百人处死，还要治他们家属的罪。此事遭到狄仁杰的反对，他上奏劝说武则天施仁政，武则天遂将拟处死之人流放丰州（今内蒙古河套西北部）。

宰相张光辅及其手下将士以讨平越王之功，敲诈勒索地方，狄仁杰拒绝供给。张光辅发怒说："刺史难道轻视本帅？"狄仁杰针锋相对地回答："作乱河南的只有一个越王，你率领30万大军平叛，听任将士横行不法，无辜百姓遭此涂炭，这无疑等于消灭了一个越王，又涌现出一百个越王。您为何放纵部下以杀戮降者邀功，使冤声惊天动地？如果我能得到尚方宝剑，杀了你，我虽死而无憾！"张光辅奏狄仁杰对宰相无礼，但武则天对狄仁杰颇有好感，贬其为复州刺史，意在敷衍张光辅而已。武则天即位两年，命狄仁杰为地官侍郎同凤阁鸾台平章事（宰相），后为来俊臣陷害下狱，继而又被贬为彭泽县令。北方契丹族犯边，狄仁杰为魏州刺史，转任幽州都督。武则天曾赐他紫袍，亲自绣上十二个金字，表彰其忠心。神功元年（697年）恢复相职。

女皇武则天

狄仁杰一生中最重要的活动是恢复唐皇室，复立李姓皇帝。武则天的两个儿子李显和李旦被囚禁。为将李显推上皇位，狄仁杰利用了武则天宠养的两个男色张易之与张昌宗兄弟。张氏兄弟备受武则天宠爱，富贵无比，又担心将来会有灾难，遂向狄仁杰请教安身之策。狄仁杰说，只有劝说武则天将李显迎回洛阳，立为太子。一旦武则天去世，李显即位，二张便是有功之臣，自会消灾，二张从之。狄仁杰也利用与武则天接触的机会，劝说武则天。一次，武则天说她梦见一只美丽的大鹦鹉折断了两个翅膀，要近臣们释梦。狄仁杰说："我以为梦中的鹦鹉就是陛下，因为陛下姓武；两翅就是陛下的两个儿子，翅膀折断，是指他们被囚禁。没有翅膀的鹦鹉不能飞翔，陛下起用二子，鹦鹉就能飞了。"

经过不断的努力，武则天终于同意迎回太子李显。为了巩固李显的地位，狄仁杰把张柬之、桓彦范、敬晖、姚远之等人推荐给武则天，让他们能够掌握实权。张柬之初为洛阳司马，后调升为秋官侍郎，狄仁杰去世四年后被拜为宰相，后来发动政变，将李显推上皇位。

狄仁杰与武则天关系甚密，年长的武则天称狄仁杰为"国老"，而不直呼其名。每次朝见，武则天叫他不必下拜，还说看见你下拜，连我的腰也感到疼痛。一次，狄仁杰陪武则天游玩，狄仁杰的马受惊狂奔，武则天急命太子前去解救，直至狄仁杰安全下马。狄仁杰所受到的武则天的尊重和礼遇，无人可以相比。公元700年，狄仁杰去世后，武则天流着泪说："朝堂空矣！"随后追赠狄仁杰文昌右相。

开元盛世的奠基人：姚崇

姚崇（650—721年），武则天、中宗、玄宗时宰相，本名元宗，陕州硖石（今河南三门峡）人，其父姚懿在贞观年间曾任州都督。

姚崇自幼便勤奋好学，敏而好问。成年之后为人正直爽快，崇尚节操。后以科举入仕，始授濮州司仓参军，后又任司刑丞。他因执法公正，作风端正特别受上司器重，所以连续晋升。

到武则天时，姚崇已官至夏官（兵部）郎中。此时，东北有契丹族不断侵扰边境，武则天一再派大兵抵御，因此兵部的事务特别繁忙，姚崇的才干在此时得到了充分的发挥。那些纷繁复杂的事务，到了他的手里都处理得干

第五章 隋唐时期的名相

净利索,井然有序。兵部是中央机关,皇帝自然对里面的事情知道得一清二楚。爱才的武则天对姚崇的才干很是赏识,立即就提拔他为兵部侍郎。

过了一年,姚崇升任宰相。并在出任宰相的时候兼任兵部尚书,对兵部的职掌非常熟悉,举凡边防哨卡,军营分布,士兵情况,兵器储备,他都烂熟于心。玄宗初年,作为宰相,他带头裁减冗员,整顿制度,任用官吏,注重才能,使得以皇帝为首的大唐封建国家职责分明,指挥灵敏。他与卢怀慎同做宰相时,请假十多天,政事积压很多,姚崇假满上班,很快裁决了积压下来的政事。然而,正因为姚崇为人正直,不畏权势,得罪了骄横跋扈、横行

姚崇像

不法的武则天的宠臣张易之,被调出京城,任灵武道大总管。临行前,武则天要他推荐一位宰相,他推荐了张柬之。此前狄仁杰曾两次向武则天推荐张柬之,张柬之每被推荐一次,就升一次官,但一直未登上宰相的宝座。这一次姚崇再次推荐,张柬之很快就走上了宰相的职位,而此时张柬之已是80岁高龄。

李显复位后,以姚崇、张柬之为宰相,因姚崇有功,加封他为梁县侯,食邑二百户。后武则天迁居洛阳上阳宫,已即位的中宗李显带领文武百官至上阳宫问候起居。王公群臣相互庆贺,唯独姚崇呜咽流泪。张柬之对姚崇说:"今日岂公流泣之时,恐公祸由此始。"姚崇说:"我侍奉则天皇帝的时间已经很久了,现在要与她辞别,不禁悲从中来。日前助你诛杀奸邪小人,此乃人臣之义也;今日别旧君,亦人臣之义也,虽获罪,实所甘心。"中宗李显听到姚崇的这些话,心中非常不悦,故没过几日便将姚崇调离京城,出任亳州刺史。

姚崇罢相后,先后在亳州、宋州、常州等地当刺史,远离了京城,远离了是非之地。这时朝廷已为武三思和韦后所掌握,武三思渴望他们武氏重掌政权,韦后希望能够效仿武则天也当女皇帝,而中宗只是傀儡。太子李重俊

对武、韦早已积恨在心，于景龙元年（707年）七月，矫诏发羽林军，杀死武三思及党羽十余人，昏庸的中宗在韦后和女儿安乐公主的包围、逼迫下，发兵杀了太子李重俊。韦后和安乐公主野心越来越大，两人合谋毒死了中宗。朝中大权完全掌握在她们手中。可是，好梦不长，李隆基策动禁军又一次发动政变，杀死韦后、安乐公主及其党羽。相王李旦在儿子李隆基和妹妹太平公主的支持下，恢复帝位，立三子李隆基为太子。景云元年（710年）六月，拜姚崇为兵部尚书、同中书门下三品，姚崇第二次当了宰相。

睿宗李旦登基之后，却依然没有完全摆脱受制于人的情况，这次干预朝政的却是武则天的亲生女儿、睿宗的妹妹太平公主。她也想走其母武则天的道路。为了预防太平公主发动政变，威胁到太子的地位，姚崇和宋璟联名上奏，建议将太平公主安置在东都洛阳，其余掌握兵权的诸王派往各州当刺史。谁知单纯而昏庸的睿宗竟将姚、宋的想法毫不隐瞒地告诉了太平公主，太平公主大怒，李隆基也慌了手脚。为稳住太平公主以防突发事件，李隆基指控姚崇等挑拨皇上兄妹关系，应加严惩。于是，姚崇被贬为申州刺史，后又任扬州刺史、淮南按察史。在地方官任上，姚崇为官清廉公正，颇受百姓爱戴。

这一切都被英明神武的唐玄宗看在眼里。因此，唐玄宗李隆基即位后，决定再次起用姚崇为相。先天二年（713年），玄宗在新来驿讲武期间，秘密召见了姚崇，并听取了他对目前时事朝政的看法及建议。姚崇针对武则天以来的弊政和历史教训，提出十条挽救政治衰败的革新主张。玄宗听后，精神为之大振。他对姚崇的这些主张一一采纳，并且当时就拜其为兵部尚书、同中书门下三品。

姚崇第三次出任宰相，得到了玄宗的充分信任。借此机会，他实施了一系列改革。

姚崇从整顿吏治入手。自武后统治以来，皇亲国戚多居省以上要职，各个封王又多掌握朝中禁军，手握兵权。为了争权夺利，他们勾结朝官，迭相为乱，一时间，政治被他们整得混乱不堪，政局动荡不安。短短的八九年间，接连发生了五次政变。为了防止这种情况的发生，姚崇协助玄宗，于开元二年（714年）将诸王改任外州刺史，并规定诸王"不任以职事"，"到官但领大纲，自余州务，皆委上佐主之"。这样，诸王便等于只享有尊荣，即地位与利益，但没有了兵权，从而亦失去了犯上作乱、胡乱征伐的基础。

姚崇还规谏唐玄宗，"戚属不任台省"。所以，开元初没有大封戚属。王皇后之父王仁皎，仅历任将作大监、太仆卿等职，史称"仁皎不预朝政"。姚崇还设法抑制功臣的权势，把一些官高势盛、居功自傲的功臣贬到地方做州刺史。这些措施如同釜底抽薪一样，消除了中央政局动乱的隐患，结束了多年来动荡不安的局面，使得社会经济发展，百姓安居乐业，因此，姚崇被人们称为"救时之相"。

在任用人才方面，姚崇要求德才并重。他推荐的广州都督宋璟，刚正不阿，为官清廉，是唐代的四大贤相之一。姚崇大力整顿吏治，严格诠选制度，罢免了以前的"斜封官"。

任人唯贤、量才录用，是姚崇吏治的主要做法。开元二年，申王李成义未经有关部门，私自奏请玄宗，把府中的阎楚珪由录事提拔为参军，这次授官属于私自请托，并没有经过吏部的审核。因此，虽然玄宗已表示同意，但姚崇上疏反对。他说："臣窃以量才授官，当归有司，若缘亲故之恩，得以官爵为惠，踵习近事，实紊纪纲。"由于姚崇据理力争，玄宗才收回敕命。

开元四年（716年），姚崇辞去宰相职务，被授于开府仪同之司，但有关军国大事，玄宗还是常常听取他的看法及意见。开元五年（717年）春，玄宗即将巡幸东都洛阳，太庙突然倒塌。玄宗询问身边大臣，大臣回答说："陛下服丧未满三年，巡幸东都不合天意。"因为睿宗是开元四年病死的。玄宗召姚崇询问此事，姚崇回答说："太庙大殿乃前秦符坚所建，年久失修，木质腐朽，皆是自然之事，倒塌即是情理之中，陛下不必为之烦心。但倒塌之日与行期相合，只是巧遇。"姚崇劝玄宗，巡幸东都已准备就绪，不可误期，太庙修复重建就可，玄宗听从了姚崇的意见。开元九年（721年）九月，姚崇病逝，终年72岁。

一代名相，大公无私：宋璟

宋璟（663—737年），睿宗、玄宗朝宰相，是与房玄龄、杜如晦、姚崇齐名的唐代四大名相之一，邢州南和（今属河北）人。

宋璟自幼勤勉好学，爱好广泛，所以小小年纪便已博览群书，善于文辞。20岁左右因科举入仕，授上党尉，后又升任监察御史、凤阁合人，为官正直，颇受武则天的赏识。不久，宋璟调任御史中丞。这时武则天年事已高，张易之、张昌宗兄弟更加飞扬跋扈，但宋璟对其却更加蔑视、不屑。张氏兄弟几次三番欲讨好宋璟，无奈却被宋璟严词驳回，使得二人对宋璟怀恨在心。此后又多次中伤于他，但因武则天深知其情，宋璟才得以免祸。

中宗李显复位后，宋璟任吏部尚书兼谏议大夫、内供奉，不久又改任黄门侍郎。然而中宗昏聩无能，朝政大权完全掌握在皇后韦氏和武三思手中。

神龙二年，京兆人韦月将因实在看不惯武三思与韦后私通，祸乱朝纲，便上书中宗，告发武三思"潜通宫掖，必为逆乱"。武三思闻知后，暗使手下人诬陷韦月将大逆不道。此时的中宗早已不辨是非，武三思说什么便是什么，因而特令处斩韦月将。宋璟请求查证之后再加定罪，中宗不听，宋璟抗言说："请陛下先将臣斩首，不然不能奉诏。"中宗无奈，才免韦月将死刑，发配岭南，后来又将他处死。不久，宋璟被排挤出了朝廷。武三思还利用手中的权力，将宋璟调到杭州、扬州做刺史，后又迁任洛州刺史。

当时，韦后、武三思相互勾结，权倾朝野。为实现自己的政治目的，扫除政治道路的障碍，韦、武二人企图废掉太子李重俊，但后来武三思却被太子李重俊杀死。景龙四年（710年），韦后毒死中宗，企图效法武则天做女皇。中宗之弟李旦的儿子李隆基联合武则天的小女儿太平公主发动政变，杀死韦后和安乐公主，睿宗李旦复位。

睿宗复位后，宋璟为检校吏部尚书、同中书门下三品，成为宰相。他和姚崇同朝为臣，二人同心协力，为改变从中宗以来所积留的弊政而努力。

中宗时期，外戚和诸公主干预朝政，吏治腐败，贪污成风。当时有一种授官形式称"斜封官"，即只要出钱三十万，不论何人都可以为官，并且不经中书、门下批准，直接由皇帝降墨敕授予。这无异于助长恶风恶习，由于这些斜封官大都是富豪商贾，有的斗大的字都不识，只知对百姓肆意搜刮、施虐，一时间，民怨四起。姚崇和宋璟上书睿宗，请求罢免斜封官，进忠良，退不肖，共罢免斜封官数千人，纲纪为之一振。同时，宋璟还从整顿制度着手，恢复三铨制度，在候选的上万人中，铨选了两千人。其选拔、考核官员，不畏地位高低，不论交情亲疏，唯贤是举，赏罚公平，时人以为有贞观遗风。

后来，因为太平公主欲夺权谋反，宋璟被罢相贬为楚州刺史，后调动极其频繁，最后转任广州都督、五府经略使。宋璟依旧严格执法，公正无私，使治下的吏民无不信服。然而对当地的百姓却是充满人情味的：他将违法乱纪的豪强和官吏绳之以法，就是为了让百姓能安居乐业；制定一系列切实得体的利民措施，将砖瓦结构的建筑引进广州，教百姓烧砖瓦、盖房子，使得

原来由竹和茅屋引发的火灾大幅度减少。民众为感激他的恩德，还特地为其立了"遗爱碑"。

延和二年（712年），睿宗传位给太子李隆基，是为玄宗。唐玄宗决心革除弊政，使国家快速地复兴起来。开元之初，唐玄宗任用姚崇为宰相，整顿吏治，开创了开元之治的繁荣局面。姚崇辞去宰相后，唐玄宗又采纳姚崇的建议，任命宋璟做宰相。

宋璟为宰相期间，不仅能够选贤任能，更能量才用人、人尽其才。他注意到括州员外司马李邕、仪州司马郑勉有才略，有文采，但思想和性格上有不少毛病，宋璟感到"若全引进，则咎悔必至；若长弃捐，则才用可惜"。于是，根据各人的特点，分别拜任渝州刺史和硖州刺史。大理卿元行冲在人们的心目中才行兼备，但上任之后，却发现并不称职，于是调其为左散骑常侍。

宋璟选拔官吏，大公无私，对人对己无一例外，即使是自己的亲属也不例外。他有个堂叔叫宋元超，在吏部选拔官吏时，特别说明自己是宰相宋璟的叔父，实际上是想借宋璟的名声得到一官半职。宋璟知道后，特别给吏部交待，说宋元超既表明了他和自己的关系，就更不能予以任用。宋璟的用人，不论皇亲国戚，一视同仁。岐山县令王仁琛，是玄宗称帝前的藩邸故吏。唐玄宗特降墨敕令授五品官，宋璟上书以为不可，请求由吏部考核，按制度办事。玄宗只得听从宋璟的意见，收回成命。

宋璟为人耿直，做宰相时，因为敢于犯颜直谏，唐玄宗很敬畏他，对于他的意见，亦是常常听从。开元五年（717年），宋璟随同玄宗巡幸东都，路过崤谷（今河南陕县），山高路窄，难以行走。玄宗十分恼怒，要罢免河南尹李朝隐和负责旅途事务的知顿使王怡。宋璟进谏说："陛下方事巡幸，今以此罪二臣，臣恐将来民受其弊。"玄宗听后自觉理亏，遂免去了二人之罪。

也许是由于社会经济的发展及政治的宽松，人民的生活也比较富足，所以社会风气趋向奢华，讲求厚葬。王皇后的父亲去世，请求建造高五丈二尺的坟墓，玄宗答应了。宋璟和同朝宰相苏颋上书玄宗，指出厚葬和薄葬是俭与奢的大事。玄宗完全接受了宋璟的劝谏，还特意赏给宋璟、苏颋彩绢400匹。

开元八年（720年）正月，由于民间私造的恶钱质量低劣，它的流行导致贫者日贫富者日富。宋璟和苏颋奏请皇帝下令禁止恶钱的铸造。这一举措伤害了铸钱富豪的利益，引起了他们的不满。于是，唐玄宗只得将宋、苏二人罢相以缓和矛盾。宋璟任开府仪同三司，不再握有实权。

宋璟罢相后，仍然刚正不阿，不畏豪强，敢于犯谏，忠直不改。开元十二年（724年），玄宗东巡泰山，宋璟留守京师。玄宗出发时对宋璟说："卿是国家元老，为朕之股肱耳目，现在将分别一段时日，有什么话要嘱咐朕的吗？"宋璟一一直言相告。玄宗并将宋璟"所进之言，书之座右，出入观省，以诫终身"。

开元二十年（732年），宋璟因年老体弱，请求辞职。开元二十五年（737年），宋璟去世，享年75岁，赠太尉，谥"文贞"。

第六章

宋元时期的名相

　　深陷积贫积弱、冗官冗兵冗费泥潭的两宋王朝,长期被北方的辽、金、元压制着,不得不实行岁币政策来变相维持边境的和平。但是两宋的宰相有寇准、范仲淹、文天祥这样的"鹰派"代表,是他们支撑着几度要坍塌的宋朝大厦。无奈蔡京、秦桧、贾似道这样的人为宋帝宠幸,位备宰执,致使发生靖康之变、连累北伐无成,南宋也终为蒙元吞灭。而成吉思汗任用耶律楚材这样的"异族"为相,却为其入主中原奠定了基础。

第一节
北宋的宰相

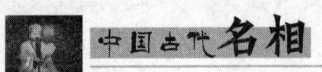

半部《论语》治天下：赵普

赵普生于梁末帝龙德二年，当时国家动乱，群雄蜂起，各自割据为政。当时，石敬瑭为讨得契丹的欢心，将幽云十六州献于了"父皇"契丹国主耶律德光。赵普的父亲赵迥不愿意生活在异族统治之下，就率领家族迁往河北常山（今河北正定），这一年赵普15岁。

在常山，赵普一家居住了6年多的时间。正是在这里，沉默寡言的赵普娶了镇阳豪族魏氏的女儿，组建了自己的家庭。常山后来被赵普的后代看作"祖乡"，并立庙于此。6年后，驻常山的节度使安重荣起兵反晋，战乱再起，21岁的赵普和妻子只好跟随父亲又举家迁到河南洛阳。

五代是一个重武轻文的时代，文人最多也只是投奔武人的帐下做一名幕僚，赵普走的也是这条路。大约从移居洛阳开始，赵普开始了他的从军入幕生涯，从此"托迹诸侯十五年"，这段时间中，赵普曾一度客居长安。唐代帝陵在五代战乱时期被军阀挖掘了，赵普在长安访求到唐太宗的遗骨，重新安葬到昭陵下。

后周显德元年（954年）七月，周世宗柴荣手下的亲信将领刘词被任命为永兴军节度使，驻守长安，赵普也是在这个时候被任为从事，进入刘词的幕府。

次年（955年）十二月，刘词去世，遗表将赵普、王仁赡推荐给周世宗。结果到了洛阳之后，王仁赡投奔了年轻的禁军将领赵匡胤，而赵普未有归处，就暂时失业了。

第六章 宋元时期的名相

显德三年（956年）春，周世宗亲征南唐。滁州地势险要，为历代兵家必争之地。周世宗特命禁军统帅殿前都虞侯赵匡胤率部强攻，占领滁州。宰相范质根据刘词的推荐，任命赵普为新得滁州的军事判官，在这里他初次见到了赵匡胤。赵匡胤的父亲赵弘殷在滁州病重，赵普朝夕侍奉，非常尽心，赵弘殷非常感谢。当时捕获了盗匪百余人，在斩首盗匪时，赵普怀疑其中有无辜之人，经细心考察确如其所料，遂救了不少无辜性命。因此，赵普的才智受到了赵匡胤的赏识。

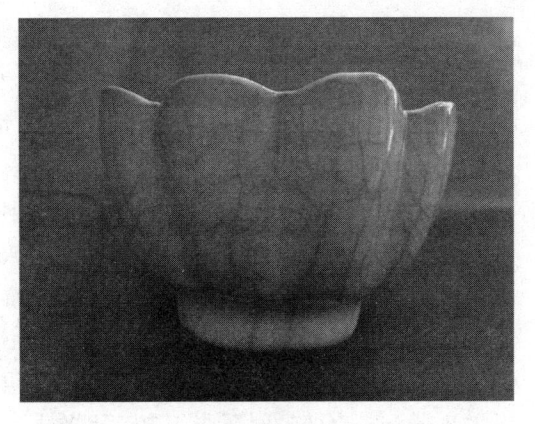

北宋荷花杯

赵匡胤因为滁州的战功擢升为匡国军节度使，后又被任命为殿前都点检，成为后周最年轻有为的将领。这个职务是总领禁军和统率出征诸军的最高指挥官，是军队的最高权力机构。由此可见，周世宗柴荣对赵匡胤的信任。后来赵匡胤领同州节度使，赵普被任为推官，开始进入了赵匡胤的幕府。显德六年（959年）七月，赵匡胤移镇宋州，赵普做了掌书记。掌书记通常是武将幕府中最重要的幕僚，此前后梁的敬翔、后晋的桑维翰都是从掌书记做到了宰相。做了掌书记，赵普实际上等于已经成了赵匡胤幕府中的核心人物。

显德六年（959年）六月，周世宗柴荣去世，年仅7岁的儿子柴宗训即位，但主弱君轻之势已成事实，这种情势无疑给握有禁军大权的赵匡胤提供了很好的机会。显德七年（960年）正月初一，朝廷得到契丹勾结北汉大举进犯中原的消息。当朝宰相范质、王溥未察虚实，便决定派已升任殿前都点检的赵匡胤率军出征。

正月初三，赵匡胤整军出发，当晚宿营在开封东北的陈桥驿。安营之后，军中将士开始议论纷纷，军心思变。第二天黎明，拥立之声震荡原野，赵匡胤在酒醉酣睡中猛醒。赵普和赵匡胤的弟弟赵匡义已带领武装将领破门而入，对赵匡胤说"诸将无主，愿立点检为天子"，并不由分说便把象征皇位的黄袍披在赵匡胤身上，大家跪在地上叩拜，高呼万岁。这就是历史上著名的"陈桥兵变、黄袍加身"的故事。军队返回京城后，后周在朝百官见大势已去，无可奈何之下只能承认了现实，以宰相王溥、范质为首的百官跪拜臣服。

就这样，赵匡胤成为宋朝的开国皇帝，而直接参与策划、指挥这一兵变的赵普也理所应当地成了开国元勋。赵匡胤取代后周后，国号为宋，即宋太祖，改元隆勋。赵普因拥立有功，迁升为右谏议大夫、枢密直学士。

太祖在平定南汉之后，一日来赵普家闲坐，却正赶上吴赵王钱俶送书信给赵普，同时送来的还有十几瓶海产，就放在廊屋之下。忽然听说皇上驾到，赵普仓促出迎，还来不及将海产收藏起来。太祖进来看见，问是何物？赵普不敢欺君，只有据实奏对。太祖很高兴地说："海产一定不错，不妨一尝！"赵普战战兢兢地打开，这下可吓了一跳，里面哪里是什么海产，分明是黄灿灿的瓜子金。赵普顿时紧张得气都不敢出一口，他解释说："臣还没有打开书信，实不知情。"

太祖由此事又联想起李煜送银之事，心中很不高兴。他明白自己当上皇帝赵普功不可没，但是对玩弄自己的臣子，他特别的讨厌，尤其要防着那些打算暗中夺权的人。一方面他感激赵普，另一方面深忌赵普。任何一个皇帝，都不希望自己的臣子比自己还聪明，他只需要他们的绝对效忠。宋太祖多次微服出行，巡访臣子之家的目的，并不仅仅是一种亲密的表示，事实上是为了监视臣下。对赵普也不例外。结果赵丞相这次碰上这么一个说不清的事情，算是触了霉运。

太祖听了他的解释，没有多说什么，只是随便感叹道："你不妨就收了它。看他的来意，大概以为国家大事，全都由你们书生做主了，所以格外厚赠呢。"说完便走了。赵普匆匆送出，懊悔了好几天。后来看到太祖仍像以前那样对待他，才放下心来。

所谓"福无双至，祸不单行"，真是一波未平一波又起。赵普准备修建住宅，派亲吏到秦陇一带采购大号木料。亲吏将这些木料联成大型排筏，放流至汴京。为了牟取暴利，亲吏趁此机会便多购了一些，以图在城中销售。了解情况的百姓，凑在一起议论纷纷。有司得知此事，一查方知秦陇一带的大号木料，已有诏书明令禁止私人贩运。赵普以权谋私，已是违旨，贩卖牟利，更是不法，当即将详情奏知太祖。

有了上次的瓜子金事件，太祖已对赵普有所防范，如今又见他违旨贩木，明明是玩弄自己，不把自己放在眼里，不禁怒从中来，但仍然忍着没发作，口中只说道："他还贪得无厌么？"接着就命翰林学士拟定草诏，打算即日罢

免赵普。多亏了前丞相王溥竭力规劝,才留诏未发。谁知道时隔不久,太祖又发现赵普的儿子丞宗娶枢密使李崇矩的女儿为妻,违背了朝廷为防止臣子权势过大而威胁皇帝,不准宰辅大臣间通婚的禁令。同时,翰林学士卢多逊及雷有邻又揭发赵普受贿,包庇抗拒皇命不去赴任的外籍官员,这更是欺君罔上。接着,嫉贤妒能的卢多逊在太祖召问时,又谈及赵普学问不足、排挤窦仪之事。

多方的指责与控告,以及自身的诸多过错加杂在一起,使得太祖完全失去了对赵普的信任,但是他冷静一想,赵普毕竟不同于别人,他不仅推举自己登上了皇帝宝座,更帮助自己逐步巩固帝位,可谓功不可没,朝中无人能及,因此便没有下诏罢免,而是故意疏远他,使他自省,以免伤了和气。然而事情发展到这步田地,赵普只得请求罢免自己。开宝六年(973年)八月,太祖下了诏书,调赵普外出为河阳三城节度使,卢多逊被擢升为参知政事。

开宝九年(976年),宋太祖去世后,他的弟弟赵光义即位,是为宋太宗,改元太平兴国。

太平兴国二年(977年),宋太宗诏令赵普入朝,改任太子少保,迁太子太保,留在京都供职。在留京师的开始几年,由于宰相卢多逊的诋毁,宋太宗对赵普仍怀有猜疑之心,使得赵普一直没能入相。后来赵普冲破卢多逊的障碍,积极支持宋太宗对秦王廷美(太宗弟)的斗争,才使得宋太宗赵光义对赵普有所信任。太平兴国六年(981年)九月,赵普被任命为司徒、兼侍中,后又出任宰相。然而这次没过多长时间,太平兴国八年(983年)十月,赵普又被免去宰相职务,出任武胜节度使。以后开封尹陈王元僖上书太宗,推荐赵普再次入相。端拱元年(988年)二月,赵普再任兼侍中,淳化元年(990年)正月,赵普自己主动要求免去宰相职务,以太保兼中书令充西京留守、任河南令尹,以后封为梁国公,又改为许国公。

淳化二年(991年),赵普已年届花甲,身体也一日不如一日,于是让留守通判刘昌言奉表到京,请求辞去官职。太宗闻讯,立即派中使前来抚问,授赵普太师之衔,封魏国公,并给以宰相的俸禄,同时嘱咐赵普好好养病,等病好之后还要委以重任。

赵普一听,皇上如此厚爱,顿时感动不已,辞官的事情也不再提,又投身到繁重的公务里去。但是,死亡并没有放过这位年迈体弱的老臣。淳化三年（992年）七月，赵普因病去世，享年71岁。宋仁宗闻此噩耗，下令辍朝五日，追赠其为尚书令，追封真定王，谥忠献。

胆识超群：寇准

寇准（961—1023年），字平仲，华州下邽（今陕西渭南东北）人。他的父亲寇相学问很好，文章写得也不错，在五代后晋时中了进士，应召担任魏王府的记室参军，可不久就因病辞世了。这时候寇准出生才几个月，抚养孩子的重任就落在他母亲的肩上。寇准小时候家境非常清苦，父亲虽做过几年小官，但根本没有留下什么贵重的家产。据说，有一次母亲想给小寇准做一套衣服，却连买一匹绢的钱都凑不齐。

寇准的母亲是一位了不起的女性，她本是一个能诗会画的大家闺秀，丈夫的早逝让她备尝生活的艰辛，可是她对小寇准的教育从来没有放松过。在母亲的教诲下，寇准在少年时代就显露出很高的悟性和非凡的才华。十几岁时，他就能把《左传》《公羊传》《穀梁传》这三部深奥难懂的史书背得滚瓜烂熟，并且能细致透彻地分析每部书的异同，令一些饱学的儒士惊叹不已。

母亲见儿子敏而好学，非常高兴。为了激励儿子有更远大的志向，她精心绘制了一幅《寒窗课子图》，送给寇准。在寇准将要进京赶考时，她又作诗相送。

"勤俭家风慈母训，他年富贵莫忘贫。"对于母亲十几年来的辛勤教诲，寇准时刻铭记在心中，并以此作为自己努力进取的动力。公元989年，寇准赴京考试，一举中了进士，这一年他才19岁。寇准少年得志，不但在当时，而且在我国整个的封建社会里，也不多见。中进士的第二年，寇准被派到归州巴东（今四川奉节东）做知县。

后来，寇准又在其他地方做了几任地方官，所到之处都留下了很好的口碑。由于政绩显著，不几年，寇准就被提拔到中央任职。他先后担任过三司度支推官、盐铁判官、同知枢密院事、参知政事等重要官职。同知枢密院事是一个相当于副宰相的军职，担任此职时，寇准年仅31岁。

寇准廉洁正直、不畏权势，很得皇帝的信任，同时也引起一帮人的嫉妒。同知枢密院事张逊多次在朝中与寇准争论政事，二人关系非常紧张，张逊一直想寻个时机惩治一下寇准，以泄私愤。一次，寇准出行时，一个疯子迎着

第六章 宋元时期的名相

他的坐骑直呼万岁，张逊听说后，立刻以谋反罪弹劾寇准。寇准气愤至极，在朝中极力为自己辩护，二人唇枪舌剑，后来居然互相指责对方的缺点，进行人身攻击。太宗大怒，怒斥了心胸狭小的张逊，寇准也被罢为青州知州。

太宗非常熟悉寇准的性格，寇准的仗义执言是其他一些巧言令色的大臣永远做不到的。所以，寇准离京赴任后，太宗非常想念他，经常向人打听他的情况，第二年，他又把寇准调到自己的身边，拜为参知政事。1004年六月，真宗任命寇准为宰相。

不久，辽军包围了瀛州，直逼贝州、魏州，朝廷内外震惊恐惧。参知政事王钦若主张逃跑，他暗劝真宗放弃汴梁，迁都金陵；又有人劝真宗逃往成都。真宗犹豫不决，便召寇准商议。寇准力主抗辽，对主张逃跑之人恨之入骨。他心知是王钦若等人的主张，却佯装不知说："谁为陛下出的这种计策，罪该处死。如今陛下神明英武，将帅团结一致，如果御驾亲征，敌军自然会逃走，为什么要抛弃宗庙社稷，远逃楚、蜀之地呢？如果那样，大宋必然人心崩溃，军心涣散，敌军会乘势进攻，长驱直入，大宋的江山还能保住吗？"一席话说得那些主张逃跑的人羞愧难当，真宗受到震动，决定御驾亲征。

真宗和文武大臣率军从京师出发，向北进发。当大军到达韦城（今河南滑县东南）时，听说辽军已攻到澶州（今河南濮阳南）北城，真宗惊恐万分，信心全无，又打算南逃。寇准坚定地说："目前敌人已经临近，人心恐惧，陛下只可前进一尺，不可后退一寸！北城的守军日夜盼望着陛下的车驾，一旦后退，万众皆溃。"在寇准的坚持下，真宗率众臣勉强到达了澶州南城。

此时，隔河相望的北城战事正酣，真宗和众臣不敢亲临前线，不愿渡河，寇准坚决请求真宗过河，他说："陛下如果不渡过黄河，那么人心就会更加危急；敌军的士气没有受到震慑，他们会更加嚣张。只有陛下亲临北城，才是退敌的唯一办法。更何况我军救援部队已经对澶州形成了包围之势，陛下的安全已经有了保障，还有什么顾忌不敢过河呢？"他见仍说服不了真宗，就把殿前都指挥使高琼叫到跟前，要他力劝真宗。高琼对战事相当了解，他对真宗说："寇大人方才所言极是，将士们都愿拼死一战，只要陛下过河亲临阵前，士气必然大振，定能击退敌军。"真宗无奈，只得答应过河。

到了北城，真宗登上城楼观战。正在城下浴血奋战的宋军将士看到城楼之上的黄龙御盖，欢呼震天，声闻数十里，军威大振。他们呐喊着冲向敌阵，辽军被宋军士气所慑，锐气顿消，溃不成军。

此战胜利后，真宗回到行宫，留寇准在城楼之上继续指挥作战。寇准治军有方，命令果断，纪律严明，很受士兵拥护。在他的指挥下，辽军几次攻城都被杀得大败而还，主帅萧挞览也被射死。真宗在行宫之中对前线战事不太放心，多次派人前来打探战况，探子每次都见到寇准和副帅杨亿在一起饮酒说笑，就回去禀报真宗。真宗高兴地说："寇准这样，我还有什么不放心的呢？"

当时，辽军虽号称二十万，却是孤军深入，粮草不继，随时有被切断归路的危险。萧挞览一死，辽军人心惶惶，更无斗志，于是便派人送来书信，请求讲和。条件是，只要宋朝每年给辽国大量绢银，辽军就退兵，并且永不再犯中原。寇准想乘胜收复幽云十六州，所以坚决不答应议和。真宗对战争早就厌倦，在求和派的劝诱下对两国结盟议和表现出了极大的兴趣。无奈主帅寇准的反对使议和出现了很大的阻力，于是一帮贪生怕死的官员就在背后放出谣言，说寇准利用打仗以自重，野心很大。迫于谣言的压力，寇准只得同意两国议和，缔结盟约。

真宗派大臣曹利用作为使节到辽军帐营中签订结盟条约，并商讨"岁币"之事。临行之前，真宗对他说："只要辽兵速退，'岁币'数目在百万之内都可以答应。"寇准却又把曹利用召到帐内，对他说："虽然有皇帝的敕令，但你在与辽使签约时，答应的数目不得超过三十万，否则，提头回来见我。"

这年十二月，宋辽双方终于在澶州达成协议：辽军撤出宋境，辽皇帝向宋皇帝称兄，两国互不侵犯，和平共处；宋每年拨给辽"岁币"，银十万两，绢二十万匹。这就是历史上著名的"澶渊之盟"。

澶渊之盟后，河北战事平息，北疆人民安居乐业，寇准功劳很大，声望更高了。

人们对寇准的赞誉之声，参知政事王钦若听起来尤感刺耳。由于积怨和嫉妒，他一直想方设法诋毁、挤垮寇准。有一天会朝，寇准先退，真宗目送他离去，王钦若趁机进奏道："陛下敬重寇准，是因为他对国家有功吗？"真宗点头称是。王钦若冷笑道："澶州之战，陛下不以为耻辱，反而认为寇准有社稷之功，想不到陛下会这样想。"真宗十分吃惊，忙问原因。王钦若进一步说道："敌军兵临城下而被迫订立盟约，《春秋》认为这是耻辱，澶渊之举，就是城下之盟啊！以陛下至高无上的尊贵而签订城下之盟，还有什么耻辱能与之相比呢？"真宗脸色大变，很不高兴。王钦若又说："陛下听说过赌博吗？

第六章　宋元时期的名相

赌博的人钱快输光了，于是把自己的所有财物都拿出来，称为孤注。陛下成了寇准赌博的孤注，这也太危险了！"

不光王钦若，朝廷中的一些庸碌之辈也对寇准多方诋毁。寇准为相，用人不论资历，而以才干大小为标准。有一次选授官职，同僚让堂吏持着官位条例而进，寇准说："宰相的职责在于选用贤能之人，罢黜不肖之徒，假如按照官位次序的条例，只不过是堂吏的职能罢了。"他喜欢选用那些出身贫寒而敢于讲真话的人。那些想靠资历来升官的同僚对寇准的做法深为不满，他们多次在真宗面前搬弄是非，说寇准目无国法，刚愎自用。多方的谗言终于让真宗对寇准的礼遇越来越少。第二年，真宗罢寇准为刑部尚书、陕州知州，任命王旦为宰相。

寇准被罢相以后，经常被召回京师跟随皇帝左右，渐渐又被升为户部尚书、兵部尚书、枢密使、同平章事等职。有一次，他又因阻挠三司使林特向河北地区征收绢帛而激怒了真宗，真宗很不高兴地对王旦说："寇准刚强愤激的性格一点都没改变。"王旦附和道："寇准喜欢别人记住他的好处，又想让别人害怕他，这些都是大臣应当回避的，而寇准却专门这样做，这是他最大的缺点。"不久，寇准又被降职为武胜军节度使，接着又移任永兴军节度使。

天禧三年（1019年），寇准升任为尚书右仆射、集贤殿大学士，在被罢相十几年后，第二次担任宰相之职。这时，宋真宗因疾病在身，很少过问政事，朝中专权弄事的是参知政事丁谓。丁谓原是得到寇准的举荐才逐渐当上副相的。他资浅望低，专持权柄后，朝中大臣非常不满，弄得朝政紊乱。于是，他主动向真宗进言，仍启用寇准为相，自己甘为副职。丁谓这样做，是想借寇准的声望来巩固自己的地位，所以在寇准入相后，他极力巴结，处处讨好。

据说，有一次寇准与丁谓在政事堂共同进餐，菜汤玷污了寇准的胡须，丁谓马上起身，慢慢为寇准拂拭干净。寇准对这种阿谀讨好的行为非常反感，他讥讽道："参知政事是国家重臣，怎么能替长官拂起胡子来了呢！"丁谓羞愧难当，从此怀恨在心，预谋陷害寇准。

真宗患病期间，刘太后在宫内参预大政。寇准对此十分忧虑，他秘密奏请皇上道："皇太子是人心所向，希望陛下以宗庙社稷为重，把皇位传给太子，选择正派的大臣辅佐他。丁谓等人都是巧言谄媚之徒，不能让他们辅佐太子。"真宗认为很对。于是寇准暗中命令翰林学士杨亿起草奏章，请求皇太子监国，并且想和杨亿共同辅政。没想到这件事被刘太后和丁谓等人知晓，丁谓上报朝廷，诬告寇准是当时震动京师的宦官周怀政谋反案的同伙。寇准再次被罢去宰相之位，贬为相州知州，后移任安州知州，不久，再次被贬为道州司马。这一切，病榻之上的真宗全然不知，有一次他询问左右大臣："我好久没有看到寇准，这是怎么回事？"左右大臣都不敢如实回答，胡乱编个谎言搪塞过去。可怜的真宗直到弥留之际仍然在惦念着他的爱臣寇准，他对后继者说："只有寇准和李迪可以托付大事，他们对大宋江山丹心可见，其他人都是巧言昏碌之辈，切不可轻信。"只可惜此时的真宗对寇准的命运已经无能为力了。

宋仁宗乾兴元年（1022年），年逾花甲、两鬓染霜的寇准，再次被贬到远离中原故土的雷州（今广东海康），担任小小的司户参军。40多年起起落落的官宦生涯，到头来落得个这样的结局。

到雷州的第二年，寇准疾病缠身，自觉离去不远，于是命人到洛阳家中取来了通天犀腰带。这条腰带是当年太宗赐给他的，世间只有两条，太宗本人留下一条。寇准一直把这条通天犀腰带视若生命，珍藏在家中。几天之后，寇准沐浴全身，穿上官服，系好腰带，向北方跪拜两次，喊左右仆人搬好床具，躺在床上安然而逝。这一年，寇准年仅63岁。

先天下之忧而忧：范仲淹

范仲淹（989—1052年），字希文，苏州吴县（今江苏吴县）人。父亲范墉当过小官，去世很早，母亲改嫁朱姓男子。范仲淹两岁，随继父姓，取名说（读作"税"）。直到他步入仕途后，才恢复本姓，叫范仲淹。

范仲淹少时家贫，但志向远大。成人后独自外出求学，生活极其艰苦，读书异常勤奋。大中祥符八年（1015年），他参加科举考试，以渊博的知识，得中进士，被授为广德军司理参军，转集庆军节度判官。天禧五年（1021年），出任泰州西溪（今江苏东台）盐官。

乾兴元年（1022年），13的宋仁宗赵祯即位，其母刘氏以皇太后身份，临朝决事。范仲淹出任大理寺丞，再经晏殊推荐，出任谏官秘阁校理。天圣七年（1029年），宋仁宗已过亲政的年龄。可是，刘太后仍抓住权力不放，并在冬至时，要皇帝率领文武百官，向她行朝拜大礼。范仲淹认为这有损祖

制和君体，上书表示反对，接着又上书，要求刘太后归政于皇帝。这惹恼了刘太后，范仲淹因此被贬为河中府通判。明道二年（1033年），刘太后死，宋仁宗得以亲政。范仲淹被召回朝廷，任右司谏。

宋仁宗荒淫好色，宠幸尚、杨美人，无端地废黜了郭皇后。范仲淹上书劝谏，反对这样做。他的劝谏又使自己遭到贬斥，出知睦州（今浙江建德），又转知苏州。在苏州任上，他克服一系列困难，组织民工开通五条河流，解除了当地的水涝之患，促进了农业生产的发展。

景祐二年（1035年），范仲淹因政绩突出，出任尚书礼部员外郎，兼文章阁待制，判国子监；继迁吏部员外郎，知开封府。当朝宰相为吕夷简，这是一个玩弄权术、擅权用事的人。范仲淹不改初衷，遇事必谏，揭露吕夷简的种种劣迹，曾绘制一幅《百官图》，标明吕夷简结党营私、排斥异己的情况。吕夷简立即实施报复，把这个政敌赶出朝廷，出知饶州（今江西波阳）、润州（今江苏镇江），再知越州（今浙江绍兴）。许多大臣上书，为范仲淹鸣不平。而范仲淹坦然到地方任职，因为只有在州县，他才能为百姓做更多的事情。

宝元元年（1038年），党项族人元昊称帝，建国号为夏，定都兴庆府（今宁夏银川），史称西夏。元昊好战，时时入侵宋境，宋朝西北边境吃紧。宋仁宗赶忙调整军事部署，紧急任命韩琦、范仲淹为陕西经略安抚招讨副使，协助统帅夏竦，共御西夏。范仲淹作为文官，由此开始了四年多的军旅生涯。

范仲淹被授为龙图阁直学士，以户部郎中兼知延州（今陕西延安），主持延州一线防御，着力整顿军制，训练士卒，修城筑寨，安抚边民。宋朝原先的军制规定，部置官带兵1万人，铃辖带兵5000千人，都监带兵3000人，打仗时按将官职位高低为

范仲淹青铜坐像

序，官小者居前。范仲淹改变了这种制度，设置六将，各带兵3000人，根据敌情，灵活机动作战，以利进退。他在训练士卒的基础上，提拔有战功有能力的人担任将校，行伍出身的名将狄青，就是在这时崭露头角的。范仲淹观察地形，决定深入西夏境内筑一座大顺城，以作攻可进，退可守的前沿阵地。他料定元昊必来争锋，故预先做了精心准备。临筑城时，发兵而随，十日城成。元昊发觉后，派出骑兵3万，前来攻城。久攻不下，佯装败走。范仲淹下令但令其去，不得追击。后来知道，元昊果有伏兵，范仲淹知己知彼，没有上当。

范仲淹以其特有的军事才干，构筑了一道坚强防线。夏军屡犯不能得逞，遂自相告诫说："我们别再打延州的主意。今小范老子胸中有甲兵数万，不比大范老子可欺也。""小范老子"指范仲淹，"大范老子"指其前任范雍。范雍在知延州时，只会祈求佛祖保佑安全。

范仲淹的成功，更重要的是执行了安抚边境羌民的正确政策。原先，边境羌民迫于宋军的骚扰，大多背井离乡，投奔西夏。范仲淹到任后，明令将士不得扰民，而且修建城寨，招抚流亡，帮助羌民解决土地、耕牛、种子、口粮等问题。因此，大批羌民相继归业，重返家园。范仲淹还很注意团结各族上层人士，诚挚礼遇六百多位酋长，引以为助。酋长们亲切地称范仲淹为"龙图老子"，以示敬重。为长久计，范仲淹还在边境实行屯田，保证军粮供应。韩琦仿效范仲淹的做法，收到了同样的效果。因而，边民编出歌谣唱道："军中有一韩，西夏心胆寒；军中有一范，西夏惊破胆！"

庆历三年（1043年），范仲淹被调回京城，任枢密副使。时任谏官的欧阳修等推重范仲淹，认为他有宰相之才。宋仁宗于是决定提拔范仲淹为参知政事。范仲淹说："执政可由谏官而得乎？"拒而不受，要求和韩琦一起，效命边疆。但是未能如愿，这才勉强接受了任命。

当时的朝廷政治腐败，尤其是"三冗"（冗官、冗

范仲淹《岳阳楼记》书法

兵、冗费）问题严重，弊端丛生。范仲淹既在其任，便谋其政，果断地上书《答手诏条陈十事》，指出："纲纪法度，日削月侵，官壅于下，民困于外，夷狄骄盛，寇盗横炽，不可不更张以救之。"为了"更张以救"，他提出十条革新措施：明黜陟，抑侥幸，精贡举，择长官，均公田，厚农桑，修武备，推恩信，重命令，减赋税。这些措施都是切中时弊的，具有很强的针对性。当年十月，范仲淹的"条陈"以诏书形式颁行全国执行，史称"庆历新政"。

范仲淹的周围，聚集起韩琦、富弼、欧阳修等支持者，坚定地推行新政，使死气沉沉的朝廷出现了一些新气象。但是，新政触动了守旧官僚的根本利益，他们群起而攻之，污蔑范仲淹等结成"朋党"，甚至伪造事实，攻击富弼，企图另立皇帝。宋仁宗立刻动摇和退缩了，新政难以维持。范仲淹自请巡边，出任陕西、河东宣抚使。庆历五年（1045年）正月，他被罢去参知政事职务，出任邠州兼陕西四路沿边安抚使，十一月改知邓州（今河南邓县）。韩琦、富弼、欧阳修均遭贬黜，历时一年多的新政不了了之。

"庆礼新政"虽以失败而告终，但它对北宋腐朽政治和达官权贵构成了一次有力的冲击，更为后来的王安石变法提供了经验，其意义和作用值得肯定。

庆历六年（1046年），范仲淹在邓州任上，曾经南游巴陵郡（今湖南岳阳），写下千古名文《岳阳楼记》。这篇散文以优美的笔调，描绘了岳阳楼一带壮美奇幻的景色，通过写景阐发议论，赞扬古代仁人"先天下之忧而忧，后天下之乐而乐"的宽广胸怀，实际上是表达了作者自己进退皆忧，不甘沉沦，决意奋发有为的抱负。

晚年的范仲淹仍然遭到奸佞的迫害，再被迁徙荆南（今湖北南）、杭州和青州（今山东德州）。皇祐四年（1052年），范仲淹自请迁徙颍州（今安徽阜阳），病死于途中，死年64岁。宋仁宗追赠他为兵部尚书，赐谥"文正"。

变法失败，悔恨终生：王安石

王安石（1021—1086年），神宗朝宰相，字介甫，号半山，江西临川（今江西抚州）人，世称临川先生。

王安石生于宋真宗天禧五年（1021年），父亲王益，做过几任地方官，王安石便自小跟随父亲奔波于南北各地，到过江宁、扬州、韶州、开封等地，生活虽然不很安定，但也增长了很多知识，开阔了眼界。景祐四年（1037

年），王安石随父亲到江宁。从此，便在江宁定居下来，江宁成为他的第二故乡。但是，在江宁不到两年，王安石的父亲就去世了，那年他19岁。由于父亲的去世，家境逐渐困难起来，他和母亲过着十分清贫的生活。

庆历二年（1042年）春，22岁的王安石参加科举考试，一举及第，名列上等，从此步入仕途，被任命为签书淮南节度判官厅公事，给扬州地方长官韩琦当幕僚。任职三年后，按宋制可以有资格献文求试，以取得馆阁的职位。然而自幼就体察到民生疾苦的王安石，却非常想为百姓做点事，他愿继续在地方做官，因而在庆历七年（1047年）出任鄞县知县。

希望能有一番作为的王安石来到任地，他看到鄞县地区跨江负海，有丰富的水资源，但由于水利失修，不能充分利用，使水白白流入大海。遇到不雨之年即出现严重旱情，这是老百姓最害怕的事。因此王安石到鄞县的第一年，便决定永久地解除患祸，他号召百姓利用冬闲之时挖渠修河疏通水道，并且还亲自到各地督促检查。由于这件事深得民心，百姓无不效力。在两三年里建造堤堰，修整陂塘，为当地水利建设做出不少成绩。

王安石在鄞县任满后，皇祐三年（1051年）又转任舒州通判、群牧司通判、群牧司判官等职。这时的王安石已展现出他卓越的政治才能，每任一方就造福一方；同时，他又以学问和文章知名于世。欧阳修推举他在朝廷任职，但他依然没有接受，仍要求外任，于嘉祐二年（1057年）被派到常州任知州。

嘉祐三年（1058年）春，王安石调任江南东路提典刑狱，到任后，王安石发现现行的"榷茶法"存在严重弊端，官卖的茶叶不仅质量低劣，而且价钱昂贵。因而他上书仁宗，请求取消"榷茶法"，要求将茶叶市场放开，交由商人经销、官府只要从中抽税就可以了，这样可使民间得到好茶和贱茶。经实施，成绩不错，不仅国家通过行政税收增加了国库收入，而且老百姓还可以买到价格低廉的好茶，真可谓利国利民。

同年十月，仁宗召王安石进京，任三司

抚州王安石纪念馆

度支判官。王安石无法再推辞，只得去上任。经过十几年地方官生活，王安石对民间疾苦、社会人生有了更深刻的感受和认识。

嘉祐四年（1059年）夏，他写成了《上仁宗皇帝言事书》，洋洋万言，陈述了自己力图改变北宋王朝自开国以来便形成的内忧外患、积贫积弱局面的愿望。

王安石的万言上书，没有得到仁宗的重视，因此也就没能得到采纳。但这次上书无疑是王安石变法思想的集中体现。

嘉祐六年（1061年），王安石被任命为知制诰，两年后仁宗去世，赵曙即位，是为英宗。这时王安石也因母亲去世，回到江宁守丧。

英宗即位后，无所作为，在位四年就因病去世。治平四年（1067年）赵顼即位，是为宋神宗。他起用王安石知江宁府，熙宁元年（1068年）四月，王安石到开封，受命为翰林学士兼侍讲。

年轻的宋神宗，不同于仁宗和英宗，是一位颇有作为的年轻君主，他渴望能像唐太宗那样，征服四海，天下一统，也想寻求一个像魏徵那样的宰相，辅佐他建功立业。因而他对改革寄予了厚望，希望能够借此实现他的政治理想。

神宗于熙宁二年（1069年）二月，任命王安石为右谏议大夫、参知政事。王安石在神宗的支持下，建立"设置三司条例司"，作为主持变法的专门机构，由王安石亲自负责。王安石又推荐吕惠卿作为自己的主要助手。一场变法革新的运动开始了。

王安石的变法，在当时称为"新法"。为了将新法切实地推行下去，王安石特地选了四十多名提举官，来向大家推广、宣传新法。熙宁二年（1069年）七月，王安石的改革方案陆续出台，内容包括理财、整顿治安和军备、改革科举与学校制度诸多方面。其中，理财是其核心内容。王安石主张"以天下动以生天下之财，以天下之财以供天下之费"。其具体内容概括如下。

均输法，宗旨是"徙贵就贱"，也就是京城所需物资的采购要以价格低廉、路途较近为原则。此法可有效调整物资的供求关系，改进了对京师贡物的供应，增加政府财政收入。但同时也存在弊端，如信息滞后、无法及时调整，富商大贾得以操纵市场从中渔利，以及农业、手工业和矿业产品无法自由流通等。

青苗法，即政府在青黄不接之时贷"青苗钱"给百姓，夏秋收获时还粮或还钱。此法的推行有利于抑制高利贷商人对农民的盘剥。然而其弊端也依然存在，官吏在散敛青苗钱时也有敲诈勒索、折价计钱的不良行为，借贷的农户仍是受尽盘剥，陷入还债的深渊之中。

农田水利法，主要内容是发展农田水利，开辟大量的荒田，制定整治河道的规划，促进农业生产的发展。此法实施之后，取得的成就有目共睹，耕地面积得以大大增加，黄河得到治理，兴修了很多水利工程。

免役法，代替了以往实行的差役法。主要内容是承担徭役义务的人不再服徭役，而是出钱募役，并把此下到单丁、户，这使原本不必服役的家庭也得出钱。免役法的推行使各等户都得出钱，豪富之家财产多，出役钱也自然多。同时使轮流充役的农民得以回乡务农，有利于发展农业生产，亦增加了政府的财政收入，同时也抑制了豪强，实施的效果确实达到了目的。但它仍是一项弊端极大、争议最多的措施。地方官员收钱后募人充役可以任意出入，农民将劳动成果换成货币时又会遭受到商人的一层剥削。同时，因为免役法每年都在实施，而差役数年才轮流一次，实际上等于加重了农民的负担。

市易法，即以国家所藏库帛"置市易务于京师"，不久就在各路推行。此法有利于保护中小商贩和外来客商，但从经济的角度讲，政府干预商业活动不利于商业自身的发展，同时政府的干预亦使得官员与豪商勾结起来，控制价格，反而坑害了平民百姓。

方田均税法，该法包括方田法和均税法两个方面的内容。由于北宋并不反对土地兼并，因此富豪地主大量兼并、侵吞土地，并千方百计隐瞒土地的数量以逃避税收，这便大大地减少了国家的土地税收，方田法旨在解决隐瞒土地的问题，但在实际推行过程中，一整套既定措施根本得不到实行，成为一纸空文。

保甲法，旨在解决"寇盗充斥、劫掠公行"的现象，控制人民，增强国家的军事力量。但此法不利于农民安心生产，不利于人员的流动。

除上述各项措施之外，王安石也在科举制度和学校制度方面采取了不少改革措施。为了通过考试选拔更多的具有真才实学的官员，他废除明经科和科举诗赋，以《诗》《书》《易经》《周礼》《礼记》为本经，《论语》《孟子》为兼经，要求考生联系实际回答问题，只有这样，才能找到真正能够经国治世的人才。王安石还注重学校制度的改革，"立太学生三合法"，分生员为三等，上舍生成绩优异的，可"免发解及礼部试，召试赐第"。

第六章 宋元时期的名相

王安石的变法在一定程度上抑制甚至是损伤了大地主、大贵族、大商人的利益。由于对某些特权阶级的抑制，使得新法遭到了守旧势力的猛烈反扑及围攻。随着变法高潮的到来，双方斗争的形势也愈加激烈和复杂。反对派们虽被逐出朝廷，却不肯善罢甘休。他们抓住变法过程中出现的一些偏差，对改革派发动了一次又一次的猛烈攻击。

1072年，就连华山崩裂也成了他们反对变法的理由，枢密使文彦博乘机对神宗说："市易司不当差官自卖果实，致华山山崩！"偏偏旱灾又接踵而至，反对派们以所谓天怒人怨为依据，反对新法。他们的反对之词使得神宗有些动摇，神宗还真以为是触犯了天神。王安石对这些目光短浅、荒诞可笑的议论视之为流俗，认为不足顾惜。他反复开导神宗，说天崩地裂、河水泛滥等都是非常正常的自然现象，与人事毫不相干，虽然有时碰到一起，也只是偶然，正确的态度应当是更修人事，以应付天灾。然而，神宗疑惧难消，而反对派的攻势却愈益猛烈。

除了文彦博之外，参知政事冯京又上言，对新法予以全面否定。更严重的是皇宫后院也加入了反对派的队伍，因为市易法实行"免役钱"直接触犯了皇族、后族和宦官的利益。原来宫廷用品是由市易司供给，在购置用品的过程中，宦官经常借着皇帝近侍的特殊身份对商人进行勒索、诈取。实行免役钱后，各行户按收利多少向宫廷交钱，不再交物，宫廷所需物品要按市易司规定的市场价格出钱购买。这样，皇帝的亲属近侍便无利可图，他们便将一切的罪责都推到王安石的身上，皇太后和太皇太后泪流满面地向神宗诉说"王安石变法乱天下"，要神宗把王安石赶出朝廷。

在这关键时刻，支持改革的神宗变卦了。从1073年起，各地发生灾荒，河北的灾民四处流亡，纷纷流入京城，有人借此绘了一幅《流民图》，上书神宗，说这些灾荒是王安石变法的结果，最后说："去安石，天乃雨！"处在反对派的包围之下的王安石，很难继续执政，便在1074年四月上书要求辞去宰相之职。不知所措的神宗竟然下诏，命王安石出知江宁府（古时又称金陵），安心休息。

接任王安石为相的是韩绛，吕惠卿为参知政事，这两个人都是中坚的变法力量。但对一些具体问题，两人意见经常不一致，往往使许多法令不能及时地实施。且吕惠卿为人又颇跋扈，韩绛为了牵制他，便密请神宗复用王安石。作为神宗本人，他也不想变法中途失败，所以在熙宁八年（1075年）二月，他又派使臣到江宁召回王安石。王安石见诏后十分激动，便立即上路，昼夜兼程，仅用七天时间就回到京城开封，再度为相。

王安石复相后，虽然还想继续推行变法，但变法派内部却出现了分裂，且分裂越闹越大。而导致分裂的重要原因却是变法派内部的核心人物吕惠卿。吕惠卿是个出类拔萃的才子，对几项重要新法的制定和推行是有功劳的。但他个人野心太大，权势欲极强。对于王安石的再度为相，他深感不安与不满，处处给王安石出难题。吕惠卿又公行不法。熙宁八年十月，终于因罪被解除副相职务。变法派的另一主将章惇，因与吕惠卿"协力为奸"，也被罢免。变法派的分裂，大大削弱了变法派的战斗力，也使王安石的改革锐气受到极大挫伤。而新老反对派的攻击依然火力不减，在这种情况下，本来就摇摆不定的神宗更加动摇了，根本不像以前那样对王安石言听计从了。

正值王安石日益消沉的时候，王安石的儿子又因病去世。丧子之痛，又给他病弱的身心沉重的一击。内忧外困，使已届古稀的王安石再难拥有当初的雄心壮志，一连四五次上疏，坚决请求解除宰相之职。1076年10月，神宗终于同意了他的请求，给他"判江宁府"的官衔，王安石于是又回到了他熟悉的金陵。

元丰八年（1085年）三月，宋哲宗即位，太皇太后高氏听政，保守势力控制了政权。不久，司马光出任宰相，尽废新法。元祐元年（1086年）三月，"罢免役法"。此事对王安石打击很大，并因此一病不起。四月，王安石去世，时年66岁。

撰成《通鉴》的保守派宰相：司马光

司马光（1019—1086年），陕州夏县（今山西夏县）人，出身于官僚家庭，其父为朝廷四品官。

传说司马光6岁时，偶得一颗青胡桃，婢女帮他剥去坚硬的外壳，司马光取桃仁吃，味道鲜美，乐不可支。其兄问谁为他剥去胡桃壳，司马光随口称自己所为。不料，早已看到此事全过程的父亲出来训导司马光说，诚实是做人的根本，做人就要取信他人。司马光顿时羞愧难当，深责自己的行为。父亲言传身教，对司马光的影响很大。少时司马光聪明好学，曾用一根圆木作为枕头，一旦被滚落的枕头惊醒，便继续读书，如此持之以恒。他20岁时

第六章　宋元时期的名相

司马光墓

中进士甲科，被授以奉礼郎，不久改任苏州判官。

27岁时，他被调京城担任评事、直讲、大理寺丞等一般官职，后又任馆阁校职、同知太常礼院等职。这些官职虽不重要，但对于司马光熟悉朝廷内部斗争十分有利。宰相庞籍被免职，因司马光为他所荐，便弃官追随庞籍到了郓州（今山东东平），做了郓州典学和通判（考察官吏政绩的官员）。又随庞籍入并州，任并州通判。

三年后，司马光调入京城，担任开封府推官，后被提升为起居舍人，同知谏院。谏院是专门批评朝政得失的机构。司马光任谏官五年，积极向朝廷提出各种建议，对北宋的内政外交提出许多尖锐的批评。

宋神宗赵顼即位后，锐意改革，十分看重司马光的才学，提升他为翰林学士兼御史中丞，并有意让司马光主持朝政，领导改革。但是，司马光与王安石在改革问题上有严重分歧，认为王安石新法对百姓不利。王安石在变法之前，曾提出发展生产的主张和意见，但是变法之后，却把生产放在次要地位，急于解决财政困难，从而加重了税收。北宋中期，尽管国家财政收入增加了几倍，国库仍然空虚，入不敷出。司马光反对加重地主、农民、商人、手工业者的负担，主张节省朝廷上下开支。由于司马光和王安石各执己见，矛盾尖锐，司马光被罢翰林学士等职，到永兴军（今陕西西安）任地方官。不久，司马光又辞永兴军公职，改判西京（今河南洛阳）留司御史台，在任15年。

在洛阳期间，司马光完成了举世瞩目的史学巨著《资治通鉴》的编写。此前，司马光在钻研历史著作中发现缺乏一部比较完整的通史。经过多年的思考，他用了两年时间，用编年体，即按年代顺序编写了一部从战国到秦末的史书，共8卷，取名《通志》。他把《通志》呈给当时的宋英宗御览。英宗看后非常满意，令司马光设置机构，继续编写这部书。

赵顼即位后，称赞此书有助于了解历代治乱兴衰，像一面镜子用以借鉴。因此，宋神宗将《通志》改名为《资治通鉴》。"资治"是帮助统治的意思；

"鉴"是指镜子,含有警戒和教训的意思。为了编写这部书,司马光付出了巨大的劳动,初稿堆满了两间屋子,整整花了 19 个年头才完成了这部历史巨著。《资治通鉴》上起韩、赵、魏三家分晋,下至五代后周政权的灭亡,记载了从公元前 403 年到公元 959 年,共 1362 年的历史,按着年代编成 294 卷,具有内容丰富、取材广博、叙事清晰、文笔生动简练等特点,是一部很有参考价值的历史著作,也是我国宝贵的文化遗产。

这部书往往从政治得失入手,从统治者的利益着眼,揭露并谴责了历史上封建帝王的生活奢侈,刑罚过重,赋税众多,以致激起民众反抗等事实。

宋神宗病死后,皇太后让司马光为相。早在洛阳时,百姓都称司马光为"司马相公"。他被召入京时,围观百姓之多几致道路阻塞。被拜为尚书左仆射兼门下侍郎后,对于已进入暮年的司马光来说有些力不从心。但司马光不负众望,在他主持朝政期间,鉴于言路不畅、君臣隔阂的弊端,提出广开言路的主张。他废除了王安石新法中仅存的青苗法、免役法和保甲法,这是司马光一生中的一大缺欠。

司马光为官近 40 年,在洛阳时仅有薄田 3 顷,其妻死时,只能用卖田所得购置棺椁,这就是人们千古传颂的司马光"典地葬妻"的故事。凭借他的显贵,本来可以富甲天下,但除所得俸禄外,他不谋取外财,始终两袖清风。他还用自己的俸禄周济他人。庞籍死后,曾遗一孤儿寡母,无以为生。司马光就将他们接到自己家中赡养,待之如父母兄弟。宋仁宗曾赐司马光金银珠宝,他上书称,国家正处于多事之秋,百姓贫困,故不接受赏赐。后来,在无法推辞的情况下,就用作谏院的办公费用和救济一些贫困的亲戚朋友。他年老后,其友想用 50 万钱买一个婢女供其使唤,他即复信回绝说:我几十年来,食不敢常有肉,衣不敢有纯帛,怎敢奢侈呢?司马光在洛阳时,冬天,外面北风呼啸,大雪纷飞,室内无炭火,以致客人冻得瑟瑟发抖,司马光见此就向客人致歉,让人熬碗姜汤给客人驱寒。此情此景令客人感慨万千,赞叹其为一代廉士。

司马光作为一名政治家、思想家和历史学家,其功绩是不可磨灭的。在他死后,百姓纷纷为其送葬,并竞相购买他的画像,以示悼念。

第二节
南宋的奸相与名相

遗臭万年的奸相：秦桧

秦桧（1090—1155年），字会之，江宁（今江苏南京）人，政和五年（1115年）进士及第，任密州教授，改太学学正。

早期的秦桧，并不像后来那样阴险奸诈。靖康元年（1126年），金军进攻汴京，求割太原、中山、河间三镇，作为许和的条件之一。宋钦宗畏敌如虎，满口答应。秦桧上书，陈述兵机四事："一言金人要请无厌，乞只许燕山一路；二言金人狙诈，守御不可缓；三言乞集百官详议，择其当者载其誓书；四乞馆金使于外，不可令入（城）门及引上殿。"这说明秦桧对于金人的贪婪和狡诈是有认识的，提醒皇帝务要警惕和有原则，不能一味退让。

秦桧作为割地使之一，参加了与金人的谈判。金人提出，必须先得三镇，然后撤军。为此，宋钦宗专门召开会议予以讨论。范仲尹等70人附和皇帝，主张"予之"；而秦桧等36人反对，"持不可"。这表明，秦桧还是有爱国心的，故而被提升为御史中丞。

这年底，金军再度南侵，包围汴京。宋钦宗屈节投降，北宋灭亡。秦桧是被金军俘掠北去的宋朝大臣之一，他的妻子王氏随行。北去途中，秦桧夫妇和宋徽宗、宋钦宗一样，饱受艰辛和屈辱。金太宗封宋徽宗为昏德侯，宋钦宗为重昏侯。二帝辗转迁徙至韩州（今辽宁昌图北）。宋徽宗听说南宋建立，写信给金太宗，提出和议问题。信经秦桧润色，情文格外凄婉。金太宗破例召见秦桧，并把他交给弟弟完颜挞懒。挞懒发现秦桧极有心机，用为军府参谋。接着，挞懒又发现秦桧妻子王氏饶有姿色，遂与通奸。从这时起，秦桧的思想发生了根本的变化，心目中只有金国而没有故国了。

金国攻灭北宋后，继续对南宋发动进攻。宋高宗一路南逃，中原军民则高举义旗，反击入侵者。金太宗实行以战为主、以和辅战的双重策略，命挞懒把秦桧放回临安，主持和议，以便从内部分化和瓦解南宋，达到不战而胜的目的。挞懒向秦桧交底，秦桧甘心投降，当了卖国贼，带着妻子王氏于建炎四年（1130年）从海上回到临安，诡称是"杀了监守，夺船而归"。但是这个理由太荒唐，唯宋高宗坚信不疑，因为秦桧带回了宋徽宗、宋钦宗和宋高宗生母韦太后健在的准确消息，而且秦桧力主和议，正中宋高宗下怀。宋高宗高兴地对人说："秦桧朴忠过人，朕得佳士，岂非一大幸事？"因此当即用为礼部尚书，绍兴元年（1131年）二月，再用为参知政事。

但是秦桧不满足于副相职位，放话说："我有二策，可以安抚天下。"别人询问其策。秦桧故意说："今无宰相，不可行也！"八月，宋高宗以秦桧为右仆射同中书门下平章事，正式为宰相，同时兼知枢密院事，使之军政大权集于一身。宋高宗对秦桧的所谓"二策"也感兴趣。秦桧亮出计谋，说："如欲天下无事，南人归南，北人归北。"这话说白了，就是南北分治。若此，南宋军民就无须开展什么抗金斗争，更无须收复什么失地和重整什么河山了。

事实上，当时南宋军民的抗金斗争正进行得如火如荼。太行山有"八字军"，中条山有"红巾军"，还有韩世忠、张浚、吴玠等，同时在各个地方给予入侵的金军以沉重的打击。最出名最坚强的是岳飞领导的"岳家军"，活动于中原一带，抗击金军，神出鬼没，战果辉煌。岳飞听说宋高宗和秦桧正积极与金军议和，愤然上书说："金人不足信，和议不足恃，相臣谋国不善，恐贻讥后世。"把矛头直接指向秦桧，引起了秦桧的无限忌恨。

绍兴十年（1140年），金军统帅完颜兀术（zhú）率领大军再度南侵，遭到各路宋军的顽强抗击。其中，岳飞一军最为勇猛，尤其是七月在郾城（今河南郾城）之战中，大败金军主力，大破兀术的"拐子马"，乘胜追击，直至朱仙镇，距离汴京只有40余里。岳飞的胜利，

秦桧铁跪像

第六章 宋元时期的名相

震撼了中原大地,父老乡亲携牛带酒,头顶香盆,欢迎和慰劳岳家军。岳飞兴高采烈,上书朝廷,请求各路宋军发起总攻,歼灭金军。他高兴地对部将们说:"直抵黄龙府(今吉林农安),与诸君痛饮耳!"

兀朮龟缩在汴京城,一面感叹"撼山易,撼岳家军难",一面决定舍弃汴京,率兵北撤。这天,他已上马准备起程,忽有一个书生向前拉住马缰,说:"大帅且留勿走,岳飞很快就会退兵!"兀朮诧异,说:"郾城一战,我骑兵主力尽丧于岳家军麻扎刀下。朱仙镇一仗,岳飞又以五百精骑破我十万大军。城中百姓,日夜盼望岳家军,汴京焉能守住?"那个书生不慌不忙地说:"自古以来,哪有权臣在内而将帅能立功于外的呢?岳飞自身性命尚且难保,又怎能期望成功呢?"

兀朮听书生说得有理,遂留下不走,并派密使去见秦桧。宋高宗心中只有一个"和"字,秦桧又百般忌恨岳飞,他们奉妥协投降为国策,绝不容许岳飞得罪金人。因此,他们在一天之内,连发十二道金牌,催促岳飞班师。岳飞接到金牌,痛心疾首,悲愤泪下,叹息说:"十年之功,废于一旦!"岳飞班师,继被召至临安。宋高宗和秦桧给岳飞安了个枢密副使的职衔,削夺了他的兵权。兀朮的密使携带密信,责备秦桧说:"汝朝夕请和,奈何令岳飞掌兵,欲图河北?汝必杀(岳)飞,然后可和。"秦桧忠于金人主子,精心设计,谋害岳飞。

岳飞一生光明磊落,无懈可击。秦桧谋害岳飞,只能靠无中生有,栽赃陷害。他伙同亲信万俟卨、张俊,共同诬陷岳飞,声称岳飞企图"谋反",而且涉及岳飞儿子岳云及部将张宪,把他们一起关进监狱,严刑逼供。

秦桧在审讯岳飞的同时,根据宋高宗的旨意,一手主和,命令各路宋军停止作战。绍兴十一年(1141年)十一月,宋、金签订"和议":宋向金奉表称臣,"世世子孙,谨守臣节";宋每年向金贡献白银25万两,绢帛25万匹;宋、金疆域,东以淮河中流,西以大散关(今陕西宝鸡西南)为界,宋割唐(今河南唐河)、邓(今河南邓县)二州及商(今陕西商县)、秦(今甘肃天水)二州之半予金。史称"绍兴和议",记录了宋高宗和秦桧等投降派无耻的卖国行径。

"和议"达成,秦桧派人继续审讯岳飞。老将韩世忠当面质问秦桧说:"所谓岳飞谋反,证据何在?"秦桧没有证据,却狡猾地说:"其事莫须有。"意思是说"当须有"。韩世忠十分愤怒,说:"'莫须有'三字,何以服天下!"绍兴十一年(1141年)十二月二十九日,秦桧得知有人会集士民,准备为岳飞请命。他颇费踌躇，犹豫不决。他的妻子王氏出主意说："这有何难？干脆杀了他，缚虎容易纵虎难！"这句话提醒了秦桧。秦桧奏请宋高宗，就凭"莫须有"的罪名，硬将岳云和张宪腰斩于市，将岳飞秘密处死于狱中。岳飞临刑前，索笔写下八个大字："天日昭昭！天日昭昭！"

秦桧害死岳飞，宋高宗认为他是忠臣和功臣，加官进爵，使之成为太师、魏国公，其母封国夫人，其子秦熺（实是王氏外甥）授秘书少监，领修国史。秦桧为相，继续呼风唤雨。名将韩世忠、张浚等，皆因受他排斥而愤愤离开朝廷。

绍兴十五年（1145年），秦熺居然升为翰林学士，兼官侍读。宋高宗礼待秦氏父子，赏赐豪华府第和无数金帛；御书"一德格天"四字，让秦桧制匾悬挂府中；再许秦桧立家庙于京城，御赐祭器。真是"恩遇优渥，荣华无比"，就连宋徽宗时的蔡京，恐怕也远远不及！

权势和野心往往是连在一起的。晚年的秦桧野心勃勃，意欲将平生的反对派一网打尽，使其子子孙孙不得翻身，然后便可为所欲为，即便夺取南宋江山，也是唾手可得的事情。宋高宗对于秦桧，经历了奇之、恶之、爱之、畏之四个阶段。他担心秦桧会成为王莽、董卓之类的人物，所以平时在靴中总藏着一把利刃，以作防身之用。

绍兴二十年（1150年）发生一件大事，壮士施全刺杀秦桧未遂，反而被秦桧杀死。此后，秦桧加强警戒，每外出，侍卫前呼后拥，生怕遭人暗算。秦桧害人心虚，常做噩梦，身体一天不如一天。绍兴二十五年（1155年）十月，秦桧又兴起一个包括53人的大冤案，随后病倒。宋高宗立命秦桧和秦熺致仕，但表面上仍封秦桧为建康郡王，授秦熺为少师。丙申日，秦桧呜呼哀哉，终年66岁，追赠申王，谥曰"忠献"。不久，王氏亦死。宋宁宗时，秦桧被削去王号，改谥"缪丑"。

秦桧两次为相，共19年。他人在宋朝心在金，除一心一意主和外，完全按照金人的意图，基本上把宋朝的忠臣良将诛斥殆尽。他为相期间，参政变换了28人，贿赂公行，富可敌国，党羽曾向他献"王气诗"，请他坐金根车，他俨然就是未来的皇帝。秦桧死后，宋高宗松了口气，对人说："朕今日始免靴中藏刃矣！"

秦桧死后8年，也就是岳飞死后22年，宋高宗在内忧外患无法解决的情况下，禅位给太子赵昚，自己当了太上皇。赵昚登基，就是宋孝宗。

隆兴元年（1163年），宋孝宗为岳飞平反昭雪，恢复岳飞官职，悬赏购得岳飞遗骨，以礼迁葬于西湖栖霞岭，建成"精忠园"（一称岳墓或岳坟）。

后来又在附近建成岳庙。岳墓和岳庙，是民族正气的象征，世代受人景仰。淳熙六年（1179 年），岳飞被追谥"武穆"。嘉定四年（1211 年），岳飞被追封为鄂王。秦桧夫妇、万俟卨、张俊，生前逃避了应得的惩罚，死后被人铸像，长跪在岳墓前。墓阙楹联书刻："青山有幸埋忠骨，白铁无辜铸佞臣。"这历史的裁判，大概就是"天日昭昭"吧。

葬送南宋江山的权相：贾似道

贾似道的父亲贾涉，曾任淮东制置使的官职，其秉性狡猾，善阴谋诡计。一次，贾涉路过钱塘（今浙江杭州）风口里，见一妇人正在洗衣，且颇有姿色，便跟至其家，买下了她作妾。

宋宁宗嘉定六年（1213 年）八月八日，此妇胡氏为贾涉在万安县（今属江西）生下贾似道。后来贾涉离开万安县丞任时，只携贾似道相随，胡氏流落在外，嫁给了一个石匠为妻。及至贾似道年长，任两淮制置大使时，才访得其母，竟用计将石匠沉于江中，其手段实在毒辣，以后胡氏跟随贾似道得以享尽荣华富贵。

贾似道少年时，因父亲的去世而一度破落，浪游放荡，不务正业。后以父荫当了一名管理仓库的小官。直到后来，他的一个同父异母姐姐被选进宫中，由于容貌出众，很快便受到理宗赵昀的宠爱。绍定五年（1232 年）十二月，贾氏被进封为贵妃，贾似道成了"国舅"。

嘉熙二年（1238 年），25 岁的贾似道居然一举中第，很快便由正九品的籍田令升为正六品的太常丞、军器监。原本是个浪荡公子的贾似道，凭着理宗对贾贵妃的恩宠，更是放浪形骸，有恃无恐，每日纵情于烟花柳巷，晚间更是通宵流连于西湖之上，泛舟燕游。有一天晚上，理宗登高远眺，只见西湖中灯火通明，便对左右说："此必似道也。"次日一问，果然言中。

虽然品行不端，生活放荡，不学无术，但贾似道依然官运亨通。刚满 32 岁时，他就以端明殿学士的身份移镇两淮。宝祐二年（1254 年），被召回朝廷，加同知枢密院事，封临海郡开国公。宝祐四年，贾似道当上了参知政事。一年后，又升为知枢密院事。又过一年，改任两淮宣抚大使。

端平二年（1235 年），蒙古灭金后，挥兵直指南宋。宝祐六年（1258 年）春，蒙古大汗蒙哥决定以四万之众兵分三路全面侵宋，旨在消灭南宋。开庆元年（1259 年）正月，蒙哥所率主力围攻合州（今属四川），由于宋军的顽强抵抗，蒙军久攻不下，迫使其主力转攻重庆。七月，蒙哥在合州钓鱼山被宋将王坚的炮石击中，重伤而死。四川的蒙军只得退去。九月，蒙哥的弟弟忽必烈所部东路蒙军抵达长江沿岸。按理说，元首死去，部下应该垂头丧气退回才是，但是蒙哥的弟弟忽必烈却恰恰相反。此时，他更是信心百倍地准备攻城，希望凭借显赫的战功来夺得蒙古大汗的宝座。于是从阳逻堡（今湖北黄冈境）渡江，进围鄂州（今湖北武汉武昌）。

长江重镇鄂州被围的消息传至临安（今浙江杭州），宋理宗大惊，命令贾似道驻扎在汉阳的兵力赶快增援鄂州，任贾似道为右丞相兼枢密使，仍兼京湖、四川宣抚大使，以吴潜为左丞相兼枢密使。在鄂州城防备加强之后，鉴于鄂州以东比较空虚，丞相吴潜命贾似道移防鄂州下游要地黄州（今湖北黄冈）。

贾似道本来就不是什么治国良相，更谈不上运筹帷幄统率千军万马，在强大的蒙古军队面前，他只是个贪生怕死的无能之辈。

忽必烈在围攻鄂州时，战事特别激烈。蒙军多次击破鄂州的城门，但在守城将士的拼死抵抗下，鄂州并没有惨遭沦陷。鄂州久攻不下，忽必烈又准备进军临安。这下可吓坏了身为统帅的贾似道，他私自派人向忽必烈求和，表示愿意割江为界，对蒙称臣，每年交纳银、绢各20万，忽必烈不予答应。开庆元年（1259年）十一月，蒙古诸宗王在漠北策划拥立阿里不哥为汗。急于北归争夺汗位的忽必烈，就势答应了贾似道的求和条件。

开庆二年（1260年）正月，蒙军主力北撤之后，贾似道却上演了一场抗蒙获胜的闹剧，用水军袭杀了负责殿后的170名蒙古兵。

援鄂之战后，贾似道隐瞒了私自求和的真相，向朝廷献上所俘杀的蒙古士兵，声称蒙古军队全被消灭。

被蒙在鼓里的理宗哪里知道还有割地、称臣、赔款的和约，真以为贾似道为宋朝社稷立下了天大的再造之功。于是在景定元年（1260年）三月，理宗以少傅、右丞相召贾似道回朝廷，并命满朝文武百官到京郊迎接贾似道"凯旋"。四月，晋升贾似道为少师，封卫国公。

这下，贾似道成了理宗身边的股肱之臣。加之手握重权，贾似道便露出了专横霸道、穷凶极恶的丑陋嘴脸，开始诬陷打击那些曾与他有矛盾的朝臣。当时，蒙古军队曾攻到潭州，江西大震，丞相吴潜将贾似道调往要冲重镇黄州（湖北黄冈）防守。贾似道在途中遇上一股蒙古兵，简直害怕得要死，然而这些都是些老弱病残，很快就被宋军歼灭，即便如此，他也一直认为这是吴潜在害他，从此便怀恨在心。

第六章　宋元时期的名相

还朝以后，贾似道听说宋理宗已经对吴潜相当不满，便乘机指使爪牙沈炎弹劾吴潜，将他贬到循州（广东龙川），并将所有追随吴潜的大臣都扣上"党人"的帽子，贬出朝廷。在鄂州时，将领曹世雄、向士壁曾经对贾似道的行径表示过轻视，贾似道就给他们加上"盗取官钱"的罪名，贬谪到边远穷困的地方去，最后迫害致死。为了大权独揽，专享殊荣，贾似道还设法将宋理宗向来宠信的宦官内侍董宋臣、卢允升及其党羽贬黜出朝，禁止他们干预朝政。最后，贾似道甚至肆意更改各种法律和规章制度，以巩固自己的地位。

景定五年（1624年），宋理宗病逝，贾似道拥立宋度宗即位。这时贾似道的权势已是如日中天，就连度宗对贾似道也是感激涕零，两人相见竟不行君臣之礼。可他还要施展特有的手腕，故弄玄虚。当贾似道料理完理宗的丧事后，竟弃官返回自己在绍兴（今属浙江）的私宅，暗中又指使人谎报元军将要来袭的消息。朝中顿时人心惶惶，无能的度宗和谢太后立即下诏请贾似道复职，并特拜他为太师，封魏国公。可知贾似道完全是将皇帝如同戏偶一般玩弄于股掌之间。

咸淳三年（1267年）二月，贾似道再次故伎重演，向度宗提出要返乡休养，度宗又慌了，一天四五趟地派大臣、侍从去传旨挽留，还施以各种赏赐物品，直到授以贾似道平章军国重事，派左、右丞相轮流替他掌印，许他三日一朝，才将其挽留下来。原本贾似道在西湖已有理宗赐予的集芳园，这原是高宗用过的旧所，有楼阁堂观数十处，尤以半间堂、养乐园最为出名，这次度宗又在西湖葛岭赐给他私宅一所，令他在此休养。从此贾似道不到都堂议事，而由胥吏抱着文书送到葛岭私第请示，大小朝政皆由廖莹中和翁应龙办理，宰执形同虚设，仅在公文纸尾署名而已。

咸淳九年（1273年）初，被元军围攻达五年之久的南宋重镇襄阳（今湖北襄樊）终于失陷，南宋朝野大为震动。当初襄阳被围时，贾似道曾装模作样地要亲往救援，暗地又指使党羽上书阻留。等到襄阳失守后，贾似道将其失守的原因推至先皇理宗的头上，说是理宗当初阻止他去救援。襄阳失守后，国家存亡受到严重威胁，许多大臣纷纷献策，然而，贾似道却置南宋王朝存亡于不顾，不仅不加布置边防问题，反而把上书者罢免流放，继续文过饰非，过着歌舞升平的享乐生活。

咸淳十年（1274年）七月，宋度宗去世，贾似道立年仅四岁的赵㬎为帝。不久鄂州守将程鹏飞投降，元丞相伯颜率军东下。由于沿途宋军早已疲惫至极，无力应付，所以元军一路长驱直入，临安城局势危急。在太学生的强烈要求之下，贾似道只得率军出征，来到芜湖。谁知他又用了当年对付忽必烈的那招，先派人馈送荔枝、黄柑等水果美食给元丞相伯颜，又派宋京到元军中请求称臣纳币，但遭到伯颜的拒绝。在元军的强大攻势下，宋军主力损失殆尽，贾似道只身逃回扬州。

如此误国误民的奸臣贾似道，在众多官员的激愤要求下，被朝廷罢了官。然而，众愤难平，朝廷的从轻发落遭到天下人的一致反对，太学生及台谏、侍从官强烈要求斩杀贾似道。贾似道看到众人的气愤之举非比寻常，不禁有些担心，上表乞求活命，并将鲁港兵败之责全部推给孙虎臣、夏贵。众怒之下，朝廷将他降三级官职，流放婺州（今浙江金华），但贾似道早已臭名昭著，婺州民众到处张贴通告，拒绝让他入境。朝廷又将他改放建宁府（今福建建瓯），但朝臣中有人认为："建宁乃名儒朱熹的故里，虽三尺童子粗知向方，闻似道来呕恶，况见其人！"在朝臣不断的口诛笔伐之下，朝廷只得将贾似道贬为高州（今广东高州境内）团练副使，到循州（今广东龙川）安置，并抄了他在临安和台州的家。

押送贾似道到循州的是会稽县尉郑虎臣。郑虎臣果然不负众望，一上路没多久，就立即赶走了贾似道所带的十几个侍妾，行至途中，郑虎臣又撤去贾似道轿子上的轿顶，让他暴晒于秋初的烈日中。轿夫也以杭州方言唱歌，嘲骂贾似道。

途中一日，他们在一所古寺歇了下来，墙上有因贾似道迫害而流放至此的吴潜的题字，郑虎臣怒曰："贾团练，吴丞相何以到此？"贾似道无言以对。乘船行至南剑州黯淡滩时，郑虎臣暗示贾似道，这里的水很清，可以自尽。然而贾似道仗着太皇太后的庇护，不肯寻死，企望能躲过风头，说："太皇太后许我不死，有诏即死。"

九月，走到距漳州（今福建漳州）城南五里处的木绵庵时，贾似道多次腹泻，郑虎臣不肯让他多活，遂就此将蹲在便桶上的贾似道处死，结束了他恶贯满盈的一生。贾似道死后不久，南宋都城临安被元军攻破，四年后（1279年），南宋灭亡。

留取丹心照汗青：文天祥

文天祥（1236—1283年），字履善、宋瑞，号文山，吉州庐陵（今江西吉安）人。他少时饱读诗书，胸怀大志，于宝祐四年（1256年）参加科举考试，得中状元，任承事郎、签书宁海军节判官厅公事。其间，蒙古军大举南侵。宋理宗受奸臣和宦官的控制，主张放弃临安，迁都四明（今浙江宁波）。文天祥坚决反对，据理力争，终于使宋理宗打消了迁都的念头。

景定四年（1263年），文天祥改任著作佐郎兼景献太子府教授，因耻于在宦官董宋臣手下做事，上书求去，知瑞州（今江西高安），转江西提刑。宋度宗咸淳五年（1269年），文天祥知宁国府（今安徽宣城），次年被调回京城，任学士院权直，负责给皇帝起草诏书。

文天祥鄙夷宰相贾似道，曾通过诏书形式，斥责他的种种劣迹。贾似道大怒，罢免了文天祥官职。直到咸淳十年（1274年），文天祥才复出，知赣州（今江西赣县）。这时，元世祖忽必烈以伯颜为统帅，率领铁骑南侵，攻占襄樊和鄂州，然后沿长江东下，直扑临安。宋度宗病死，宋恭帝即位，谢太后主事，下令各地勤王。文天祥招募起一支三万人的队伍，开往临安。贾似道临阵脱逃，新任宰相陈宜中和兵部尚书吕师孟均是投降派。文天祥提出建立方镇的主张，建议设长沙、隆兴（今江西南昌）、鄱阳（今江西波阳）、扬州四镇，各置都督，率领军民，抗击元军。

陈宜中、吕师孟拒不采纳，以文天祥为浙西、浙东制置使，江西安抚大使，知平江（今江苏吴县），率兵增援常州。常州兵败，文天祥退守余杭（今浙江余杭）。德祐二年（1276年）正月，元军进抵临安城外，谢太后焦头烂额，通知元军统帅伯颜，决定投降。

伯颜让宋朝宰相赴元营商谈投降事宜，陈宜中怕死，逃之夭夭。无可奈何，谢太后只得给文天祥一个右丞相兼枢密使的职衔，命其前往元营谈判，同行的还有安抚使贾余庆等人。

文天祥临危受命，意在通过谈判拖住元军，保住临安，为军民抗元争取时间。谈判中，文天祥提出，元军必须撤退到平江一带，以显示谈判的诚意。伯颜大怒，将其扣留，改而威胁贾余庆。贾余庆一副软骨头，乖乖地俯伏在伯颜面前，接受了元军提出的

文天祥蜡像

所有条件。贾余庆被放回，反说了文天祥的许多不是，主张立即投降。谢太后计无可施，只好再任命贾余庆为右丞相，率监察御史杨应奎等，向伯颜献上降表。

其实，这时的南宋事实上已经灭亡。伯颜把宋恭帝及其生母全太后以及文天祥等，押解大都（今北京）。在镇江，文天祥经义士相救，得以逃脱，辗转扬州、高邮（今江苏高邮）、海陵（今江苏泰州）、通州（今江苏南通）等地。

五月，宋臣张世杰、陆秀夫等，在福安（今福建福安）拥立宋恭帝之兄益王赵昰（shì）为帝，是为宋端宗。文天祥火速赶到福安，出任枢密使同都督诸路军马，并至南剑（今福建南平），招募兵马，高举起抗元的大旗。文天祥在人民心目中还是丞相，所以响应者甚众。元军加紧向福建发动进攻，张世杰、陆秀夫等保护宋端宗，转移到广东。文天祥也以退为进，移军龙岩（今福建龙岩）。

景炎二年（1277年），文天祥指挥大军挺进江西，攻占会昌（今江西会昌）。元军则把主力摆在雩都（今江西于都）。六月的一天，文天祥和将军赵时赏、邹讽、巩先等一起，联络赣州、吉水（今江西吉水）的宋军，围歼雩都元军，大获全胜。湖南、湖北、福建的宋军奋起攻杀元军，惩治汉奸，一时形成了抗元战争以来从未有过的大好局面。文天祥驻军兴国（今江西兴国），号令直通江淮地区。元世祖忽必烈派遣南宋降将张弘范、李恒，率兵10万围剿文天祥。文天祥寡不敌众，赵时赏为掩护文天祥，英勇战死。文天祥退守潮阳（今广东潮阳），并向海丰（今广东海丰）转移。景炎三年（1278年）四月，宋端宗病死。张世杰、陆秀夫再拥立其弟赵昺为帝，迁移至崖山（今广东新会南海中）。海盗引导元军，追击文天祥。文天祥遭元军重重包围，自杀未果，终被俘。

祥兴二年（1279年）初，无耻的张弘范押着文天祥由海道去崖山，途经一个叫作零丁洋的地方。文天祥想到异族入侵，国家灭亡，自己无力回天，忧愤填胸，写下千古名诗《过零丁洋》：

　　辛苦遭逢起一经，干戈寥落四周星。
　　山河破碎风飘絮，身世浮沉雨打萍。
　　惶恐滩头说惶恐，零丁洋里叹零丁。
　　人生自古谁无死？留取丹心照汗青。

李恒奉张弘范之命，劝文天祥写信给张世杰和陆秀夫，让二人归附元朝。

第六章 宋元时期的名相

文天祥痛斥汉奸卖国贼，严词拒绝，命其将新写的《过零丁洋》诗交给张弘范。张弘范读诗，且羞且怒，无言以对。二月，崖山海面发生一场海战，宋军惨败，陆秀夫怀揣传国玉玺，背负皇帝，跳海殉国。张世杰突围而出，亦投海殉难。

文天祥悲痛欲绝，几次跳海，欲死不能。他被押往大都，沿途所见，都是国破家亡的悲惨景象。

文天祥到了大都，忽必烈考虑他有崇高的威望，一心想让他降元。为此，忽必烈先派宋恭帝赵㬎前去劝降。哪知一幕"君劝臣"，反而变成了"臣讽君"，赵㬎自讨了个没趣。忽必烈再派宰相阿合马、博罗，软硬兼施，以力相逼，以利相诱，务要文天祥降元。文天祥坚持民族气节，始终坚贞不屈。忽必烈无奈，只得把文天祥关进监狱，企图以时光消磨他的意志。文天祥在狱中饱受艰辛和屈辱，同时创作了大量诗歌，编成《指南录》《指南后录》《吟啸集》，以抒发自己强烈的爱国感情和忠贞操守。

文天祥被关在狱中整整三年。他成了抗元民众的一面旗帜，有人扬言要劫狱，救出文丞相。忽必烈大为恐慌，进行最后一次努力，亲自出面，劝告文天祥投降，许诺拜为中书宰相。文天祥拒不跪拜忽必烈，破口大骂，只求早死。次日，文天祥被押赴刑场，从容就义，时年47岁。

知识链接

秦桧与油条

根据清末民初的徐珂编撰的《清稗类钞》记载，油条似乎起源于南宋，而且与高宗时期的奸相秦桧有很大关联。

书中记载油条本名"油炸桧"，意思就是"油炸秦桧"。人们把面做成两个长条，然后再捶薄，两条相互交叉合为一体，好像用绳子给它系上一样。然后再用油炸，出锅后的样子酷似人形，上面两个分叉代表人手，下面两个分叉代表人脚。正是因为秦桧祸国殃民，百姓非常痛恨他，所以就做出"油炸桧"来表示诛除这个奸佞小人。

第三节 元朝的名相

助元建立制度的异族宰相：耶律楚材

耶律楚材（1190—1244 年），燕京（今北京）人，字晋卿，号湛然居士。因曾在北京玉泉山居住，故又称玉泉居士。

他出生于金后期，其父耶律履在金世宗时任尚书右丞。耶律楚材虽然是契丹人，但他自幼就接受汉文化教育，深受儒家思想的熏陶。成年后，他在治国方面便遵循儒家济世安民之道。耶律楚材天资过人，博览群书，能过目成诵。他17岁入仕，24岁为并州（今河南濮阳）同知（州的副长官），后迁左右司员外郎。

此时，北方蒙古族军队在成吉思汗的率领下，一举吞灭了金王朝。成吉思汗听说耶律楚材才学过人，下诏要亲自召见他，耶律楚材仰慕成吉思汗的雄才大略，认为追随这样的君主，可以施展其远大的抱负，于是欣然应召。成吉思汗一见耶律楚材身材伟岸，声音洪亮，便心生爱意。耶律楚材以渊博的学识受到成吉思汗的宠信，让他跟随自己西征。成吉思汗运用军事手段扩大统治领域，无心改变蒙古族原有的社会政治制度，不重视耶律楚材以儒治国的主

耶律楚材读书堂

第六章 宋元时期的名相

张,只把他作为汉文书记官和占卜星相家使用。在成吉思汗统治的十年中,耶律楚材很不得志,曾在诗中流露:"治军泽民本不难,言轻无用愧偷安;十年潦倒功何在,三径荒凉盟已寒。"

成吉思汗病逝后,暂由其四子拖雷监国,耶律楚材受命回燕京,负责收集图书经籍。原来,蒙古军队攻下城池,只顾抢夺财物和人口,耶律楚材却搜集图书和药材。不久,军中疾病流行,耶律楚材用所收的药材救活了数万将士,此事引起蒙古统治者对汉族文化的重视,拖雷派耶律楚材到燕京搜集图书,耶律楚材出色地完成了任务。

他还协助拖雷整顿统治秩序。由于各州郡官吏任意杀戮,掠夺财物,兼并土地,因而耶律楚材受命与宗王塔察儿共同惩治"剧贼"。耶律楚材通过调查发现,这些"剧贼"都是燕京权贵的亲属,便将"剧贼"全部逮捕入狱。权贵们大为震惊,纷纷向塔察儿行贿,以求免罪。在耶律楚材的劝诫下,塔察儿处死了"剧贼"首恶16人,安定了燕京。惩治"剧贼",显示了耶律楚材的政治才干和清廉刚正的节操,因而获得蒙古统治集团的信任。

拖雷监国两年后,按照成吉思汗的遗诏,由窝阔台继承汗位。在举行登基大典时,耶律楚材为使会议开得庄严隆重,就说服亲王察合台率先遵守君臣之礼,实行跪拜,以尊君权。窝阔台即位后,为树立自己的威严,试图惩戒那些未按时来朝拜的王公大臣。耶律楚材劝窝阔台以宽厚待人,防止扩大矛盾,稳定政局。窝阔台采纳了他的建议,从前不拥护他的人都前来归附。耶律楚材为了帮助窝阔台建立各种制度,撰写了《便宜十八事》,它涉及官吏设置、赋役征收、财政管理、刑法条例等方面。窝阔台对耶律楚材的才能大加赞赏,当即授命他为中书令,典颁百官,会决庶务,使他成为一人之下、万人之上的宰相。

耶律楚材协助窝阔台进行了一系列政治改革,以适应"汉化"地区高度发达的封建社会需要。首先,逐步废除屠城杀掠的政策,稳定社会经济,避免被统治地区的反抗斗争,从而有利于蒙古国的统一与安定。其次,耶律楚材谏阻"裂土分民",主张建立军、民、财分治的中央集权制。窝阔台曾打算按照蒙古国的惯例,将新占领的中原地区分赐给亲王和功臣。耶律楚材当即指出,"裂土分民"只会扩大彼此间的矛盾,不利于国家的统一。不如由政府派遣官吏到各州县负责税收,收入作为俸禄发给诸王和功臣,不让他们擅自征税。这样地方征税的权力收归中央,可以加强中央集权的实力,压制地方势力的滋长，避免分裂局面的发生。窝阔台接受了他的建议，令耶律楚材制定地方官军民财三权分立的制度。耶律楚材还及时向窝阔台建议说，天下虽得之马上，而不可在马上治理，道出以文治国的道理。窝阔台便让耶律楚材选拔一批文臣到政府部门任职。为推进"汉化"，还将当时一些著名的儒士请到燕京，充实到政府各级机构，从而改善了官员的文化素质。

耶律楚材在窝阔台统治时期，较充分地发挥了自己的治国之能，促使蒙古统治集团接受"汉法"，建立起一整套政治经济制度，促进了蒙古社会经济文化的发展，奠定了元代统一国家的规模。明朝的张溥认为他"相二帝辟草昧，开基元德"，可比周召二公之功。然而耶律楚材的结局十分悲惨，他所实行的改革措施遭到蒙古贵族们的反对，后来窝阔台去世，耶律楚材受到各方面的排挤，最后悲愤而死。

平定南宋的宰相：伯颜

伯颜的曾祖名叫述律哥图，曾在元太祖成吉思汗时，任蒙古八邻部左千户之职。其祖阿剌，袭父职，兼断事官。因平定忽禅有功，成吉思汗就把八邻部这块土地赏赐给他，由他管理。伯颜父亲晓古台，也世袭父职。由于随宗王旭烈兀（成吉思汗之孙、拖雷之子）开拓西域，所以伯颜随父亲生活，在西域长大。

元世祖至元初（1264年），旭烈兀派晓古台进大都（今北京）入朝奏事，伯颜随行。当时伯颜30岁左右，世祖忽必烈见其相貌英俊、身材魁梧、谈吐文雅、出口不凡，甚是欣赏，于是说："伯颜非宗王之臣也，留在京城让他随朕办事。"于是伯颜留在京师，在世祖忽必烈手下当差。忽必烈曾与伯颜谈论国事，伯颜的所谈所识总比当时的朝臣要高出一筹，这令世祖更加礼待于他。忽必烈还下敕书，让安童的妹妹嫁给伯颜。

至元二年（1265年）七月，伯颜由于忠心耿耿，办事干练，由一名侍臣官被越级提拔为光禄大夫、中书左丞相。当时，朝中大臣遇有难办之事，伯颜总能从容地用一两句话解决。这种高超的决策能力和果断的处事作风赢得群臣一片赞赏，许多朝中大臣竖起拇指叹服地说："真宰辅也。"至元四年（1267年），伯颜改任中书右丞，至元七年（1270年），迁同知枢密院事。至元十年（1273年）春，伯颜持节奉玉册立燕王真金为皇太子。至元十一年

第六章 宋元时期的名相

（1274年），元世祖决定大举进攻南宋。是年秋七月，元世祖忽必烈任命伯颜为统帅，率大军20万征讨南宋。九月，伯颜率领蒙古铁骑会师于襄阳，然后兵分三路向南挺进。十二月，元军采用声东击西之计，从汉口巧渡长江之后，袭取荆湖重镇鄂州（今湖北武汉）。伯颜命阿里海牙领兵4万镇戍鄂州，分兵攻取湖南、广西等地，自己与阿术率水陆大军沿江东下。

元军飞渡长江，沿江东进，令宋廷沿江各州郡极度恐慌。至元十二年（1275年）正月，黄州、涟水、蕲州、安庆、池州等州郡的宋朝知官、将领纷纷献城请降。二月，伯颜大败南宋"蟋蟀宰相"贾似道于丁家洲。是役之后，伯颜与取道淮西南下的合答、董文炳会合。溧阳、镇江等地宋军皆请降，淮西滁州诸郡亦相继归降。

至元十二年（1275年）三月，蒙古大军拿下建康（今江苏南京）。忽必烈闻此捷报，十分高兴，遂诏伯颜以行中书省驻建康，阿塔海、董文炳以行枢密院驻镇江。

至元十二年（1275年）十一月，伯颜派军在占据无锡州、太湖和平江后，派宋降臣游介实，奉世祖诏书副本出使宋朝，以诏书的形式劝谕宋朝的诸位大臣投降元朝。十二月，元大军驻无锡。宋朝柳岳等奉宋国主及太皇太后书和宋诸大臣给伯颜的书信来见伯颜，流着泪对伯颜说："太皇太后年迈体衰，我们国君又太幼小，况且我们正处于国丧期间，自古礼不伐丧，望哀怜体谅宋主的情况，能退兵班师。此后宋朝岂敢不每年进奉修好？之所以落到今日这步田地，都是那个奸佞之臣贾似道背信弃义失言于贵国造成的呀。"伯颜回答说："我主上即位之初，曾奉国节至宋，愿与宋修好，而汝国却执留我使者16年，因此今天才兴师问罪。去年，宋又无故杀害我廉奉使等，这是谁的过错？如要使我师不进，请效法当年钱王纳土与宋，李后主出降于宋。你们宋朝当日得天下于奸佞小人之手，今日失天下者，不也是失之于权奸小人之手吗？这一切都是天意啊，不用多说了。"柳岳只有顿首哭泣不已。

至元十三年（1276年）正月，元军进军临平镇，军至皋亭山。宋主遣临安府守贾余庆同宗室尹甫、吉甫等人，奉传国玺及降表到军前，伯颜接纳。伯颜派遣忙古歹与贾余庆还临安，召宋宰相来谈议降事。当时宰相陈宜见大军压境弃城而逃，宋廷只好任命文天祥为代丞相去处理议降一事，但遭到了文天祥的拒绝。

至元十三年（1276年）正月下旬，谢后遣丞相吴坚、文天祥、枢密谢堂等人来见伯颜。伯颜抚慰后，便让他们回返临安。但看到文天祥言谈举止与一般人不同，怀疑他有二心，便扣留军中。文天祥数次请归，伯颜均笑而不答。伯颜命令忙古歹、唆都将文天祥羁留。又令程鹏飞、洪双寿同宋臣贾余庆交换宋主削帝号、递降表。

至元十三年（1276 年）三月，伯颜入临安，令唐兀歹、李庭护送宋君臣北上。伯颜兵发临安，宋主求见伯颜，伯颜说："没有归降进入朝廷，还谈什么相见的礼仪！"五月，伯颜与宋主到了上都，世祖忽必烈在大安阁接受朝拜，降授宋主为开府仪同三司，检校大司徒，封瀛国公。至此，平定了宋朝。

正当元廷上下沉浸在欢呼胜利的喜庆氛围时，突然北方传来宗王昔里吉、玉木忽儿、脱脱木儿、撒里蛮等自阿力麻里叛乱的消息。叛军进掠和林（今蒙古国哈尔和林），弘吉剌部只儿瓦台等起兵响应，大漠南北为之震动。在这危急时刻，忽必烈命伯颜火速率军北上，平定叛乱。

伯颜亲率大军，大败昔里吉于斡鲁欢河（今蒙古国鄂尔浑河）。不久，叛军内讧，昔里吉败走南方海岛，病死。至元十八年（1281 年）二月，伯颜奉命从皇太子真金戍守漠北。

至元二十二年（1285 年）秋，长期驻守畏兀儿、哈密力（今新疆哈密）的宗王阿只吉，被察合台汗国之汗笃哇所击败，忽必烈一气之下，削除了他的军权，让伯颜取而代之，镇戍西北。当时，驻守西北的蒙古军队缺乏粮食，伯颜下令将士采掘蒺怯之叶和蓿敦之根贮藏，盛冬时节，士兵和战马皆以此为食充饥。又传令，凡捕食塔剌不欢野兽的军士，可收集它们的毛皮，经过动员，一下收集了几万张，伯颜既而遣使运至京师。忽必烈见状，笑着说："伯颜以边地寒，军士无衣，欲易吾缯帛耳。"遂令廷臣，大量补充边关将士的衣物。

至元二十四年（1287 年）二月，有人密告乃颜欲反，忽必烈诏令伯颜前去打探虚实。乃颜是元宗王，铁木哥斡赤斤玄孙，塔察儿孙，承袭斡赤斤分地，据有哈剌温山（大兴安岭）东西两侧和辽东大部。伯颜临行前让随从人员携带大量的衣裘，沿途均赠与驿人。抵达乃颜驻地后，乃颜设宴欢迎伯颜，暗中却派人做好埋伏，准备擒拿伯颜。极具洞察力的伯颜一眼就察觉出乃颜的阴谋，他借故与随从溜走，分三路奔往驿站。驿人因为得到过伯颜赠送的衣裘，纷纷前来敬献骏马。伯颜等人飞身上马，把乃颜的追兵远远地甩在了后面。

乃颜的谋反之心路人皆知，于是，忽必烈决定铲除这个祸根。是年夏四月，乃颜联络诸王势都儿、哈丹等举兵反叛，进军潢河（今西拉木伦河）流域。忽必烈勃然大怒，决定亲自征讨逆贼，伯颜相从。伯颜奏请召大将李庭、董士选至上都，令其指挥诸卫汉军，运用汉军战术对付叛军。忽必烈接受了伯颜的建议，遂命李庭和董士选率汉军、玉昔帖木儿率蒙古军同时进发，又命伯颜自别失八里移军驻守哈剌和林，阻挡海都和乃颜两军会合。当时，乃颜的部将金家奴、塔不歹进逼乘舆，李庭、董士选指挥步兵迎战获胜。不久，乃颜在不里古都伯塔哈之地（哈拉哈河与诺木尔金河交汇之三角地带）兵败后被杀，势都儿投降，哈丹逃至朝鲜后自杀。

三年后，阿里不哥之子、宗王明里帖木儿在海都的支持下举兵反叛。伯颜奉诏征讨，军士抓获叛军一间谍，忻都挥刀就砍，伯颜急忙制止，并赏赐叛军间谍大量财物，并让他带一封书信给明里帖木儿。此书信晓以大义、明以祸福，规劝明里帖木儿回心转意，拥戴元廷。明里帖木儿看信后热泪盈眶，长泣不止，事后不久便率众归降了元朝。至元三十年（1293 年）冬十二月，伯颜被已身患重病的忽必烈召回京都。第二年正月，忽必烈去世，伯颜以朝廷重臣、顾命大臣身份总领百官。至元三十一年（1294 年）四月，即忽必烈去世三个月后，铁穆耳在伯颜等人的拥戴下，于上都大安阁正式即帝位，是为元成宗，次年改元元贞。当时，许多诸侯王对铁穆耳继承帝位表示不服，有人甚至公然表示抗议。伯颜手握宝剑，站在殿堂之上，威严无比。他陈述祖宗宝训，宣示顾命，阐明所以拥立铁穆耳的理由，声色俱厉，怒目相向，诸王无不胆寒，纷纷下拜。

至元三十一年（1294 年）五月，伯颜拜开府仪同三司、太傅，录军国重事，依前知枢密院事，赐金银各有差。当时，江南三省多次恳请罢行枢密院，成宗问计于伯颜。伯颜正在病中，他睁开双眼说："内而省、院各置为宜，外而军、民分隶不便。"成宗点头称是，三院遂罢。

是年冬十二月，伯颜因病不起，溘然长逝，时年 59 岁。大德八年（1304 年），元成宗特赠他宣忠佐命开济功臣、太师、开府仪同三司，并追封他为淮安王，谥忠武。元顺帝至正四年（1344 年），又给他加赠宣忠佐命开济翊戴功臣，进封淮王。

器宏识远的末代宰相：脱脱

脱脱（1314—1355 年），字大用，他出身于蒙古贵族，出生时容貌奇特，非同常人。年幼时，他天性活泼好动，不喜雅静沉郁。及年龄稍长些，少年脱脱长得粗壮结实，加之喜好武艺，臂力过人，勇猛无比，十几岁便能开一石重的弓。十五岁那年，他便被征为皇太子侍从。

天历元年（1328年），脱脱被按成制授袭提举司达鲁花赤。次年，他奉诏入朝觐见皇上，文宗见脱脱气质独特，极口盛赞，于是，升迁脱脱为内宰司丞，兼任前职。五月，又任命脱脱为府正司丞。至顺二年（1331年），文宗亲自授予他虎符，同时升调他为忠翊侍卫亲军都指挥使。元统二年（1334年），又让他兼管宣政院事务。五月，朝廷迁他为中政使；六月，又任命他为知枢密院。从他进京起，不到六年时间，脱脱由于深得宣帝的信任，一连官升数级，成为朝廷省、部级大员。

至元元年（1335年），唐其势阴谋起事，事发被杀。其党羽答里、剌剌等人见势，忙起兵发难。脱脱亲自挑选精兵强将讨伐答里、剌剌部队，最终将他们全部擒获，押解大都听候处置。因平叛有功，脱脱被拜为御史中丞、虎符亲军都指挥使，不久又被提升为左阿速卫。至元四年，他被升迁为御史大夫，仍兼任前职。担任御史大夫后，脱脱如鱼得水，充分施展了自己的才能。

当时，元朝已是日薄西山，朝政趋于腐败，法度不行，贪腐横行。脱脱大胆改革、重振纲纪，朝廷内外一片肃然。至正元年（1341年），皇上任命脱脱为中书右丞相，掌管全部军国大事。就任后，脱脱恢复科举取士，重新启用太庙四季祭祀的制度，脱脱还开马禁，恢复先前经筵讲学的制度，遴选儒生学士治经讲学，并且亲自掌领经筵讲学的具体事宜。脱脱颁行的一系列恢复社会经济的政策和大刀阔斧的改革，赢得了朝廷上下仕人及普通百姓的好评和称赞，人人都称他为贤相。

至正七年（1347年），别儿怯不花担任右丞相，因过去与脱脱的父亲马扎儿台有宿怨，便利用手中特权诬陷马扎儿台，并将他贬谪甘肃，脱脱生性孝道仁慈，不忍心让年迈父亲忍受痛苦，于是便向朝廷请求与父亲同行。马扎儿台在西域死后，左丞相太平和哈麻向朝廷请求，想让脱脱将父亲的棺木运回京师，但朝中许多人作难反对。在太平、哈麻的坚决请求和不断努力下，脱脱才得以返回京师，加上皇帝也念及脱脱的功劳，便同意他回京任职。

至正八年（1348年），朝廷擢升脱脱为太傅，随即提调宫傅，总理东宫之事。第二年，朵儿只、太平都被罢相，重新启用脱脱为中书右丞相，赏赐上尊、名马、裘衣、玉带无数。脱脱第二次入相后，又开始重新整顿朝政，先是开设端本堂，供皇太子专门学习，并亲自管理端本堂的事情。脱脱大胆

第六章 宋元时期的名相

提拔乌古孙良桢、龚伯遂、汝中柏、伯帖木儿等人为僚属，共同商议朝政。

元末，由于阶级矛盾的激化，各地农民起义时有发生，尤其是汝、颍之间的红巾军声势和影响最大。不久，襄、樊、唐、邓各地的起义军也纷纷响应，势力范围涉及中国大部分地区。南方张士诚占据高邮。朝廷诏令脱脱统领各路军马征讨张士诚。大队人马行至高邮，脱脱采用分兵合击的战术，连续几次战争都取得胜利。随后又派小部军队平定了六合，农民军的情势十分紧迫，脱脱正准备对农民军采取最后行动，不料朝廷突然下诏以劳民伤财的罪名剥夺了他的兵权，削除一切官职，贬居淮安，听候处置。全部兵马由河南行省左丞相太不花、中书平章政事月阔察儿、知枢密院事雪雪代为统领。

至正十五年（1355年）三月，脱脱案件提至中央御史台。起初，台臣都仰慕脱脱的功勋，尽力轻判，但因哈麻一直追究，而且皇上也支持哈麻，所以最终还是列数脱脱兄弟所谓的罪状，将脱脱兄弟分别流放于云南大理宣慰司镇西路和四川碉门。脱脱长子哈剌章、次子三宝奴也分别谪居肃州和兰州，家产簿录全部入官充公。在行至大理腾冲时，知府高惠想用女儿来侍奉脱脱，遭到脱脱断然拒绝："我是朝廷罪人，怎么还敢有这种荒唐的想法呢？"九月，朝廷又下诏将脱脱移贬到阿轻乞。高惠因为脱脱先前不肯接受他的女儿，对脱脱百般刁难。十二月，哈麻假借圣旨，派使者鸩杀脱脱。朝廷听到讣告后，派尚舍卿（官名）七十六（人名）赴阿轻乞，"易棺衣以殓"。

至正二十二年（1362年），监察御史张冲等人上奏朝廷，替脱脱平冤昭雪。不久，皇帝下诏恢复脱脱官爵，并发还已被没收的全部家产。同时召脱脱的儿子哈剌章、三宝奴回京都，并授予哈剌章中书平章政事官职，晋封申国公，三宝奴则担任枢密院事职务。

知识链接

脱脱修史

至元四年（1338年），元朝廷开始着手编写宋、金、辽史，但因为当时

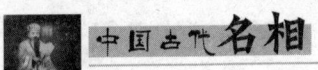

学者为宋、金、辽三朝谁为正统的问题争论不休，所以也就一直未能撰成。

直至至正三年（1343年），脱脱以都总裁右丞相的身份领衔主修三史，他断然裁定："三国各与正统，各系其年号，以此为三史之义例。"于是三史才得以正式开始编撰。

《宋史》是二十四史中篇幅最为浩繁的一部官修纪传体史书。于元顺帝至正三年（1343年）开始编修，至正五年（1345年）十月，历时仅两年半，即修成《宋史》。全书共496卷，包括本纪47卷，志162卷，表32卷，列传255卷，约500万字。该书的体例完备，融汇了以往纪传体史书所有的体例，纪、传、表、志俱全，而且有所创新。但由于元朝史官史识低下，《宋史》存在一些缺点，如详略不一，删除了宋元战争史实及否定王安石变法等。

《辽史》具体由廉惠山海牙、王沂、徐昺、陈绎曾4人分撰。从至正三年（1343年）四月开始编修，至第二年三月完成，前后仅用了11个月。全书共116卷，包括本纪30卷，志32卷，表8卷，列传45卷，国语解1卷。该书系统地记述了我国古代契丹族建立的辽国200多年的历史，并兼载辽国以前契丹的状况以及辽灭亡后耶律大石所建西辽的概况，是研究辽、契丹和西辽的重要典籍。

《金史》于至正四年（1344年）四月始修，次年十月完成。全书135卷，包括本纪19卷，志39卷，表4卷，列传73卷，书后还附有《金国语解》一篇。此书是反映女真族所建金朝的兴衰始末的重要史籍。

脱脱主修三史虽因急于求成，无暇细心综合浩繁资料加以分析，加之修史诸人又并非什么"史才"，所以芜陋之处很多，但三史卷帙众多，对后人研究宋、金、辽的史籍极具参考价值。

第七章

明清时期的名相

　　明初的宰相胡惟庸因为骄横跋扈，令明太祖朱元璋采取"极端措施"，将丞相一职彻底废除，并严禁后人恢复。但无论是明朝的内阁首辅大臣还是清朝的军机处大臣，随着时间的推移，实际上已经具备了甚至超越了以往各朝各代宰相的权力：严嵩能够扰乱朝纲，张居正可以进行改革，和珅蒙上欺下，李鸿章厉行洋务，这些都是很好的佐证。直至袁世凯颠覆清朝，封建君主专制的废除，作为皇权附庸的宰相制度才彻底消失殆尽。

第一节
明朝的"宰相"

裁决入流，功高骄败：李善长

李善长（1314—1390年），字百室，定远（今安徽定远）人。

他青壮年时代爱读书，有智计，具有法家思想，说话做事常常高人一头，很有名气。朱元璋参加红巾军起义，升任郭子兴帐下的镇抚总管，率兵南下定远、滁州（今安徽滁县），扩展地盘。李善长发现朱元璋雄才大略，绝非等闲之辈，因而主动迎谒。朱元璋知道他在定远很有声望，以礼相待，留掌书记，为心腹参谋，筹划一切，主管军饷。

李善长也确有才干，多方打点，保证了朱元璋的军饷供应。同时积极为朱元璋物色人才，协调彼此间的关系，使这支起义军的力量迅速壮大起来。

郭子兴死后，朱元璋升任元帅，外出征战，必以李善长为留守，负责后方的军政事宜。朱元璋南渡长江，攻取集庆路（今江苏南京），改名应天府，建立了江南行省。李善长从元帅府都事升任行省参知政事，军机退进、赏罚章程，朱元璋大多听从他的意见。

至正二十四年（1364年），朱元璋打败陈友谅以后，自称吴王，建立了一整套封建统治机构。李善长升任右相国，为朱元璋规划统一天下的长远大计。由于他"明习故事，裁决如流，又娴于辞令"，所以"将吏帖服，居民安堵"。他奏请制定盐法、茶法、制钱法、冶铁法等，废除元朝的弊政，减轻农民的负担，因而"国用益饶而民不困"。

至正二十七年（1367年）底，朱元璋征讨割据势力和北伐元朝取得了决

第七章 明清时期的名相

定性的胜利，遂即皇帝位，并于次年正月，定国号为明，以应天府为国都，改元洪武。洪武三年（1370年），明太祖大封功臣，说："善长虽无汗马之劳，然事朕久矣，给军食，功甚大，宜进封大国。"于是授其"开国辅运推诚守正文臣"的称号，进光禄大夫、左柱国、太师、中书左丞相，改封韩国公，岁禄四千石，子孙世袭，并赐铁券，可免两次死罪。当时封为公爵的共有6人，李善长位列第一，人们普遍地把他比作西汉的萧何，褒誉如潮。

李善长为相，最大的贡献在于参与制订明朝初年的礼仪制度和各项政策，使封建统治秩序很快走上正轨，社会经济得到恢复和发展。但是，他"外宽和，内多忮刻"，不能和同僚合作共事，缺少"宰相肚里能撑船"的胸怀，犯了宰相第一大忌。参议李饮冰、杨希圣受到明太祖的赏识，李善长担心他俩会威胁到自己的相位，小题大做，随便栽了个罪名，奏请将二人罢黜，驱逐出朝廷。刘基也是一位能人，深得明太祖宠信。李善长出于同样的原因，对其进行诋毁和打击，迫使刘基请求隐退。此外，他还排斥张昶、杨宪、汪广洋等，人为地制造了朝臣间的矛盾和隔阂。而且，他"贵富极，意稍骄"，把谁都不放在眼里，这引起了明太祖的厌恶。洪武四年（1371年），李善长生病，明太祖恰好有了借口，罢了他的宰相职务。

暗酿连谋，咎由自取：胡惟庸

李善长罢相后，明太祖以汪广洋为右丞相，胡惟庸为左丞相。

胡惟庸（？—1384年）也是定远人，娶了李善长弟弟李存义的女儿，算是李善长的从女婿。当初朱元璋领兵南下，经李善长推荐，胡惟庸到了朱元璋手下，历任主簿、通判、知县等官。明太祖开国后，胡惟庸进位太常少卿。

洪武三年（1370年），还是李善长的推荐，胡惟庸升任中书省参知政事。此人心术不正，渴望拥有更大的权力，出任左丞相后，明里暗里排挤汪广洋。洪武六年（1373年），汪广洋出镇广东，胡惟庸独专中书省事。这时，他故意显能，迎合上意，宠遇日隆。明太祖受其蒙蔽，当年就提升他当了右丞相，而且一当就是七年。

洪武十年（1377年），明太祖曾再任汪广洋为右丞相，胡惟庸改任左丞相。但是，汪广洋为人平庸，生杀黜陟，皆由胡惟庸专断。大臣奏事，必先告知胡惟庸，否则就无法见到皇帝，更严重的是，胡惟庸利用权势，拉帮结派，陷害忠良，名臣刘基就是被他派人毒死的。胡惟庸的种种恶迹，汪广洋知情不报，实际上起到了庇护和帮凶的作用。洪武十二年（1379年），明太祖追查刘基的死因，遂把汪广洋处以流放，继赐死。

胡惟庸从汪广洋之死中嗅出了凶险的气味。他由此萌生出异志，网罗党羽和武士陆仲亨、费聚、涂节、陈宁、刘遇贤、魏文进等，私下招兵买马，偷阅天下兵马图册，积极为谋反做准备。他甚至派人称臣于北元政权，密通倭寇，请兵为外应。他还通过岳父李存义，拉拢李善长参加谋逆集团。李善长大惊失色，说："尔言何为哉？若此，九族皆灭！"可是，这位年老的故相也太糊涂，对于这样的大事，居然不向明太祖报告，从而铸成大错。

洪武十三年（1380年）正月，胡惟庸准备就绪，只需一声号令，便可造反。恰在这时，他的儿子在大街上驰车，坠车而死。胡惟庸怪罪于车夫，杀了车夫偿命。明太祖大怒，追究宰相的罪责。胡惟庸请求多给车夫家属金帛，不获允许。这样，胡惟庸只有狗急跳墙，铤而走险，孤注一掷了。

胡惟庸暗设计谋，决意杀害皇帝。这天，他奏告明太祖说："臣府井中冒出一股醴泉，古云：天降甘泉，地出醴泉，国家瑞兆也。故请皇上驾幸臣府，一睹为快。"明太祖一时高兴，忘了胡惟庸还是待罪之身，乘车就要前往。一名叫作云奇的宦官知道内情，向前拦住车驾，因为过分紧张，舌头发直，急得说不出话来。明太祖怒他失礼，命人拉开，处以杖击。云奇被打得气息奄奄，仍然手指胡惟庸府第的方向。明太祖顿有所悟，返回宫中，登高远眺，但见胡府隐隐伏有甲兵。他不由得冒出一身冷汗，立刻发兵包围胡府，把胡惟庸及其家人都杀了。

胡惟庸伏诛，罪有应得。明太祖从中悟出个道理：大臣哪怕是开国大臣，一个也不可信。因此，他改革官制，废除中书省，也废除了秦汉以来的宰相制度，改设大学士，分掌宰相的职权；把原来由宰相统辖的六部（吏、户、礼、兵、刑、工）升格，直接听命于皇帝；同时改革兵制，使所有大权全都集中到自己一人手中，皇权统治达到了登峰造极的地步。

胡惟庸死后，其谋逆的罪行陆续被揭露出来，触目惊心。十年后，明太祖为了剪灭功臣，借机兴起大狱，凡与胡惟庸有牵连的人，全部处斩，共杀死3万多人。李善长尽管有免死铁券，也被赐死。

第七章 明清时期的名相

秉权二十年的奸臣：严嵩

明太祖朱元璋废除了宰相制度，改设华盖殿、谨身殿、武英殿、文华殿、文渊阁、东阁等大学士，备皇帝顾问，分掌原宰相的职权。明成祖时，命一些官员在文渊阁当值，参与机务，称内阁。明仁宗时，内阁权位渐高，入阁者多为尚书、侍郎，实际掌握宰相权力。其中，一人为内阁首辅，就是宰相，其他人则是副宰相。明世宗朱厚熜（cōng）时，奸臣严嵩为内阁首辅，专权乱政，祸国殃民，使明朝的社会危机进一步加深，国家几乎到了崩溃的边缘。

严嵩（1480—1567年），字惟中，号介溪，分宜（今江西分宜）人。明孝宗弘治十八年（1505年）中进士，步入官场。严嵩小有文才，明武宗时任南京翰林院事、国子祭酒。明世宗嘉靖七年（1528年），出任礼部右侍郎，改吏部左侍郎，再任礼部尚书兼翰林学士。

明世宗迷信神仙道学，渴望长生不老，常命朝臣写些"青词"（祭文之类），祭祀天地神灵。严嵩善于此道，所写青词多合皇上口味。明世宗因此器重严嵩，加其官为太子太保。严嵩之子严士蕃，聪明狡诈，专摸皇帝的脾性。明世宗批阅大臣的奏书，爱用道家和佛家语言，群臣莫知其意。唯独严士蕃懂得其中奥妙，并让父亲按照旨意去做。这一招果然灵验，明世宗觉得满朝文武，只有严嵩才是具有真才实学的忠臣。

嘉靖二十一年（1542年），夏言被罢相，明世宗便任命严嵩为武英殿大学士，成为内阁首辅。这时，严嵩已六十多岁，"不异少壮，朝夕值西苑椒房，未尝一归洗沐"。明世宗庆幸得到一位勤劳能干的宰相，从此20多年不举行朝会，只在宫中求神拜佛，寻欢作乐，所有军国大事，统统交给严嵩处理。

严嵩迅速在自己身边培植了一群党羽，除了儿子严士蕃外，还有赵文华、鄢茂卿、罗齐文等。这几人无耻地认严嵩为义父，甘愿充当严嵩的政治打手。严嵩奉行"顺我者昌、逆我

严嵩雕像

者亡"的哲学，凡是跟他过不去的人，一律贬黜和杀害。因此，百余位正直的、有功的大臣均栽在他的手里，大多死于非命。

嘉靖二十九年（1550年），蒙古大举入侵，兵锋进至北京郊区，烧杀抢掠，气焰十分嚣张。严嵩奏请明世宗，让自己的亲信仇鸾为大将军，节制各路兵马。兵部尚书丁汝夔、兵部侍郎马守谦向严嵩请示战守之策。严嵩说："塞上打了败仗，可以隐瞒；失利辇下（指京城），皇上必知。敌虏抢掠够了，自会退去，不用管他。"丁、马二人以为这是皇上的旨意，自然不敢言战，只命将士坚壁守御，甚至不发一箭。蒙古军队纵横京郊，烧杀抢掠整整八天，然后押着掠得的无数辎重返回大漠。严嵩欲使仇鸾建功，命其追击。不想仇鸾是个草包，追击受挫，死伤千余人。为了冒功，他竟收斩遗尸八十余具，谎称大捷。严嵩立刻报告明世宗，使仇鸾加官为太保。丁汝夔、马守谦感到事关重大，准备奏报实情。严嵩大怒，先发制人，以"消极怯战"为由，把丁、马两位高官弃市。那个仇鸾也与严嵩约为父子，得意忘形，居然到处吹嘘严士蕃贪婪暴虐的内情，这引起了严嵩的愤恨。两年后，仇鸾病死。严嵩指使锦衣都督陆炳，揭发仇鸾曾经通敌纳贿。于是，明世宗命把仇鸾破棺戮尸，传首九边。

严嵩的儿子严士蕃，其貌不扬，身体肥胖，一目失明，无功无德，却任尚宝少卿，进至工部左侍郎。他的能耐就是揣摩皇上的心理和爱好，然后指导父亲的言行，千方百计地讨好皇上。因此，时人称严嵩为"大丞相"，严士蕃为"小丞相"。这个恶少依仗父亲的权势，招权纳贿，专干卖官鬻爵的勾当，行贿求官之人，络绎不绝，门庭若市。严士蕃由此聚敛了巨额财富，自家居所富丽堂皇，犹如宫禁。而且欺男霸女，拥有数十房妻妾，另见美貌女子，一概强抢入府，恣意凌辱。什么天理，什么法纪，在严士蕃眼里，都不存在，一钱不值。

严嵩父子操纵权柄，败坏朝纲，杀戮大臣，呼风得风，唤雨得雨。很多人上书弹劾过他们的罪行，均遭严嵩的毒手。嘉靖三十二年（1553年），兵部员外郎杨继盛满腔怒火，愤然上书，再次弹劾严嵩的"十罪五奸"。弹劾奏书最后请求或将严嵩正法，或令严嵩致仕，说："陛下奈何爱一贼臣，而使百万苍生，陷于涂炭哉？"明世宗看到了这份奏书，召问严嵩。严嵩假装惶恐，大喊冤枉，并且反咬一口，攻击杨继盛心怀叵测，无端诬陷辅臣，恳请皇上明察。明世宗一门心思向往成仙，根本不知朝事，袒护严嵩，反命将杨继盛处以廷杖，再交刑部审讯定罪。审讯进行了三年，人人以为杨继盛蒙冤。严嵩的心腹胡植、鄢茂卿说："公不见养虎者邪？将自遗患！"严嵩咬着牙说："不错，是这个理！"恰巧，明世宗决定杀害抗倭将领张经和李天宠。严嵩把杨继盛的名字添加进去，获得"朱批"（皇帝御笔）。可怜杨、张、李三人，同日被弃市。

凡是权臣必有野心，严嵩已是老态龙钟，便寄希望于儿孙。严士蕃幼子严鹄，深得严嵩喜爱。严嵩竟然在府中仿设朝廷，让孙子戴金冠，穿龙袍，做起了"小皇帝"，全家人跪拜，高呼万岁。

嘉靖四十一年（1562年），严嵩父子的种种不法行为终于暴露。御史邹应龙掌握了大量证据，义正词严地弹劾严嵩父子。术士蓝道也在宫中进言，陈述严嵩的罪恶。明世宗说："天下为何不治？"蓝道假装求神，说："原因在于严嵩父子弄权。"明世宗说："上仙为何不惩治他们？"蓝道说："上仙明示，留待陛下惩治。"这使明世宗下了决心，诏令严嵩罢职，严士蕃下狱。

刑部官员大多是严嵩党徒，审讯严士蕃，只将其流放雷州（今广东海康）。严嵩回归老家分宜，请求把儿子流放至老家近处，未获批准。谁知严士蕃神通广大，滞留在南昌，派人把北京家产全部运走。有人说："南昌具有王气。"严士蕃便在那里修建府第，大治园亭，"势焰不少衰"。嘉靖四十四年（1565年），严士蕃的猖狂行径激怒了新任宰相徐阶等人，他们联名上书，再次揭露其"阴伺非常，多聚亡命，南通倭寇，北通贼虏"的罪行。明世宗这才下令，逮捕严士蕃，弃市，籍没家产，抄得黄金3万两，白银300万两，其他珍玩无数。严嵩及孙子贬为庶民。严嵩风光一世，年过八旬，贫困交加，遭人厌恶，寄居于一处看墓人的石房中，两年后活活饿死。

改革变法，身死家破：张居正

张居正（1525—1582年），字叔大，号太岳，湖北江陵人。

张居正从小就被全家视为掌上明珠，爱护备至。无论是生活和启蒙学习方面，都得到特殊的照顾。由于天资聪颖，5岁时即被送到学校念书，入学后，张居正的天赋更加彰显，加之其学习用功，因此，不到10岁就懂得经书大义，诗词歌赋更是出口成章，信手拈来。

嘉靖十五年（1536年），12岁的张居正才华出众，以童试考中头名秀才，成为名震荆州的小秀才。嘉靖十六年（1537年）八月，恰逢三年一度的举人考试，张居正应试未中。嘉靖十九年（1540年），16岁的张居正又参加乡试，此次，张居正终于如愿高中举人。当时的主考官顾璘对张居正说："古人说，大器晚成，此为对中才的说法罢了。而你并非中才，乃是大才。你千万不能以此为满足，再不求进取了。"嘉靖二十六年（1547年），张居正23岁时又考中二甲进士，授庶吉士，从此进入官场。

张居正故居北门

庶吉士只是一种见习的官员，没有实际的政务。而且作为一个新科进士，张居正没有发言权，也左右不了政局半分。但他那时却目睹了内阁大学士夏言与严嵩等人之间的明争暗斗，尤其是严嵩为了取得首辅地位竟然置国家利益于不顾，借收复河套之事陷力主抗蒙的夏言和曾铣于死地。残酷的现实使张居正认清了当时局势的紧张和政治的腐败。嘉靖三十九年（1560年），徐阶从少傅晋升为太子太师，张居正也从翰林院编修升为右春坊右中允兼国子监司业。此时的国子监祭酒是新郑人高拱。1562年5月，御史邹应龙给了严嵩致命一击，在他的弹劾下，严嵩政权倒台了，徐阶进为首辅。不久，徐阶和高拱的对立逐渐尖锐起来。在明争暗斗中，高拱和徐阶相继罢职而去。

隆庆元年（1567年）二月，张居正晋升为左侍即兼东阁大学士，入内阁参与机要政务。张居正凭那套谨慎小心的作风，还是时时感到位置不稳。徐阶离任时曾托张居正照应自己的三个儿子，后来他的三个儿子都因犯事被问罪。在严重的局势下，张居正还是尽力为他们周旋。高拱的心腹便在这件事上寻找机会，搜求张居正帮助徐阶的动机。

隆庆六年（1672年）五月，穆宗中风而亡，皇太子朱翊钧才10岁。这又是一个权力重新更替组合的时期，高拱和张居正的决战就在这个时期展开了。

冯保在这一时期起了重要作用。穆宗在世时，冯保屡次想升任司礼监掌印太监，都因高拱从中作梗而告吹。他现在有了报复的时机，他乘穆宗新丧的机会，在皇后、皇贵妃和张居正之间频繁活动起来。六月十六日，冯保向众臣宣读了皇后、皇贵妃和皇帝的手谕，指陈高拱揽权专政，蔑视幼主，下令革职回乡。

高拱被革职后，文渊阁仅剩下张居正一人独守，他也因此顺理成章地升为首辅。

张居正出任内阁首辅后，对朝中空议盛行、不务实事、人浮于事、政令不通的现状很是担忧。他下决心要彻底改革吏治，为其他改革铺平道路。万历元年（1573年）十月，张居正上书请行考察绩效的"考成法"，神宗批准了他的请求。由于考成法赏罚分明，官员们办事的效率大大提高。明朝中叶以来，随着土地兼并的发展和吏治的腐败，豪强地主与衙门吏胥相勾结，大量隐瞒土地，逃避税粮，无名征求，多如牛毛，致使民力殚竭，不得安生。为削除这种现象，他首先在全国大量清查土地。万历十年（1582年），全国土地丈量工作基本完成。这次清丈查出隐占的田地300万顷，达到了预期的成功。虽然执行丈量的官吏有的改用小弓丈量以求田多，有的地方豪强也千方百计进行抵制，致使这一数字不很准确，但毕竟把大地主隐瞒的土地清查出一部分，对他们起了一定的抑制作用。

万历九年（1581年），张居正在清丈土地的基础上，在全国范围内实行赋役改革，推行著名的"一条鞭法"。早在嘉靖年间，潘季驯、海瑞等人就在广东、江南等地推行过"一条鞭法"，但把"一条鞭法"推向全国，并使其在中国历史上产生重大影响的却是张居正。

"一条鞭法"，即是将赋役中的各项名目，如杂泛、均徭、力差、银差等合为一种，一律征收银两，并以田赋分担徭役钱，二者有一定比例，或"丁四粮六"（即将徭役钱的十分之六摊入田赋征收），或"丁粮各半"。同时简化征收手续，由地方官直接征收赋役银。

推行"一条鞭法"时，张居正采取了循序渐进的策略。他在嘉靖、隆庆年间局部地区推行"一条鞭法"的基础上，于万历四年（1576年）先把"一条鞭法"推行到湖广。当时有人提到"一条鞭法"的不利，甚至有人说"一条鞭法"便于官而不便于民。张居正只是说："法令贵在利民……所以近来拟旨说，如果有利于民，则听任推行，如果不利于民，就不必强行实施。"经过

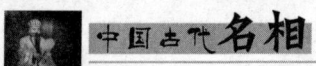

一年的推行，情况有了好转，说"一条鞭法"不利于民的人只有十之一二了。张居正对"一条鞭法"更加有兴趣，他说："'一条鞭法'如果真能适宜于人民，何须分什么南方与北方呢？"于是他下令将"一条鞭法"向更广阔的地域推广，至万历九年（1581年）正月，再用诏令通行全国，"一条鞭法"逐渐成为通行的制度。

张居正在改革整顿中得罪了不少人，他们对张居正的改革触及自己的利益十分仇恨，也有的人是因为与张居正政见不和，甚至嫉妒其才能和权力。他们认为张居正以宰相自居，挟天子以令天下，太专权霸道了。这些人都在伺机向张居正发难。后来，张居正的父亲去世，按旧例他要在家守孝三年，万历帝诏令张居正不必回家守制。正在张居正犹豫不决的时候，以吏部尚书张瀚为首的一批张居正的门生却对他刀剑相逼，逼他离阁回家守制。禁受了几次门生发难的沉重打击和为父奔丧的长途跋涉，张居正不幸身患重病，卧床不起，经多方医治也不见好转。

张居正自知行将不起，遂连上两书，恳求万历帝准允致仕归去，以求生还江陵故土，但万历帝始终不准，万历十年（1582年）六月二十日，张居正撇下老母去世，终年58岁。

张居正病重期间，明神宗万历皇帝十分伤心，送给他许多珍贵药物和补品。张居正病逝后，神宗罢朝数日，并赠他为上柱国，赐谥"文忠"。然而没过几个月，明神宗就变脸了，加上那些在改革中被张居正得罪的人添油加醋地告状，张居正立刻遭到自上而下的批判，万历十一年（1583年）三月，明神宗诏夺张居正上柱国封号和文忠谥号，并撤销其第四子张简修锦衣卫指挥的职务，还抄了他的家。

但是，张居正的改革业绩有目共睹，不可磨灭。因此，明熹宗天启二年（1622年），熹宗帝下诏为张居正平反昭雪；崇祯三年，礼部侍郎罗喻义挺身而出为张居正论冤；崇祯十三年公历，崇祯皇帝终于下诏恢复张居正长子张敬修官职，并授予张敬修的孙子张同敞为中书舍人。

坚贞不屈的忠良：史可法

史可法（1601—1645年），字宪之，明神宗万历三十年生于河南祥符

(今开封)。崇祯元年（1628年），二十七岁的史可法金榜题名，成为"天子门生"，被任命为西安府推官，从此踏上仕途。

由于父亲病故，史可法从崇祯十二年到崇祯十四年回家服丧守孝。丧期一满，朝廷立即予以重任，升任他为户部侍郎兼右佥都史，总督漕运，巡抚凤阳、淮安、扬州等地。当时漕运每年总是误期，难以准时上交运载物资，缺额以百万计。史可法到任后，马上罢免了三个不称职的督粮道，增设漕储道七人，亲自组织民工大规模地疏通南河，慎重挑选运官，革除漕运中侵钱占粮的种种弊端，使漕运的面貌焕然一新。

然而明朝已是千疮百孔，少数忠臣良将的励精图志已难挽其颓势。崇祯十七年（1644年）三月，李自成攻进北京城，崇祯帝知大势已去，连杀数名妃嫔，并刀劈爱女长平公主，最后自缢而亡。五月初三，众大臣议国事，推举内阁大臣，于是文武大臣推举史可法为吏部尚书兼东阁大学士，仍掌管兵部，高宏图为礼部尚书。

史可法任首辅，开始一系列的治理。在政治方面，主张裁撤东西厂、锦衣卫、西北镇抚司等特务机构，肃立官纪，以安人心；军事方面，主张裁汰南京内外守备、参赞等空费粮饷的虚衔，制定京营制度，充实海防；经济方面，主张在江北招募流亡百姓，开垦屯田，又制定新税法，废除"练饷"。大奸臣马士英本想通过拥立无能的福王以猎取权位，但谁知仍被派去督师凤阳，首辅之位由史可法担任。他顿时妒意大发，满腔怨气，最终把史可法排挤出内阁。史可法则以忠奸势不两立的姿态，自动请求督师江北，出朝镇守淮、扬。

弘光元年三月，雄据武昌的左良玉打着"清君侧"的旗号率师东下，声讨马士英、阮大铖，途中病死，其子左梦庚继续向南京进兵，马士英急调黄得功抵御左军。四月初，清军由亳州（今亳县）下颖州（今阜阳），兵锋锐不可当。史可法连章告急，乞请朝廷选将添兵，阻止清军南进。但史可法

史可法像

的呼请得不到支持，马士英认为："北兵至犹可议款，若左逆得志，若辈高官，我君臣独死耳。"弘光帝诏令史可法率军援助南京。史可法率军到达近郊，黄得功已破左军，弘光帝又命史可法回守防地，不必入朝。史可法登上燕子矶头，望着滚滚东去的长江，不禁泪流满面。

满清豫王久闻史可法大名，多次致书史可法，要其为清廷效力。史可法采用国书形式予以拒绝，言辞慷慨。他随即呈报弘光帝，既激励朝廷自励，也表明自己忠于弘光的决心。

弘光元年四月，清军已渡过淮河，每日推进五十里，情势紧迫。史可法急忙回师扬州。四月二十一日，清豫王多铎率军进占泗洲（今安徽泗县）后，直逼扬州。总兵李栖风和监军副使高岐风投降清军，抗清力量大大削弱，且军心动摇。

史可法屡次上书朝廷得不到支援，血书请援也没有结果。正在史可法焦急万分之际，有一位谋士向他建议，请决高邮湖，以灌清军。史公摇头回答说："民为贵，社稷次之。"献策的人又向他建议，借湖水灌城，以作背城之战，史公拒不答应。他命刘肇基守北门，施风仪守便义门，黄位守钞关门，自己则坚守城墙低矮的西门。

当时，围城的清军兵力在10万人以上，而扬州守兵只有1万多人，尽管兵力悬殊，清兵仍遭受较大伤亡。满清豫王多铎先派降将李遇春带招降书到城下，史可法痛斥他"辜负朝恩"，表示坚守不屈。首次诱降未成，后来又数次派人送招降书至城内，史可法原封不动地将招降书扔入火中，毅然说："我为朝廷首辅，岂肯反面事人？"二十五日，多铎下令总攻，城西北角被清军密集的炮火轰开缺口，清兵蜂拥而入。城陷，史公拔剑自刎，被参将许瑾双手抱住，鲜血已浸湿衣襟。史公又令德威杀之，德威已泣不成声，不忍下手。众将护卫史公到小东门，清兵迎来，他大呼："史可法在此！"清兵将史可法绑至豫王营帐，临刑前，请求豫王多铎："扬州百万生灵，既属于你，当示以宽，万不可杀。"说罢，他慨然就义于南城楼上。

史公就义后，他的部将、扬州百姓仍在苦战，不愿屈服于清军。文武官吏壮烈殉难者在200人以上，悲壮场景到处可见。

知识链接

严嵩为六必居题字

相传六必居是山西临汾人赵存仁兄弟于明朝嘉靖九年（1530年）在京城创办的，专卖柴米油盐酱醋六样生活必需品，所以起名"六必居"。

由于赵氏兄弟会经营管理，又由于六必居所处的地理位置好，所以买卖开张后，生意很兴隆。后来又扩充了门面，由原来的两间小店堂，前面扩为四间门面，后边又增设宽阔的后厂。买卖越做越大，但是店外的牌匾不像样子，想弄块好匾，请一位写字好的人写匾。

严嵩在没做官以前闲居在北京，时常来六必居喝酒，与六必居的掌柜和伙计都很熟悉。店里听说他写得一手好字，掌柜求他写了块匾。当时严嵩还是个小人物，所以没落款。还有一种说法是，六必居的匾是严嵩做官以后写的。据说严嵩爱喝六必居的酒，严府时常派人到六必居买酒。店掌柜想用严嵩的社会地位来抬高六必居的身价，就托严府仆人请严嵩为六必居写块匾。于是男仆就去求女仆，女仆又去求夫人。夫人知道严嵩不能为一个普通店铺写匾，就天天在严嵩面前反复练写"六必居"三个字。严嵩看夫人写不好，他就给写个样子，让夫人照着样子去练，于是严嵩书写的"六必居"大匾就这样写成了，所以没有题名。

自从严嵩手书"六必居"的黑底金字大匾挂出后，原来无名的小酱园身价倍增，六必居的名声很快传遍北京城，来买东西的越来越多。由于酱菜卖得快，以后就专营酱菜了。

第二节
清朝的名相

周敏勤慎,侍奉三帝:张廷玉

张廷玉(1672—1755年),字衡臣,号研斋,桐城(今安徽桐城)人,出身于官僚家庭。父亲张英官至大学士兼翰林院编修,为康熙帝最早选用的南书房翰林之一。张廷玉自小受到良好的教育,诚实正派,学识渊博。

康熙三十九年(1700年)考中进士,步入官场,历任庶吉士、检讨、洗马、庶子、侍讲学士、内阁学士等职,入值南书房。康熙五十九年(1720年)任刑部侍郎。期间,他赴山东处理一件大案:盐贩王美公等纠合一帮人,利用民间宗教,聚于运河一带,劫掠商旅。山东巡抚奉命镇压,捕捉150余人,以反叛案定为死罪。张廷玉经过审讯和调查,发现这是一起抢掠案,而非反叛案。因此只批准诛杀首恶7人,流放次恶35人,而其他受蒙蔽者,均予释放。这一处理,得到康熙帝的认可。次年,张廷玉调任吏部侍郎。

康熙六十一年(1722年),康熙帝病死,其第四子爱新觉罗·胤禛即位,就是清世宗雍正皇帝。张廷玉升任礼部尚书,仍入值南书房。他出任顺天府乡试考官,出以公心,谨慎主持考试,圆满地完成了任务,因而又被授为太子太保,再兼任翰林院掌院学士,继调任户部尚书。

当时,江南地区还存在着零散的反清势力,他们不堪忍受朝廷的压迫和剥削,逃进深山老林,开荒种地,结棚而居,称作"棚民"。天长日久,棚民人数越来越多,其强悍者,不时外出剽掠,严重扰乱了社会秩序。张廷玉认为,这是一个不安定的因素,特向雍正帝建议:各地督抚应该选用一些能人,约束棚民的行为；最好把他们编入户籍，视为平民；对于其中读书向学、勇武有力者，酌情任用，以为朝廷效力；对于棚民的后代，也应给予文化教育，不得歧视。雍正帝采纳了这一建议，诏令各地督抚参考执行。从雍正四年（1726年）起，张廷玉陆续被授为文渊阁大学士、文华殿大学士、保和殿大学士，加少保衔，兼吏部尚书，成为朝廷重臣。

雍正帝即位后，进一步加强中央集权制，削弱内阁和议政王大臣会议的权力。首先收回诸王军权，八旗中除"上三旗"（正黄、镶黄、正白）原先就归皇帝直接统率外，又把"下五旗"（正红、镶红、镶白、正蓝、镶蓝）的统率权收归皇帝所有。接着在雍正七年（1729年），把南书房改称军机房，并在雍正十年（1732年），正式把军机房改称军机处。军机处成员由皇帝在满、汉大学士及各部尚书、侍郎中选定，名称有"军机大臣""军机大臣上行走"等，为首者称"领班"，亦称"首枢"，也就是宰相，其他人则是副相。从此，大学士只有充任军机大臣，才有机会参预国家机务。张廷玉是最早进入军机房和担任军机大臣的官员之一。由于领班（首辅）通常由皇家亲王或满洲王公兼任，他们只是名义上的，不管具体事务，所以实际主持军机处工作的是张廷玉。

张廷玉为军机处制定了各项规制，主要是：军机大臣必须是皇帝的亲信，完全听命于皇帝；皇帝通过军机处，将机密谕旨直接寄给地方督抚，称"廷寄"；各地督抚也将重大事项，直接寄给军机处转呈皇帝，称"奏折"。军机处在奏折上拟旨，皇帝朱笔御批后，即下达执行，中间不再经过内阁这道手续。凡是军国大事，皇帝和军机大臣一起决断和处理，无须经过议政王大臣会议。军机大臣以下设若干辅助人员，称"章京"，任务是誊写谕旨，记载档案，查核奏议。张廷玉为相期间，身兼多职，公务繁杂，每天在官署时，总会有数十名或上百名官员排队，等候接见、请示和汇报问题。即使坐在车上，也要批阅文书，处理事情。他的权力很大，但从不专权，一般事情自己决断，重大事情，必奏告雍正帝，执行皇帝的旨意，不打任何折扣。因此，雍正帝绝对信任张廷玉，曾御赐"天恩春浩荡，文治日光华"的对联。为了表彰其功劳，诏令张英祀京师贤良祠，并赐帑银，让张廷玉在家乡为父张英建祠。

雍正十三年（1735年），雍正帝病重期间，遗诏由张廷玉和另一位军机大臣鄂尔泰同为顾命大臣。遗诏特别强调张廷玉"器量纯全，抒诚供职"的品格，并作出一个异乎寻常的决定：张廷玉死后配享太庙。太庙是祖庙，供奉着清朝过世皇帝的灵位，极少数功勋卓著的满洲王公死后方可"配享"，外族人和外姓人死后，是没有"配享"资格的。雍正帝的决定是一破例，等于给了张廷玉最崇高的荣誉。

清高宗乾隆帝即位后，张廷玉仍为军机大臣，总理事务，受封三等子爵，准予世袭。乾隆元年（1736年），张廷玉任总裁的《明史》编纂定稿，开始付印。《明史》编纂始于顺治年间，先有万斯同、王鸿绪等编纂的《明史稿》。雍正年间，张廷玉出任总裁，以《明史稿》为蓝本加以增删，付出了艰辛的劳动。全书332卷，本纪24卷，志75卷，表13卷，列传220卷，取材丰富，体例严谨，基本上反映了明朝历史的真实情况。除《明史》外，张廷玉还任《会典》《皇清文颖》《世宗实录》《玉牒》等典籍的编纂总裁，算得上是一位成果丰硕的史学家。

乾隆十四年（1749年），张廷玉且老且病。他一辈子以国事为重，这时却生出私心，唯恐死后受到不公正的对待，请求乾隆帝赐一言为券，以作配享太庙的凭证。乾隆帝心中不乐，但还是写了手谕，重申雍正帝的遗诏。手谕写好，张廷玉没有亲自前来领取，只派了儿子张若澄入朝谢恩。这引起了乾隆帝的不快，"遂发怒，降旨诘责"。张廷玉听到风声，赶忙入朝谢罪。事后，满洲王公纷纷进言，要求削夺张廷玉的官爵，罢去配享太庙的资格。乾隆帝为了显示皇帝的威严，削夺了张廷玉的爵号，保留"配享"。

乾隆十五年（1750年）二月，乾隆帝因皇长子病死，心情悲痛。张廷玉恰在这时请求还乡。乾隆帝大怒，命把配享太庙大臣的名单送给张廷玉过目，让他审定自己配不配"配享"。张廷玉十分惶惧，上书请把自己的名字从名单中去掉，并予治罪。乾隆帝与大臣廷议，罢其"配享"，但不予治罪。偏偏这时候四川编修朱荃犯事获罪，而朱荃正是张廷玉推荐的，双方且是儿女亲家关系。乾隆帝因此切责张廷玉，收回历年来颁赐的诸物。

张廷玉是怀着惶恐、失落的心境回归老家的。从此，他深居简出，淡泊自适，不再过问世事。乾隆二十年（1755年）三月，平静地死于家中。这时，乾隆帝表现出了"宽宏"，仍然遵从雍正帝的遗诏，批准张廷玉配享太庙，赐祭葬，谥曰"文和"。

贪赃枉法，机关算尽：和珅

和珅（1750—1799年），满洲正红旗人，后因得宠于乾隆帝，上升为上三旗中的正黄旗。和珅自幼聪明，相貌出众，甚得人喜爱。和珅以祖上因功享有二等轻车都尉世职而做了皇帝出行护轿的校尉。

和珅读书不多，但记忆力强。有一次，乾隆皇帝出宫，坐在轿子里阅读各省的奏章。一份四川的奏章称，那里的农民造反，领头的"要犯"逃走了。乾隆看后十分生气，脱口说："虎兕出于柙，龟玉毁于椟中，是谁之过欤？"周围的官吏弄不懂皇帝所说何意，都不敢回答。和珅知道乾隆所言出自《论语》，就上前以《四书》上注解之言应对说："岂非典守者之过邪？"说明守土的官员有不可推卸的责任。一句话得到乾隆帝的称赞，还把和珅叫到轿旁问话。乾隆帝见和珅口齿伶俐，对答如流，而且仪容俊雅，更加喜欢，当即提拔和珅做了仪仗总管。和珅摸透了皇帝的心思，处处按皇帝的意图办事，几个月后就又升为侍卫兼副都统。

到乾隆四十五年（1780年），和珅已为御前大臣、军机大臣、内务府大臣，赏戴一品朝冠。此时，云贵总督李侍尧贪污案发，和珅被乾隆帝派往云南进行查办。和珅办案精明干练，不仅查清了李侍尧贪赃枉法的事实，而且调查出云南吏治败坏、各府州县财政亏空严重等重大问题。回京后，和珅向乾隆帝陈述了云南方面的盐务、钱法、边防、边境贸易等问题和现状，以及他对解决这些问题的想法，乾隆帝对他极为满意，升他为户部尚书、议政大臣。后来，和珅几乎获得了当时全部最显赫的头衔，如御前大臣兼都统、领侍卫内大臣、大学士、《四库全书》正总裁、理藩院尚书，和珅的儿子还娶了公主。这样，和珅成为一人之下、万人之上权倾朝野的重要人物。乾隆帝还将管理户部三库（银库、缎匹库、颜料库）的大权交给了和珅。

乾隆帝晚年怠于政事，大兴土木，喜好巡游，每年所用经费亿万之巨都由和珅经办。和珅乘机假公济私，中饱私囊。他还利用手中掌握的生杀予夺之权，向地方官索要贡献。地方官则向自己的下级敲诈勒索，上下仿效，层层索贿受贿，造成官吏贪污成风且彼此相互包容。和珅利用权力横行霸道，满汉大臣，不论谁犯了罪，只要舍得送厚礼给他，他就趁皇帝心情好的时候，为那人开脱罪责，常常大事化小，小事化了。

和珅还利用掌管国家财政收入，又负责皇帝宗室财产的机会，随便掠取财物。地方督抚进献给皇帝的贡物，乾隆帝仅能收到十之一二，其余全被和珅截留。有一次，两广总督孙士毅进京，在宫廷外等候乾隆帝接见，正巧遇见和珅。和珅询问孙士毅手中何物，孙士毅告诉他是只鼻烟壶。和珅见鼻烟壶是一颗明珠做成的，大如雀卵，雕琢精巧，晶莹剔透。他赞不绝口，爱不释手，要孙士毅送给他。孙士毅吞吞吐吐地回复说，已经报告给皇帝，正待候旨进献，不敢转手。和珅冷笑道，我不过是开句玩笑罢了。过了几天，和珅请孙士毅看自己的鼻烟壶，孙士毅一见大惊，原来正是自己进献的那只，但和珅称是皇帝所赠。孙士毅后来多方打听，才知是和珅从宫中偷来的。

和珅为奸作恶，还包庇其手下爪牙。御史曹锡保参劾和珅的家奴刘全仗势欺人，所盖住宅不合制度。和珅暗中指使刘全在乾隆帝派人调查前拆毁豪华逾制的房屋，曹锡保反以所告不实，受到革职留任处分。乾隆帝八十大寿，举行盛大庆典，工部尚书金简与和珅负责筹备。内阁学士尹壮图上书说各省金库空虚，大搞庆寿财政上有困难，令人查库。和珅立即派户部侍郎庆成前往，实际上是进行监视破坏。本来应该突击式查库，庆成却每到一地，先花天酒地玩乐多天，等该省官员将金库亏空填满后，再行盘库，结果尹壮图反以"妄言"被治罪。和珅残害异己而不择手段，又受到乾隆帝的庇护，朝臣们都敢怒不敢言，和珅更加肆无忌惮。他不仅从皇宫中偷出大批珍贵楠木，为自己大兴土木，还常常在夜深人静之时，穿上皇帝的服饰，对着镜子发笑。

乾隆帝老年后，忘性越来越大，懒得管理朝政，就禅位给皇太子，是为嘉庆帝。适逢白莲教大起义的麻烦事，嘉庆皇帝坐卧不安。而更让他气恼的是，乾隆帝虽然把皇位让给他，却自称太上皇，仍主持要政，经常通过和珅传达旨意。嘉庆帝感到自己的权力还不如和珅，但又不敢得罪他。每次见面，嘉庆帝都恭敬地称呼和珅为"相国"，什么事都通过他请示太上皇。其实他心里早就恨透和珅了。

嘉庆四年（1799年）太上皇寿终正寝，和珅失去了靠山。嘉庆帝将和珅革职拿问，并派人查抄了他的家。在家产清单109项中，仅26项的估价就合白银22389万余两。查抄金银玉等器物几百件、金银元宝各1000个、生沙金200余万两、赤金480万两、白银940万两、洋钱5.8万、银号42座、当铺

75座、古玩铺15座、土地8000余顷。全部估算，合白银8亿~10亿两。和珅的贪污数额堪称中国乃至世界历史第一位，时称"和珅跌倒，嘉庆吃饱"。

和珅当政20年，其财产超过了清政府10余年的总收入，而和珅的年俸禄不过300余两白银和禄米百余石。他能获得天文数字的赃款赃物，与乾隆帝的庇护是分不开的。乾隆帝虽对和珅屡加裁抑，但是，和珅受的处分越多，官却升得越大，这反映出乾隆时期的政治日益腐败，清朝已走向衰亡的道路。

图片授权

全景网

壹图网

中华图片库

林静文化摄影部

敬　启

本书图片的编选，参阅了一些网站和公共图库。由于联系上的困难，我们与部分入选图片的作者未能取得联系，谨致深深的歉意。敬请图片原作者见到本书后，及时与我们联系，以便我们按国家有关规定支付稿酬并赠送样书。

联系邮箱：932389463@qq.com

参考书目

1. 刘杰等．中国名相正传［M］．西安：三秦出版社，2012.
2. 白晓霞．南宋初年名相研究［M］．广洲：暨南大学出版社，2012.
3. 刘晖春．中国史话：宰相史话［M］．北京：社会科学文献出版社，2012.
4. 赵镇琬．中国名相故事［M］．北京：新世界出版社，2011.
5. 史海阳．中国宰相传［M］．北京：中国人事出版社，2011.
6. 剑楠，崔永晨．中国历代宰相［M］．长春：吉林大学出版社，2011.
7. 时涛，金小芳．图说历代名相［M］．北京：中国长安出版社，2010.
8. 熊良钟编．家庭书柜：中国古代宰相传［M］．广洲：广东旅游出版社，2010.
9. 谢开慧编．中国历代宰相［M］．呼和浩特：内蒙古人民出版社，2009.
10. 邹元初．中国宰相——中国历史人物丛书［M］．北京：华文出版社，2007.
11. 郑国明．中国宰相的非正常死亡［M］．南宁：广西人民出版社，2007.
12. 王军云．中国100位宰相传［M］．北京：中国华侨出版社，2006.
13. 晏振宇．中国宰相传［M］．北京：中国人事出版社，2005.
14. 乙力主．中国古代宰相传［M］．兰州：兰州大学出版社，2004.

中国传统民俗文化丛书

一、古代人物系列（9本）
1. 中国古代乞丐
2. 中国古代道士
3. 中国古代名帝
4. 中国古代名将
5. 中国古代名相
6. 中国古代文人
7. 中国古代高僧
8. 中国古代太监
9. 中国古代侠士

二、古代民俗系列（8本）
1. 中国古代民俗
2. 中国古代玩具
3. 中国古代服饰
4. 中国古代丧葬
5. 中国古代节日
6. 中国古代面具
7. 中国古代祭祀
8. 中国古代剪纸

三、古代收藏系列（16本）
1. 中国古代金银器
2. 中国古代漆器
3. 中国古代藏书
4. 中国古代石雕
5. 中国古代雕刻
6. 中国古代书法
7. 中国古代木雕
8. 中国古代玉器
9. 中国古代青铜器
10. 中国古代瓷器
11. 中国古代钱币
12. 中国古代酒具
13. 中国古代家具
14. 中国古代陶器
15. 中国古代年画
16. 中国古代砖雕

四、古代建筑系列（12本）
1. 中国古代建筑
2. 中国古代城墙
3. 中国古代陵墓
4. 中国古代砖瓦
5. 中国古代桥梁
6. 中国古塔
7. 中国古镇
8. 中国古代楼阁
9. 中国古都
10. 中国古代长城
11. 中国古代宫殿
12. 中国古代寺庙

五、古代科学技术系列（14本）
1. 中国古代科技
2. 中国古代农业
3. 中国古代水利
4. 中国古代医学
5. 中国古代版画
6. 中国古代养殖
7. 中国古代船舶
8. 中国古代兵器
9. 中国古代纺织与印染
10. 中国古代农具
11. 中国古代园艺
12. 中国古代天文历法
13. 中国古代印刷
14. 中国古代地理

六、古代政治经济制度系列（13本）
1. 中国古代经济
2. 中国古代科举
3. 中国古代邮驿
4. 中国古代赋税
5. 中国古代关隘
6. 中国古代交通
7. 中国古代商号
8. 中国古代官制
9. 中国古代航海
10. 中国古代贸易
11. 中国古代军队
12. 中国古代法律
13. 中国古代战争

七、古代文化系列（17本）
1. 中国古代婚姻
2. 中国古代武术
3. 中国古代城市
4. 中国古代教育
5. 中国古代家训
6. 中国古代书院
7. 中国古代典籍
8. 中国古代石窟
9. 中国古代战场
10. 中国古代礼仪
11. 中国古村落
12. 中国古代体育
13. 中国古代姓氏
14. 中国古代文房四宝
15. 中国古代饮食
16. 中国古代娱乐
17. 中国古代兵书

八、古代艺术系列（11本）
1. 中国古代艺术
2. 中国古代戏曲
3. 中国古代绘画
4. 中国古代音乐
5. 中国古代文学
6. 中国古代乐器
7. 中国古代刺绣
8. 中国古代碑刻
9. 中国古代舞蹈
10. 中国古代篆刻
11. 中国古代杂技